高中生物课程设计与教学改革

刘付香　李娜　王云飞　主编

北方联合出版传媒（集团）股份有限公司
辽宁科学技术出版社

图书在版编目（CIP）数据

高中生物课程设计与教学改革 / 刘付香，李娜，王云飞主编. -- 沈阳 ： 辽宁科学技术出版社，2024. 10.

ISBN 978-7-5591-3854-5

Ⅰ. G633.912

中国国家版本馆 CIP 数据核字第 2024NK6408 号

出版发行：辽宁科学技术出版社

（地址：沈阳市和平区十一纬路 25 号　邮编：110003）

印 刷 者：济南大地图文快印有限公司

经 销 者：各地新华书店

幅面尺寸：170mm×240mm

印　　张：16.125

字　　数：260 千字

出版时间：2025 年 5 月第 1 版

印刷时间：2025 年 5 月第 1 次印刷

策划编辑：王玉宝

责任编辑：于　芳

责任校对：修吉航

书　　号：ISBN 978-7-5591-3854-5

定　　价：88.00 元

前　言

随着科学技术的迅猛发展和社会的不断进步，高中生物教育正面临着前所未有的挑战与机遇。作为培养未来科技人才的重要基石，高中生物课程的设计与教学改革显得尤为重要。本书旨在深入探讨高中生物课程设计与教学改革的理念、目标、内容、方法以及实施策略，以期为我国高中生物课程教学的创新与发展提供有益的参考和借鉴。

在编写本书的过程中，我们充分汲取了国内外高中生物课程设计与教学改革的先进理念和实践经验，结合我国高中生物教育的实际情况和发展需求，力求构建一个系统、全面、实用的理论框架和实践指导体系。我们希望通过本书，能够为广大高中生物教师、教育工作者和政策制定者提供有益的参考和启示，推动我国高中生物课程设计与教学改革走向深入。

本书共分为十三章，涵盖了高中生物课程设计与教学改革的多个方面。第一章至第三章主要探讨了高中生物课程的理念、目标以及核心素养在课程中的体现，为后续章节的展开奠定了理论基础。第四章至第六章则着重分析了高中生物课程内容的选择与组织、教学模式与方法，以及课程评价与改革成效，为高中生物课程的实施提供了具体的指导和建议。第七章至第九章则进一步关注了高中生物课程设计与教学改革中的教师角色与专业发展、课程资源开发与利用，以及学科融合与创新等方面的问题，旨在推动高中生物教育的创新与发展。第十章至第十三章则分别从学生参与与合作探究、家庭教育与社会支持等角度，探讨了高中生物课程设计与教学改革的多维度影响因素和实施策略。

在编写过程中，我们力求做到内容丰富、结构清晰、语言简洁，以便读者能够轻松理解和应用。同时，我们也注重理论与实践的结合，通过大量的案例分析和实践策略，帮助读者更好地掌握高中生物课程设计与教学改革的实际操作方法和技巧。

本书适合高中生物教师、教育工作者、政策制定者以及对高中生物教育感兴趣的读者阅读和使用。我们相信，通过本书的阅读和学习，广大读者将能够更深入地理解高中生物课程设计与教学改革的内涵与要求，掌握更加科学、有效的教学方法和策略，为我国高中生物教育的繁荣与发展贡献自己的力量。

最后，我们要感谢所有为本书编写提供支持和帮助的同人和专家。他们的辛勤工作和宝贵建议使得本书更加完善和丰富。同时，我们也热切期待广大读者能够提出宝贵的意见和建议，以便我们不断改进和完善后续版本的编写工作。

在探索高中生物课程设计与教学改革的道路上，我们期待与您携手同行，共同为培养更多优秀的科技人才、推动社会进步和发展贡献力量。让我们共同努力，为高中生物教育的美好明天而奋斗！

目　录

第一章　高中生物课程理念与目标

第一节　高中生物课程理念

一、课程理念的内涵与意义

（一）高中生物课程理念的内涵

高中生物课程理念指的是在高中生物课程设计和实施过程中所遵循的一系列基本思想和原则，它包含了对高中生物教育的基本认识和价值取向，是指导高中生物课程改革和发展的核心准则。具体来说，高中生物课程理念的内涵包括以下几个方面。

1.强调学科素养的培养

高中生物课程理念强调，生物课程的核心目标是培养学生的学科素养而不仅仅是传授生物学知识。学科素养涵盖了对生物学基本概念、原理和方法的理解，以及运用这些知识解决实际问题的能力。在高中生物课程中，学科素养的培养主要体现在对学生探究能力、实践能力、创新能力等方面。

2.倡导科学探究和实践

高中生物课程理念积极倡导科学探究和实践作为学生学习生物学的主要途径。通过科学探究和实践，学生可以亲身体验科学发现的过程，培养观察、实验、推理和解决问题的能力。同时，探究和实践的过程也有助于培养学生的创新思维和团队合作精神。因此，高中生物课程中设置了大量的探究和实践活动，鼓励学生积极参与、动手操作，提高学生的科学探究和实践的能力。

3.关注生命观念和生态意识的培养

高中生物课程理念强调，生命观念和生态意识是学生在生物学习中必须形成的核心价值观。生命观念包括对生命的本质、特征和规律的认识和理解，生态意识则强调对生态系统的认识和保护。通过高中生物课程的学习，学生应该树立起正确的生命观念和生态意识，认识到人与自然的和谐共生关系，从而形成关爱生命、尊重自然的责任感和行动力。

4.注重与现实生活的联系

高中生物课程理念注重将生物学知识与现实生活紧密结合。高中生物课程通过引入许多与现实生活相关的内容，如医疗健康、农业生产、环境保护等实际应用案例，帮助学生理解生物学的实用价值，增强学习的兴趣和动力，同时提高解决实际问题的能力。

（二）高中生物课程理念的意义

1.引领课程改革和发展

高中生物课程理念是指导高中生物课程改革和发展的核心准则。在课程设计和实施过程中，必须遵循这些基本思想和原则，才能确保课程改革的方向正确、目标明确。通过不断深化对高中生物课程理念的认识和理解，可以不断完善课程设计和实施方案，推动课程改革向纵深发展。

2.指导教学实践和评价

高中生物课程理念对教学实践和评价体系具有深远的指导意义。在教学实践中，教师需要遵循课程理念的要求，积极开展探究和实践活动，注重培养学生的学科素养和综合能力。在评价过程中，教师要关注学生的学科素养和实际能力的发展，制定科学合理的评价标准和评价方式，促进学生的全面发展。

3.促进教师专业成长和学生全面发展

高中生物课程理念有助于促进教师的专业成长和学生的全面发展。教师需要不断学习和研究课程理念的本质和内涵，提高自身的专业素养和教育能力。同时，学生通过高中生物课程的学习，可以培养探究精神、实践能力和创新思维等多方面的素质和能力，为未来的学习和生活打下坚实的基础。

综上所述，高中生物课程理念的内涵与意义体现在多个方面。在实际的教与学中，我们需要深入理解并贯彻这些理念，确保教学目标的实现和学生综合素质的提升。同时，我们也要不断反思和完善这些理念在实际应用中的效果，为推动高中生物教学的进步贡献力量。

二、高中生物课程理念的发展历程

（一）背景与意义

随着社会的发展和科学技术的进步，人们对教育的需求和期望也在不断变化。高中生物课程作为基础教育的重要组成部分，其理念的发展历程反映了教育改革的不断深化和进步。了解高中生物课程理念的发展历程，有助于我们更好地理解当前课程改革的背景和方向，为未来的教育发展提供有益的借鉴。

（二）发展历程概述

1.起步阶段

自20世纪80年代起，高中生物课程开始注重学科知识的系统性和完整性，强调学生对基础知识的掌握。这一阶段的教学以教师为中心，主要采用讲授式教学，实验课程相对较少。

2.改革探索阶段

进入20世纪90年代，随着素质教育的提出，高中生物课程开始注重学生的主体性和探究性学习。课程设置增加了实验、实践环节，鼓励学生参与探究活动，培养其动手能力和创新精神。

3.深入改革阶段

21世纪初，随着新课程改革的推进，高中生物课程理念进一步更新。课程目标从单纯的知识传授向培养学生的生物学核心素养转变；课程内容更加贴近生活实际，注重跨学科整合；教学方式提倡探究式学习、合作学习等多样化方法；评价方式也趋向多元化和过程性评价。

4.创新发展阶段

近年来，随着科技的不断进步和教育的不断创新，高中生物课程理念持续更新。人工智能、大数据等技术在教育中的应用为生物课程带来了新的机遇和挑战。课程更加注重培养学生的创新精神和实践能力，同时关注生命教育、生态教育等多元化内容的发展。

（三）具体发展特点

1.课程目标不断优化

从强调知识掌握到关注学生的全面发展，再到培养核心素养，高中生物课程目标不断优化。在发展过程中，课程目标逐渐明确化、具体化，更加注重学生的主体性和个性化需求。

2.课程内容日益丰富

随着科技的进步和社会的发展，高中生物课程内容日益丰富。课程内容不仅涉及生物学基础知识，还融入了与生活实际相关的应用知识，如医疗健康、环境保护等。此外，课程内容还呈现出跨学科整合的趋势，与物理、化学等多学科相互渗透。

3.教学方式不断创新

从传统的讲授式教学向探究式学习、合作学习等多样化教学方式转变，高中生物课程教学方式不断创新。教学更加注重学生的参与和体验，鼓励学生在探究和实践中发现问题、解决问题，培养其创新思维和实践能力。

4.评价方式逐步完善

从单一的纸笔测试评价方式向多元化、过程性评价转变，高中生物课程的评价方式逐步完善。评价方式趋向关注学生的综合素质和能力发展，重视学生在探究和实践过程中的表现，同时建立多元评价主体机制，促进评价的科学性和公正性。

5.教育技术应用逐渐普及

随着教育信息化的发展，人工智能、大数据等技术在高中生物课程中的应用逐渐普及。这些技术的应用为教学提供了丰富的资源和工具支持，有助于提高教学质量和效率，促进教育的个性化和差异化发展。

高中生物课程理念的发展历程是一个不断探索和创新的过程。在未来的发展中，我们需要继续关注科技发展和社会需求的变化，不断完善课程理念和体系，同时，加强教育实践和研究，探索适应未来发展的教学模式和方法，为培养具有创新精神和实践能力的优秀人才做出贡献。

三、高中生物课程理念的核心内容

高中生物课程作为基础教育的重要组成部分，对于培养学生的生命科学素养和认识生命现象、理解生命奥秘具有重要意义。随着教育改革的深入推进，高中生物课程理念也在不断发展和完善。下文将重点探讨高中生物课程理念的核心内容，以期为未来的教育实践提供有益的参考。

1.生命观念

生命观念是高中生物课程理念的核心之一。它强调学生应具备对生命现象、生命规律的基本认识，应形成科学的生命观。生命观念的培养有助于学生理解生命的本质，树立正确的生命价值观。

2.科学探究

科学探究是高中生物课程的重要学习方法。通过科学探究，学生能够亲身体验知识的形成过程，培养发现问题、分析问题和解决问题的能力。科学探究有助于激发学生的探究欲望，培养其创新精神和实践能力。

3.社会责任

高中生物课程理念强调培养学生的社会责任。学生应具备关注社会热点问题、参与社会事务的意识和能力，能够运用所学的生物学知识为社会发展和人类福祉做出贡献。

4.跨学科整合

高中生物课程理念注重跨学科整合，培养学生综合运用各学科知识解决实际问题的能力。在课程内容上，生物学与物理学、化学等学科相互渗透，形成交叉性的知识体系。

5.生态意识

生态意识是高中生物课程理念的重要内容之一。学生应具备生态观念，关注生物与环境的相互关系，认识到人类活动对生态环境的影响，培养其环保意识和可持续发展的观念。

6.实验与实践

实验与实践是高中生物课程的重要教学方式。通过实验和实践，学生能够加深对生物学知识的理解，提高实验技能和实践能力。同时，实验与实践有助于培养学生的观察力、动手能力和团队合作精神。

7.多元评价

高中生物课程理念倡导多元评价，关注学生的全面发展。评价方式应多元化，包括纸笔测试、作品评定、口头表达等，以全面评估学生的知识、技能和态度。多元评价有助于激发学生的学习兴趣和潜能，促进其个性化发展。

8.技术与教育整合

随着教育信息化的发展，技术与教育的整合成为高中生物课程理念的新的关注点。利用现代信息技术手段，如人工智能、大数据等，可以改进教学方式、提高教学效果，同时为学生提供个性化学习的机会。

9.教师专业发展

教师是实施高中生物课程理念的关键因素。教师的专业发展对于提升教学质量、实现教育目标具有重要意义。高中生物课程理念强调教师应不断更新教育观念、提升教学技能，以适应教育改革的需求。

10.国际化视野

在全球化的背景下，培养学生的国际化视野成为高中生物课程理念的新内容。学生应具备跨文化交流的能力，关注国际生物学领域的发展动态，也应具有国际竞争力。

高中生物课程理念的核心内容是促进学生全面发展、培养生命科学素养的重要保障。未来的教育实践应深入贯彻落实这些理念，不断探索适应时代发展的教育模式和方法，同时，加强教师培训和资源建设，为高中生物课程的顺利实施提供有力支持。此外，未来的教育实践还应加强国际交流与合作，借鉴国际先进的教育经验，推动我国高中生物教育事业不断向前发展。

通过对高中生物课程理念核心内容的探讨，我们可以看到这些理念在引领着教育事业的发展和进步。为了更好地适应时代需求和学生成长的需要，我们需要继续关注和研究这些理念的发展趋势和影响。

第二节　课程目标分析

一、课程目标的定义与作用

高中生物课程目标是生物学教育的重要导向，它不仅规范了教学内容和教学方向，还为学生的学科学习和能力发展提供了明确的标准。接下来，我们将详细探讨高中生物课程目标的定义，并分析其对学生发展的重要作用。

（一）高中生物课程目标的定义

高中生物课程目标是对学生学习生物课程的期望结果进行的描述，包括知识、能力、情感态度价值观等方面。这些目标具体体现在以下几个方面。

1. 知识目标

学生应掌握生物学基础知识，如细胞结构与功能、遗传与变异、生态平衡等。

2. 能力目标

教师应培养学生培养实验操作、观察、分析和解决问题的能力，以及科学探究和创新的能力。

3. 情感态度价值观目标

教师应培养学生对生物学的兴趣，树立科学的世界观、人生观和价值观，培养合作精神和社会责任感。

（二）高中生物课程目标的作用

高中生物课程目标在学生的学习和成长过程中起着重要的作用。以下是其主要作用的几个方面。

1. 导向作用

课程目标为教师的教学和学生的学习提供了明确的方向。教师依据课程目标制订教学计划，设计教学活动，引导学生朝着预定目标发展。学生则根据课程目标调整学习策略，把握学习重点，提高学习效率。

2. 评价作用

课程目标是评价教师教学质量和学生学习成果的重要依据。通过对照课程目标，教师可以评估教学效果，发现教学中存在的问题，及时调整教学策略。学生则可以根据课程目标反思自己的学习状况，明确自己的不足之处，制订改进计划。

3. 激励作用

明确具体的课程目标能够激发学生的积极性，激励他们努力学习。当学生看到自己的学习进展与课程目标相符时，他们会获得成就感，从而进一步增强学习的动力。同时，课程目标也为学生提供了可衡量的标准，使他们能够自我激励，不断进步。

4. 整合作用

课程目标是整合不同领域知识和技能的桥梁。通过生物学课程的学习，学生可以将自然科学、社会科学、数学等学科的知识结合起来，形成对世界的整体认识。这种跨学科的学习有助于培养学生的综合素质和解决问题的能力。

5. 社会作用

高中生物课程目标强调培养学生的情感态度价值观，这其中就包括社会责任感的培养。学生在学习过程中逐渐认识到生物学知识对于环境保护、公共卫生、可持续发展等方面的重要性，从而增强他们的社会责任感，积极投身于社会公益事业。此外，课程目标还鼓励学生发扬合作精神，学会与人沟通交流，为今后参与社会生活做好准备。

总结来说，高中生物课程目标的设定与执行在高中生物学教育中起到了至关重要的作用。它不仅为教师的教学提供了明确的方向，同时也为学生指明了学习的目标和路径。因此，充分理解并有效利用高中生物课程目标对于提升教学质量和促进学生的全面发展具有深远的影响。随着教育理念和教学方法的不断更新和完善，我们应当持续关注并优化高中生物课程目标的设定和实施，以更好地满足学生发展的需要和社会对人才培养的要求。

二、高中生物课程目标的设定

高中生物课程目标的设定对于学生的成长和未来发展具有深远的影响。在设定目标时，应充分考虑学生的需求、兴趣和能力，以确保课程目标的针对性和有效性。以下是对高中生物课程目标设定的详细探讨。

（一）以学生为中心

课程目标的设定应以学生为中心，确保目标与学生的需求和兴趣相契合。这要求教师深入了解学生的知识基础、学习风格和兴趣爱好，以便制订出更具针对性的教学目标。以学生为中心的目标不仅有助于激发学生的学习兴趣，还能培养他们的自主学习能力。

（二）科学素养的培养

提高学生的科学素养是高中生物课程的核心目标之一。通过生物课程的学习，学生应掌握基本的生物学知识，了解生命的奥秘和生物体的结构与功能。同时，学生还应具备科学探究的能力，能够运用科学方法解决问题，形成科学的世界观和价值观。为了实现这一目标，教师应在教学中注重实验和实践，引导学生主动探究、发现和思考。

（三）实践能力的提升

高中生物课程目标还应注重培养学生的实验技能和实践能力。通过观察、实验、调查等活动，学生可以亲身参与探究过程，提升动手能力和解决问题的能力。为了实现这一目标，教师应增加实验和实践教学的比重，鼓励学生积极参与实验设计和操作，培养他们的实验技能和实践能力。

（四）跨学科整合

生物学与许多其他学科有着密切的联系，如化学、物理和地理等。为了帮助学生建立全面的知识体系，高中生物课程目标应注重跨学科整合。通过与其他学科的结合，学生可以更好地理解生物学的原理和应用，提升综合运用知识的能力。为了实现跨学科整合的目标，教师应加强与其他学科教师的合作与交流，共同设计和实施跨学科的教学活动。

（五）社会责任的培养

通过高中生物课程的学习，学生应认识到生物学知识在解决社会问题中的重要性，培养他们的社会责任感和合作精神。为了实现这一目标，教师可以引导学生关注现实生活中的生物学问题，如环境保护、公共卫生等，并鼓励他们运用所学知识为社会做出贡献。此外，教师还可以组织小组合作学习和社区实践活动，培养学生的团队协作能力和社会责任感。

（六）具体可操作性和全面性

设定的高中生物课程目标应确保目标具体明确、可操作性强，并涵盖知识、能力、情感态度价值观等多个方面。这样的目标不仅方便教师和学生理解和实施，还能促进学生的全面发展。为了实现全面性的目标，教师还应关注学生的个体差异，满足他们的个性化需求。同时，随着科学知识的不断发展和教育理念的更新，课程目标也应随之调整和发展。教师应持续关注教育改革的趋势和动态，及时调整教学目标以适应新的教育环境。

综上所述，高中生物课程目标的设定对于学生的成长和发展具有重要意义。在设定目标时，教师应以学生为中心，注重科学素养、实践能力、跨学科整合和社会责任的培养。同时，目标应具体明确、可操作性强并具有全面性。通过这样的目标设定，我们有望实现更优质的高中生物课程教学，为学生的未来发展打下坚实的基础。

三、课程目标在实践中的应用与评价

随着教育的不断发展和改革，高中生物课程目标也在不断地完善和调整。为了确保课程目标的科学性和有效性，我们必须对其在实践中的应用和评价进行深入探讨。以下是对高中生物课程目标在实践中的应用与评价的详细分析。

（一）课程目标在实践中的应用

1. 教学目标明确

高中生物课程目标在实践中的应用首先体现在教学目标的明确性上。教师根据课程目标制订具体的教学计划和方案，确保每一堂课都有明确的主题和目标。这样不仅方便教师进行教学，也有助于学生更好地理解和掌握生物知识。

2. 实验教学强化

为了提高学生的实验技能和实践能力，高中生物课程应加强实验教学。通过实验，学生可以亲身体验生物学原理的探究过程，培养他们的观察、分析和解决问题的能力。同时，实验教学也有助于激发学生的学习兴趣和好奇心。

3. 跨学科整合与联系

高中生物课程目标在实践中应注重与其他学科的整合与联系。生物与化学、物理和地理等学科有着密切的关系，通过跨学科整合，学生可以更全面地理解生物学知识，并提高综合运用知识的能力。

4. 社会责任感的培养

高中生物课程目标还应注重培养学生的社会责任感。通过引导学生关注现实生活中的生物学问题和环境保护等议题，学生可以意识到生物学知识对于社会发展的重要性，从而培养他们的社会责任感和合作精神。

（二）课程目标的评价

1. 评价方式多元化

对高中生物课程目标的评价应采用多元化的方式，除了传统的考试和测验外，还应包括学生的实验报告、小组讨论、课堂表现等多种形式的评价。多元化的评价方式可以更全面地了解学生的学习情况和进步。

2. 评价标准明确具体

为了确保评价的客观性和公正性，高中生物课程目标的评价标准应明确、具体。教师应根据课程目标制定具体的评价标准，并向学生明确说明。这样不仅可以方便教师进行评价，也有助于学生了解自己的学习目标和要求。

3. 及时反馈与调整

在对高中生物课程目标进行评价时，教师应及时向学生提供反馈，指出学生在学习中的不足和进步，并给予相应的指导和建议。同时，教师还应根据学生的反馈和评价结果，对教学目标和方案进行调整和优化，以确保教学的高效性和针对性。

4. 评价与反思相结合

在对高中生物课程目标进行评价时，结合教学反思是教师不断提升教学水平的重要途径。通过对教学实践的反思和分析，教师可以发现教学中的问题与不足之处，从而有针对性地进行改进和完善。同时，反思也有助于教师总结经验教训，为未来的教学提供有益的借鉴。通过评价与反思相结合的方式，教师可以更好地实现高中生物课程目标，提高教学质量和效果。

综上所述，高中生物课程目标在实践中的应用与评价是一个复杂而重要的课题。为了确保课程目标的科学性和有效性，我们应深入了解其在实践中的应用情况，并对其进行全面、客观的评价。同时，我们还需不断反思和总结经验教训，以更好地实现高中生物教学的目标和要求。通过师生的共同努力和持续改进，我们有望在高中生物教学中取得更加优异的成果。

第三节　核心素养在课程中的体现

一、核心素养的定义与重要性

（一）核心素养的定义

核心素养，又称“21 世纪素养”，是指个体在面对复杂的、不确定的现实生活情境时，表现出的必备品格与关键能力。它是学生在接受教育过程中逐步形成的，是个人终身发展和社会发展需要的必备品格与关键能力。核心素养强调的是一种综合的能力和素质，它超越了单一的知识或技能，关注的是个体在特定情境下所展现出的综合表现。

具体来说，核心素养包括了认知和实践两大类。认知素养主要指个体在知识、技能、思维等方面的积累和提升，例如批判性思维、解决问题的能力等；实践素养则是指个体在实际生活中所表现出的行为和态度，例如团队协作、创新精神、自我管理等。

（二）核心素养的重要性

1. 适应未来社会的发展需求

随着科技的快速发展和全球化进程的加速，未来的社会将面临更多的不确定性和挑战。为了适应这一发展趋势，个体必须具备高度的核心素养，包括创新能力、批判性思维、跨文化交流等，才能应对未来的挑战。

2. 个体全面发展的需要

核心素养是个体全面发展的重要组成部分。它不仅涉及个体的知识、技能等方面，还涉及个体的情感、价值观等方面。通过培养核心素养，个体可以获得更加全面、均衡的发展，提升自身的综合素质和竞争力。

3. 教育改革和发展的需要

随着教育改革的不断深入，核心素养的培养已成为教育改革的重要方向。培养学生的核心素养可以促进学生的全面发展，提高教育的质量和效益。同时，核心素养的培养也有助于推动教育的创新和发展，为未来的教育改革提供新的思路和方法。

（三）如何培养核心素养

1. 注重学生的主体性

培养学生的核心素养，首先要注重学生的主体性。教师在教学过程中应尊重学生的主体地位，引导学生积极参与课堂活动，发挥学生的主观能动性，激发学生的学习兴趣和动力。同时，教师还应关注学生的个性差异和需求，针对不同学生制订个性化的教学方案，让每个学生都能得到充分的发展。

2. 强化实践和创新

实践和创新是培养核心素养的重要途径。学校应加强实践教学和创新教育，为学生提供更多的实践机会和创新平台，例如，开展项目式学习、组织学生参加科技竞赛、开设创新创业课程等，让学生在实践中锻炼自己的能力和素质，培养创新精神和创造力。

3. 跨学科整合和多元评价

跨学科整合和多元评价是培养核心素养的重要策略。学校应加强学科之间的整合和联系，促进知识的融会贯通和综合应用，同时，建立多元评价体系，注重学生的综合素质和全面发展，避免单一的考试评价方式。通过多元化的评价方式，教师可以更全面地了解学生的能力和素质，发现学生的潜力和特长，激励学生更好地发展。

4. 教师素质的提升

教师的素质是影响学生核心素养的关键因素。学校应加强教师培训和进修，提升教师的专业素养和教育理念。同时，教师应注重自身的学习和发展，不断更新自己的知识和技能，以更好地培养学生的核心素养。

总之，核心素养的培养是当前教育改革的重要方向和目标。学校应注重学生的主体性、强化实践和创新、跨学科整合和多元评价、教师素质的提升等方面的工作，以更好地培养学生的核心素养。同时，学生自身也应积极参与到核心素养的培养中来，发挥自己的主观能动性，不断提升自己的能力和素质。只有这样，我们才能培养出更多具备高度核心素养的人才，为未来的社会做出更大的贡献。

二、高中生物课程中核心素养的构成要素

随着教育改革的深入推进，核心素养的培养已成为高中生物课程的重要目标。核心素养不仅涉及学生的知识技能，更包括其态度、价值观等多方面的发展。下文将深入探讨高中生物课程中核心素养的构成要素，旨在为教育实践提供有益的参考。

（一）高中生物课程核心素养的构成要素

1. 生命观念

生命观念是高中生物核心素养的基础。它涉及学生对生命现象、生命特性的认识和理解，如生物的结构与功能观、生态平衡观、演化观等。通过学习，学生应能运用生命观念解释生命现象，形成科学的自然观和世界观。

2. 科学探究

科学探究是生物学科的核心学习方法。学生应具备观察、提问、实验设计、获取和解读数据、交流与合作等基本探究能力。通过探究，学生能够发现问题、解决问题，并在此过程中提升批判性思维和创新能力。

3. 理性思维

理性思维是核心素养的重要组成部分。在高中生物课程中，学生应学会运用科学的思维方法分析问题，如归纳与演绎、分析与综合、类比与推理等。理性思维有助于学生形成科学的思维方式，提高解决问题的能力。

4. 社会责任

社会责任是核心素养的升华。学生应关注社会议题，参与公共事务的讨论，做出基于证据的决策。在生物课程中，学生应了解与生物学相关的社会议题，如环境保护、健康生活等，培养社会责任感和参与意识。

（二）培养高中生物核心素养的方法与策略

1. 优化课程设计

教师应根据学生的发展需求和学科特点，合理安排课程内容，强化生命观念、科学探究、理性思维和社会责任等核心素养的培养，通过构建系统的课程体系，使学生全面而深入地理解生物学的本质和价值。

2. 创新教学方式

教师需转变传统的教学观念，注重学生的主动学习和合作探究能力。教师应运用情境教学、项目式学习、翻转课堂等多种教学方式，激发学生的探究欲望，培养其批判性思维和创新能力。同时，引导学生积极参与社会实践，将理论知识应用于实际问题的解决。

3. 提高教师素质

教师作为学生核心素养培养的关键因素，应不断提升自身的专业素养和教育能力。教师应关注教育前沿动态，了解学科发展的新趋势，不断更新自己的知识和教学技能。同时，教师应注重自身道德品质的发展，为学生树立良好的行为榜样。

4. 完善评价体系

建立完善的评价体系是核心素养培养的重要保障。评价应注重学生的实际表现和能力提升，而非单一的知识记忆。教师应采用多元评价方式，综合评价学生在知识技能、态度价值观等方面的表现，同时，鼓励学生自我评价和同伴互评，促进其自我反思和共同成长。

5. 家校合作

学校和家庭是学生成长的重要环境，双方应密切合作共同培养学生的核心素养。家长应关注孩子的成长过程，支持他们在家庭中承担责任、参与决策。同时，学校和家庭应保持沟通，共同解决孩子成长中的问题，为其提供全方位的支持和指导。

6. 利用科技资源

随着科技的发展，数字化设备和网络资源为培养学生核心素养提供了新的途径。教师应引导学生合理利用科技资源进行自主学习和探究活动，例如，利用在线数据库获取实验数据、利用计算机软件进行数据分析等。这不仅能提高学生的信息素养和技术能力，还能培养其自主学习和终身学习的意识。

7. 关注个体差异

每个学生都有其独特的成长轨迹和发展需求。教师在培养学生核心素养的过程中应关注个体差异，尊重学生的个性发展。通过差异化教学和个性化指导，帮助学生找到适合自己的发展方向，激发其内在潜能和创新精神。

综上所述，高中生物课程中核心素养的构成要素包括生命观念、科学探究、理性思维和社会责任等。为了有效培养学生的核心素养，教师应优化课程设计、创新教学方式、提高自身素质、完善评价体系、加强家校合作、利用科技资源并关注个体差异。通过这些方法和策略的综合运用，我们有望培养出具备高度核心素养的新时代青年，为社会的进步和发展做出积极贡献。

三、核心素养在教学中的培养与实践

（一）核心素养在高中生物课程教学中的重要性

随着教育改革的深入推进，核心素养的培养已成为高中生物课程教学的核心目标。核心素养不仅涉及学生的知识技能，更包括其态度、价值观等多方面的发展。在高中生物课程教学中，培养学生的核心素养有助于提高学生对生命科学的认识，培养其科学探究能力和理性思维，同时树立正确的社会责任意识。因此，核心素养的培养对高中生物教学具有重要意义。

（二）高中生物教学中核心素养的构成要素

1. 生命观念

生命观念是高中生物课程核心素养的基础。学生应通过学习，形成对生命现象、生命特性的基本认识和理解，包括生物的结构与功能观、生态平衡观、演化观等。这些观念将帮助学生更好地理解生物学的本质，并为未来的学习和生活奠定基础。

2. 科学探究

科学探究是高中生物课程核心素养的关键部分。学生应具备观察、提问、实验设计、获取和解读数据、交流与合作等基本探究能力。通过科学探究，学生能够发现问题、解决问题，并在此过程中提升批判性思维和创新能力。这些能力对学生未来的学习和职业生涯都至关重要。

3. 理性思维

理性思维是核心素养的重要组成部分。在高中生物课程教学中，学生应学会运用科学的思维方法分析问题，如归纳与演绎、分析与综合、类比与推理等。理性思维有助于学生形成科学的思维方式，提高解决问题的能力，同时，也有助于培养学生的批判性思维和独立思考能力。

4. 社会责任

社会责任是核心素养的升华。学生应关注社会议题，参与公共事务的讨论，做出基于证据的决策。在高中生物课程教学中，学生应了解与生物学相关的社会议题，如环境保护、健康生活等，培养社会责任感和参与意识。这将有助于学生成为有责任感和担当的公民，为社会的发展和进步做出贡献。

（三）如何培养高中生物教学中的核心素养

1. 提高教师素质

教师作为学生核心素养培养的关键因素，应不断提升自身的专业素养和教育能力。教师应关注教育前沿动态，了解学科发展的新趋势，不断更新自己的知识和教学技能。同时，教师应注重自身道德品质的发展，为学生树立良好的行为榜样。高素质的教师将能够更好地培养学生的核心素养，促进其全面发展。

2. 完善评价体系

建立完善的评价体系是核心素养培养的重要保障。评价应注重学生的实际表现和能力提升，而非单一的知识记忆。采用多元评价方式，综合评价学生在知识技能、态度价值观等方面的表现。同时，鼓励学生自我评价和同伴互评，促进其自我反思和共同成长。完善的评价体系将有助于学生认识自己的优势和不足，为其未来的发展提供指导。

3. 家校合作

学校和家庭是学生成长的重要环境，双方应密切合作，共同培养学生的核心素养。家长应关注孩子的成长过程，支持他们在家庭中承担责任、参与决策。同时，学校和家庭应保持沟通，共同解决孩子成长中的问题，为其提供全方位的支持和指导。家校合作将有助于形成教育合力，共同促进学生的全面发展。

第二章 高中生物课程内容的选择与组织

第一节 课程内容的选择原则

一、内容的基础性与时代性

随着时代的发展和科技的进步，生物科学领域的知识也在不断更新和深化。作为培养学生科学素养的重要学科之一，高中生物课程内容的设置需要遵循一定的原则，以确保学生在学习过程中能够获得扎实的基础知识和与时代发展相适应的知识体系。因此，基础性与时代性是高中生物课程内容选择的重要原则。

（一）基础性原则

基础性原则是指课程内容的选择应注重生物学基础知识的学习和掌握。生物学是一门研究生命现象和生命活动规律的学科，其涉及的知识体系十分广泛。在高中阶段，学生的认知能力和学习时间有限，因此，课程内容的选择应注重基础知识的传授，使学生掌握基本的生物学概念、原理和方法。

基础性原则体现在以下几个方面。

1. 重点知识的学习

高中生物课程应重点选择那些对于学生未来发展具有重要价值的生物学基础知识，如细胞的结构与功能、遗传与变异、生态系统的组成与功能等。这些知识是生物学学科体系的核心，对于学生理解生命现象、掌握生命规律具有重要意义。

2. 知识结构的完整性

高中生物课程内容的选择应注重知识结构的完整性，确保学生在学习过程中能够建立起完整的生物学知识体系。这有助于学生更好地理解和掌握生物学基础知识，并为后续的学习奠定坚实的基础。

3. 学科能力的训练

基础性原则还体现在学科能力的训练上。高中生物课程应注重培养学生的实验技能、观察能力、分析能力和科学探究能力等基本的学科能力。实验、观察、分析和探究等活动可以使学生能够运用所学知识解决实际问题，培养其科学思维和实践能力。

（二）时代性原则

时代性原则是指高中生物课程内容的设置应与时代发展相适应，反映生物科学领域的新进展、新成果和新应用。随着科技的不断进步，生物学领域的知识也在不断更新和深化，将最新的科研成果和科技进展融入课程内容中，有助于激发学生的学习兴趣，培养其创新意识和科学精神。

时代性原则体现在以下几个方面。

1. 反映最新科研成果

高中生物课程内容应关注最新的科研成果，将最新的理论、发现和技术引入课堂，使学生及时了解生物学领域的最新进展。这有助于开阔学生的视野，激发其探索未知的热情和创新精神。

2. 引入现代技术手段

在课程内容中引入现代技术手段是时代性原则的另一重要体现，例如，利用信息技术开展数字化实验、虚拟仿真实验等教学活动，使学生能够更加直观地了解生物学现象和实验操作过程。同时，利用多媒体技术呈现与生物学相关的影像资料、动画演示等方式，有助于提高学生的学习兴趣和认知效果。

3. 关注社会热点问题

生物学与人类的生产生活密切相关，许多社会热点问题都涉及生物学知识。在高中生物课程中引入这些热点问题，如环境污染、生态保护、生物安全等，可以帮助学生理解生物学知识在解决实际问题中的应用价值，培养其社会责任感和参与意识。

4. 注重科学方法的训练

时代性原则还体现在科学方法的训练上。高中生物课程应注重培养学生的实验设计、数据分析和科学推理等能力。开展探究性学习、合作学习等活动可以使学生在实践中掌握科学方法，提高其解决问题的能力。

（三）基础性与时代性的融合

基础性与时代性是相辅相成的，两者在高中生物课程内容的选择中缺一不可。只有注重基础知识的传授，才能为学生后续的学习奠定坚实基础；只有关注时代发展，才能使课程内容保持活力和吸引力。因此，在选择高中生物课程内容时，教师应将基础性与时代性有机地融合在一起，使学生在掌握基础知识的同时，了解生物科学领域的新进展和科技发展动态。

综上所述，基础性与时代性是高中生物课程内容选择的重要原则。在课程内容的设计和实施过程中，教师应注重基础知识的传授和对学生学科能力的训练，同时，关注生物科学领域的新进展和科技发展动态，使课程内容与时代发展相适应。这样可以有效地培养学生的科学素养和创新能力，为其未来的学习和职业生涯奠定坚实的基础。

二、内容的科学性与实用性

（一）内容的科学性

1. 科学性原则的含义

科学性原则是指选择的生物课程内容必须是符合生物学基本事实、原理和规律的，不能有科学性错误，这是选择课程内容最基本、最重要的原则。

2. 科学性原则对教师的要求

贯彻科学性原则，对教师至少有如下几个方面的要求：

（1）要有实事求是的科学态度。教师应当准确无误地传授科学知识，授课时不应出现知识性错误。

（2）要努力提高自己的生物学专业水平和能力。教师要教好生物学，除了一般的条件外，必须系统地、深入地研究和掌握生物学基础知识，并不断关注生物学发展的新成就和新动态。

（3）要深入研究和准确理解课程标准和教材。教师应当严格按照课程标准和教材的要求安排教学内容，同时要深入研究和理解教材，准确把握重点、难点和关键点。

（4）要遵循科学的方法论。教师在教学过程中应当遵循科学的方法论，遵循学生的认识规律和教学规律，科学地组织教学活动，合理地安排教学内容。

3. 科学性原则对学生的要求

贯彻科学性原则，对学生至少有如下几个方面的要求。

（1）要有认真听讲、积极思考的意识和习惯。学生应当认真听讲，积极思考，对生物学的概念、原理和规律有一个正确的认识和理解。

（2）要有科学探究和实践的意识和能力。学生应当通过探究和实践，了解生物学的探究和实践方法，培养自己的观察能力、实验能力和思维能力。

（3）要有自我纠正和批判性思考的意识和能力。学生应当及时纠正自己的错误认识，不断审视和反思自己的学习过程和结果，形成批判性思考的习惯。

（二）内容的实用性

1. 实用性原则的含义

实用性原则是指选择的生物课程内容必须与学生的生活实际、社会实际相联系，使学生能够理解并运用所学知识解决实际问题，从而培养学生的实践能力和社会责任感。

2. 实用性原则对教师的要求

贯彻实用性原则，对教师至少有如下几个方面的要求。

（1）要善于发现和利用生活中的生物学问题。教师要引导学生关注生活中的生物学问题，如健康问题、环境保护问题、农业生产问题等，并利用这些问题来帮助学生理解和掌握生物学知识。

（2）要注重实验和实践教学。实验教学是培养学生实践能力的有效途径之一，教师要注重实验教学，尽可能多地给学生提供实验和实践的机会，让学生在实践中掌握知识、提高能力。同时，教师还要注重引导学生进行社会实践和社区服务等活动，让学生深入了解社会和社区的实际问题，培养他们的社会责任感和实践能力。

（3）要注重引导学生运用所学知识解决实际问题。教师在教学过程中要注重引导学生运用所学知识解决实际问题，例如，让学生设计实验探究环境污染对生物的影响、提出解决环境问题的方案等。这样可以帮助学生巩固所学知识，提高他们解决实际问题的能力。

3. 实用性原则对学生的要求

贯彻实用性原则，对学生至少有如下几个方面的要求。

（1）要有关注生活和社会的意识和习惯。学生应当关注生活中的生物学问题和社会的实际问题，如健康问题、环境问题等，了解这些问题的现状和影响，思考解决这些问题的途径和方法。

（2）要有实验和实践的意识和能力。学生应当积极参与实验和实践教学活动，认真完成实验操作，深入思考实验结果，培养自己的实验能力和实践能力。

（3）要有运用所学知识解决实际问题的意识和能力。学生应当运用所学知识解决实际问题，如探究环境污染对生物的影响、提出解决环境问题的方案等。这样可以帮助学生巩固所学知识，提高他们解决实际问题的能力。

（4）要有社会责任感和环保意识。学生应当关注社会和环境问题，了解环保的重要性，积极参与环保活动，培养自己的社会责任感和环保意识。

（三）科学性原则与实用性原则的关系

科学性原则与实用性原则是相辅相成的，二者缺一不可。科学性原则是基础，是保证课程内容质量的前提；实用性原则是关键，是课程内容具有吸引力和生命力的保障。只有将二者有机地结合起来，才能有效地实现高中生物课程的目标，提高学生的科学素养和实践能力。

在选择和组织课程内容时，教师应当根据实际情况灵活运用科学性原则和实用性原则。一方面，要保证课程内容的基本科学性和准确性，避免出现科学性错误；另一方面，要注重联系学生的生活实际和社会实际，增强课程内容的应用性和实践性。同时，教师还应当根据学生的学习需求和发展需要，合理安排教学内容的难度和深度，使课程内容既有一定的科学性又具有一定的实用性。

总之，科学性原则与实用性原则是高中生物课程内容选择的重要原则，对教师的教和学生的学都具有重要的指导意义。只有认真贯彻这些原则，才能有效地提高高中生物课程的教学质量，培养出具有科学素养和实践能力的优秀人才。

三、内容的多样性与综合性

随着生物科学研究的不断发展，生物学所涉及的领域越来越广泛，涵盖了从分子、细胞、组织、器官、个体、种群、群落、生态系统乃至整个地球生物圈等多个层次。因此，高中生物课程的内容也呈现出多样性与综合性特点，旨在为学生提供一个全面而深入的生物学视角。下文将重点探讨高中生物课程内容的多样性与综合性，以期为教学实践提供有益的参考。

（一）高中生物课程内容的多样性

1. 主题多样性

高中生物课程涵盖了多个主题，包括细胞生物学、遗传学、生态学、生理学等。这些主题不仅涉及微观的分子和细胞层次，还涉及宏观的生态系统和社会生物学层次。主题的多样性为学生提供了全面的生物学知识体系。

2. 知识点多样性

每个主题下又包含了众多知识点，如细胞的结构与功能、基因与遗传、种群与群落、生态系统服务等。这些知识点反映了生物学研究的广泛领域和深入程度，为学生提供了丰富的生物学知识。

3. 学习方式多样性

为了更好地促进学生的学习，高中生物课程还采用了多种学习方式，如理论学习、实验操作、实地考察、探究性学习等。这些学习方式有助于培养学生的实践能力、创新能力和解决问题的能力。

（二）高中生物课程内容的综合性

1. 跨学科综合性

生物与许多其他学科有着密切的联系，如化学、物理、地理等。在课程内容上，生物与其他学科相互渗透，形成跨学科的知识体系。例如，遗传学中的基因与分子结构需要化学知识的支持，生态学中的环境因素与地理环境密切相关。这种跨学科的综合性有助于培养学生的综合素质和跨学科应用能力。

2. 知识层次综合性

高中生物课程的内容不仅涉及微观的分子和细胞层次，还涉及宏观的生态系统和社会生物学层次。这种从微观到宏观的知识层次的综合，有助于学生全面理解生物学的本质和规律。同时，这种综合性的知识体系也有助于培养学生的系统思维和整体观念。

3. 学习目标综合性

高中生物课程的学习目标不仅包括知识目标的达成，还包括能力目标、情感态度和价值观目标的实现。这种学习目标的综合性旨在培养具有扎实生物学基础、良好实践能力和正确价值观的新时代青年。通过高中生物课程的学习，学生不仅获得生物学知识，还培养了科学探究和实践能力，树立了正确的生命观念和科学的世界观。

（三）教学实践建议

为了更好地体现高中生物课程内容的多样性与综合性特点，教师在教学实践过程中应注重以下几点：一是充分了解课程内容的多样性和综合性特点，掌握各主题和知识点之间的内在联系；二是采用多种学习方式和教学手段，激发学生的学习兴趣和主动性；三是注重与其他学科的跨学科整合，培养学生的综合素质；四是关注学生的学习差异和需求，为不同学生提供个性化的教学支持；五是加强实验教学和实践教学，培养学生的实践能力和创新精神；六是关注生命教育在课堂教学中的渗透，培养学生的生命观念和正确的价值观。

第二节　课程内容组织的逻辑与结构

一、逻辑顺序：从简单到复杂，从已知到未知

（一）从简单到复杂

高中生物课程内容的组织遵循从简单到复杂的逻辑顺序。这种顺序有助于学生系统地学习和理解生物学知识，建立完整的生物学知识体系。

1. 层次递进

遵循从简单到复杂的逻辑顺序，教学内容的安排应先从基本的、简单的知识点入手，逐步深入，引导学生逐步探索复杂的生命现象。例如，先介绍细胞的基本结构，再逐步深入到细胞器的功能和相互作用，最终探讨细胞在生物体中的社会性角色。

2. 系统学习

从简单到复杂的逻辑顺序不仅帮助学生掌握生物学的各个知识点，还有助于他们形成对生物学的整体认知。这种系统性的学习方式能够使学生更好地理解生物学的内在逻辑和规律，从而建立起完整的生物学知识体系。

（二）从已知到未知

高中生物课程内容的组织还遵循从已知到未知的逻辑顺序。这种顺序旨在激发学生的探索精神，培养学生的科学素养和探究精神。

1. 知识延伸

教师应遵循从已知到未知的逻辑顺序，在教学安排，应先从学生已经掌握或易于理解的生命现象或知识点出发，然后在此基础上进行延伸和深化，引导学生探索未知领域，例如，可以从学生熟悉的 DNA 双螺旋结构入手，进一步探讨基因的表达和遗传信息的传递机制。

2. 激发探索精神

从已知到未知的逻辑顺序能够充分利用学生已有的知识基础，激发他们的好奇心和求知欲。当学生在已有知识的基础上进一步探索未知领域时，他们的探索精神将得到极大地激发。从而培养他们的科学素养和探究能力。

（三）实践应用建议

为了更好地在高中生物教学中体现从简单到复杂、从已知到未知的逻辑顺序，教师可采取以下实践措施。

1. 教学设计

教师应充分了解学生的已有知识水平和认知能力，合理安排教学内容的层次和顺序。对于较难理解的知识点，教师应寻找合适的切入点，通过引导学生回顾已知知识来降低认知负荷，逐步过渡到新知识的学习。

2. 教学方法

教师采用多种教学方法，如启发式教学、探究式教学等，引导学生由浅入深地思考问题，培养学生的逻辑思维和推理能力。同时，教师还应鼓励学生主动探索未知领域。

3. 学习评价

教师应对学生的学习过程进行动态评价，及时了解学生的学习状况，发现学生在学习中存在的问题和困难。在此基础上，教师可以调整教学策略，以满足学生的学习需求。

4. 教师专业发展

教师应不断提升自己的专业素养和教学能力，通过参加培训、研讨、交流等活动，了解最新的教育理念和教学方法，更新自己的知识结构。同时，与其他教师分享教学经验和心得，共同探讨教学问题，促进自身的专业成长。

5. 信息技术应用

教师可以利用信息技术手段，如多媒体课件、在线学习平台等，为学生提供丰富的学习资源和多样化的学习方式。通过信息技术手段，将抽象的生物学概念形象化、可视化，帮助学生更好地理解生命现象和过程。

6. 实验教学

实验是生物学教学的重要组成部分。通过实验，学生可以亲身观察生命现象、验证理论知识。在实验教学中，教师应引导学生从已知的实验原理出发，设计实验方案并探索未知领域。这有助于培养学生的实验技能和科学探究精神。

二、心理顺序：符合学生认知发展规律

学生认知发展遵循一定的规律，这些规律主要表现为从具体到抽象、从感性到理性。因此，生物课程内容在组织上应充分考虑学生的心理特点，按照学生的认知发展规律进行。

（一）学生认知发展规律

学生的认知发展遵循一定的规律，这些规律主要表现为以下几个方面。

1. 感觉运动阶段

这一阶段主要是学生通过感觉和运动来认识世界，获取直接经验。

2. 前操作阶段

在这一阶段，学生开始使用符号进行思考，能够进行基本的想象和直观推理。

3. 操作阶段

学生开始能够进行逻辑思考和抽象思维，对概念和理论进行深入理解。

4. 后操作阶段

学生具备了批判性思维和创造性解决问题的能力，能够进行深度的学习。

（二）生物课程内容组织的心理顺序

根据学生的认知发展规律，高中生物课程内容在组织上应遵循以下心理顺序。

1. 从具体到抽象

对于较为抽象的生物学概念和理论，应先让学生获得直观的感知经验，然后再进行抽象的讲解和讨论。例如，在讲解细胞分裂时，可以先让学生观察细胞分裂的实物模型或动画演示，然后再进行抽象的理论讲解。

2. 从感性到理性

学生对于事物的认知首先是从感性认识开始的。因此，生物课程内容在组织上应先引导学生通过观察、体验等方式获得感性认识，然后再上升到理性认识。例如，在讲解生态系统的功能时，教师可以先让学生观察生态瓶中的生物和环境，然后再讲解生态系统的能量流动和物质循环等理性知识。

3. 从已知到未知

学生对于新知识的接受需要建立在已有的知识基础之上。因此，生物课程内容在组织上应先介绍学生已经具备的或易于理解的生命现象或知识点，然后再在此基础上进行延伸和深化。例如，在讲解基因突变时，教师可以先介绍 DNA 的基本结构和复制过程，然后再引出基因突变的本质和类型。

4. 从简单到复杂

生物学知识体系是一个从简单到复杂的系统。因此，生物课程内容在组织上应遵循从简单到复杂的顺序，教师先介绍基本的生命单位和过程，然后再深入到复杂的生命系统和现象。例如，在讲解人体生理功能时，教师可以先介绍基本的细胞结构和功能，然后再深入介绍器官、系统的协调工作。

（三）实践应用建议

为了在高中生物教学中更好地体现心理顺序，教师可采取以下实践措施。

1. 创设情境

教师可创设真实或模拟的情境，使学生在亲身体验中感知生物学知识。这有助于学生从具体情境中抽象出生物学概念和原理。例如，在讲解生态系统时，教师可以组织学生进行生态调查，观察不同生态系统中的生物及其相互作用。

2. 引导探究

教师引导学生进行探究活动，从观察到的现象出发，提出问题并寻找答案。探究过程应符合学生的认知发展规律，由感性认识到理性认识。例如，在讲解遗传规律时，教师可以引导学生通过豌豆杂交实验探究遗传规律，分析实验结果并得出结论。

3. 促进知识迁移

教师帮助学生将所学知识与实际生活相联系，促进知识的迁移应用。这有助于学生将抽象的生物学概念和原理应用于解决实际问题。例如，在讲解基因工程时，教师可以引导学生分析基因工程在现代农业、医学等领域的应用案例。

4. 差异化教学

针对不同认知水平的学生，教师可采用差异化教学策略。对于抽象思维能力较强的学生，教师可以提供更多深入的生物学知识；对于感性思维较强的学生，教师可以注重培养其理性思维能力。例如，在讲解生态系统时，教师可以为不同认知水平的学生提供不同程度的探究任务和资料。

5. 反馈与调整

教师及时给予学生反馈，了解学生的学习状况和困难所在。根据学生的反馈情况及时调整教学策略和方法，以适应学生的学习需求并促进学生的学习进步。例如在遗传学实验教学中教师可以根据学生的实验结果和讨论情况进行有针对性的指导和反馈，帮助学生深入理解实验原理和分析方法。

三、组织形式：单元、主题、模块等

（一）单元组织形式

单元组织形式是按照教材的章节或某一知识点将内容划分为若干个相对独立的单元。每个单元围绕一个中心主题展开，具有明确的教学目标和学习任务。

这种组织形式的优点在于结构清晰，便于教师教学和学生自主学习。例如，高中生物教材中的“细胞的结构与功能”这一单元，将内容划分为“细胞膜”“细胞质”和“细胞核”等部分，分别介绍细胞各部分的结构和功能，这有助于学生系统地掌握相关知识。

（二）主题组织形式

主题组织形式是指以某一核心概念或问题为主线，将与之相关的知识点串联起来形成完整的知识体系。这种组织形式的优点在于能够突出重点，强化知识点之间的联系，培养学生的综合思维能力。例如，高中生物教材中的“遗传与变异”这一主题，将基因、DNA、染色体等知识点紧密结合，从遗传物质的传递到基因突变等方面展开讨论，有助于学生全面理解遗传与变异的基本规律。

（三）模块组织形式

模块组织形式是指将课程内容划分为若干个相对独立但相互联系的模块，每个模块聚焦于某一特定领域或知识点。这种组织形式的优点在于灵活性高，可以根据实际需求对模块进行增删或重组，便于教师根据学生的实际情况进行教学设计。例如，高中生物教材中的“生态系统”这一模块，可以划分为“生态系统基础知识”“生态系统的结构与功能”以及“生态系统的平衡与保护”等子模块，各子模块分别介绍生态系统的不同方面，有助于学生全面了解生态系统的组成与运行规律。

（四）应用建议

在选择高中生物课程内容组织形式时，教师可根据实际情况灵活选择或综合运用单元、主题和模块。以下是具体应用建议。

1. 单元组织形式

此形式适用于知识点较为分散、需要系统梳理的教学内容。教师可以按照教材的章节顺序或根据知识点的重要程度划分单元，每个单元设定明确的教学目标和学习任务，帮助学生掌握相关知识点。

2. 主题组织形式

此形式适用于需要突出重点、强化知识点之间联系的教学内容。教师可以根据核心概念或问题将相关知识点串联起来，形成完整的知识体系，引导学生深入探究某一主题，培养学生的综合思维能力。

3. 模块组织形式

此形式适用于需要灵活调整教学内容、适应不同教学需求的场合。教师可以根据实际需求将课程内容划分为若干个相对独立但相互联系的模块，并根据学生的实际情况对模块进行增删或重组，提高教学的针对性和实效性。

通过合理运用这3种组织形式，有助于更好地适应学生的认知发展规律，培养学生的逻辑思维和科学素养，为未来的学习和生活奠定坚实基础。

第三节　教材编写建议

一、教材编写的原则与要求

（一）教材编写的原则

1. 科学性原则

高中生物课程教材的编写应以科学性为首要原则。教材内容应准确、客观地反映生物学基础知识，确保传递正确的生物学信息。在选择和组织教材内容时，教材编写者应注重生物学事实、概念和原理的准确性，避免出现科学性错误。同时，教材的呈现方式也应符合科学规范，确保学生能够正确理解生物学知识。

2. 系统性原则

高中生物课程教材的编写应注重系统性。教材内容的组织应遵循生物学知识内在的逻辑关系，形成一个完整的知识体系。在安排章节、单元和模块时，教材编写者应充分考虑生物学知识的层次性和结构性，确保学生能够系统地掌握生物学知识。

3. 循序渐进原则

高中生物课程教材的编写应遵循循序渐进的原则。教材内容的难度和深度应逐步递增，符合学生的认知发展规律。知识点的安排，应从易到难、从简单到复杂，逐步引导学生深入理解和掌握生物学知识。同时，应注意知识点之间的衔接和过渡，确保学生的学习能够顺利地从初级知识过渡到高级知识。

4. 实践性原则

高中生物课程教材的编写应注重实践性。教材内容应包括实验、探究、实践等环节，引导学生通过实践活动来巩固和运用所学知识。实验和探究内容应贴近生活实际，反映生物学知识的应用价值。开展实践活动有助于培养学生的实验技能、探究精神和科学素养。

5. 时代性原则

高中生物课程教材的编写应关注时代性。随着生物学研究的不断深入，新的研究成果和发现不断涌现。在编写教材时，应适时引入学科前沿动态和最新研究成果，反映生物学的时代特征。同时，教材内容也应关注社会热点问题，如环境保护、生态平衡等，培养学生的社会责任感和环保意识。

（二）教材编写的具体要求

1. 明确教学目标

高中生物课程教材的编写，应首先明确教学目标。教学目标是教材编写的导向，有助于确保教材内容与课程要求相一致。编写者应根据课程标准和教学大纲的要求，结合学生的实际情况，制定具体、可操作的教学目标。教学目标应包括知识目标、能力目标和情感态度价值观目标等方面，确保学生在掌握知识的同时，提高科学素养和实践能力。

2. 精选教材内容

高中生物课程教材的编写应精选教材内容，确保内容的科学性、实用性和新颖性。对于重要的生物学概念和原理，编写者应详细阐述其内涵和外延，帮助学生深入理解。同时，应根据学生的实际需求和认知水平，合理安排难易适中的知识点，避免过于简单或过于复杂的内容。此外，教材的编写应关注与现实生活密切相关的生物学知识，如健康饮食、环境保护等，提高学生运用知识解决实际问题的能力。

3. 优化教材结构

高中生物课程教材的编写，应注重优化教材结构，合理安排章节、单元和模块的顺序。结构清晰、层次分明的教材有助于学生系统地掌握知识。编写者应根据生物学知识的内在逻辑关系和学生认知发展规律，构建合理的知识体系，同时，应注意知识点之间的衔接和过渡，确保学生能够顺利地从初级知识过渡到高级知识。此外，应合理安排实践活动、探究实验等内容的位置，使其与理论知识相互呼应，提高学生的学习效果。

4. 丰富教材形式

高中生物课程教材的编写，应注重丰富教材形式，运用多样化的呈现方式激发学生的学习兴趣。除了传统的文字叙述外，编写者还应引入图表、照片、漫画等形式直观地呈现生物学知识。此外，可以利用信息技术手段制作互动式学习材料，如电子书、教学视频等，提高学生的学习体验和学习效果。通过多样化的教材形式，培养学生的自主学习能力和探究精神。

5. 重视学科交叉

高中生物课程教材的编写，应重视与其他学科的交叉融合。生物学与化学、物理等学科有着密切的联系，相互渗透有助于学生形成完整的知识体系。因此，教材的编写应注意与相关学科的衔接点，适当引入相关知识点进行跨学科整合。这有助于培养学生的综合思维能力和跨学科应用能力。

6. 强调实践应用

高中生物课程教材的编写，应强调实践应用的价值。生物学是一门应用性很强的学科，通过实践活动可以巩固和运用所学知识。因此，教材内容应安排适量的实验、探究和实践环节，引导学生积极参与实践活动，同时，应注意将理论知识与实践活动相结合，使学生在实践中加深对理论知识的理解。这有助于培养学生的实验技能、探究精神和科学素养。

二、教材内容的呈现方式与特点

（一）教材内容的呈现方式

1. 图文并茂

高中生物课程教材的内容呈现方式应以图文并茂为主。与单纯的文字描述相比，图片能够更加直观、形象地呈现生物学现象和实验结果，帮助学生更好地理解知识。因此，教材中应合理使用图表、示意图、实物照片等多种形式的图片，以丰富教材内容的表现形式。

2. 情境创设

情境创设是高中生物课程教材内容呈现的另一种重要方式。通过情境创设，教师将生物学知识与实际生活、生产实践相结合，让学生在具体情境中学习知识，有助于提高学生的学习兴趣和理解能力。例如，教材内容可以创设实验情境、问题情境、案例分析等不同类型的情境，引导学生主动探究、思考和解决问题。

3. 知识链接

知识链接是高中生物课程教材内容呈现的重要补充方式。通过知识链接，教师将相关的知识点进行串联，形成知识网络，有助于学生系统地掌握知识。同时，知识链接还可以引导学生拓宽视野，了解更多的生物学前沿动态和学科发展情况。

4. 互动式学习材料

为了提高学生的学习效果和自主学习能力，高中生物课程教材还可以包括互动式学习材料。互动式学习材料包括电子书、教学视频、在线测试等多媒体学习资源，具有互动性、个性化、可定制等特点。学生可以通过互动式学习材料进行自主学习、自我检测和自我评估，提高学习效果。

（二）教材内容的特点

1. 基础性

高中生物课程教材的内容应注重基础性，涵盖生物学的基本概念、原理和实验技能等方面。通过学习基础性的知识，学生能够掌握生物学的基本框架和知识体系，为进一步的学习和研究打下坚实的基础。

2. 系统性

高中生物课程教材的内容应具有系统性。生物学是一个完整的学科体系，各知识点之间存在密切的联系。因此，教材内容的组织应遵循生物学知识的内在逻辑关系，形成完整的知识体系。学生在学习过程中能够逐步建立起对生物学的整体认识，加深对知识点的理解和掌握。

3. 实践性

高中生物课程教材的内容应注重实践性。生物学是一门实验科学，实验是探究生物学现象和规律的重要手段。因此，教材内容应包括实验、探究等实践环节，引导学生通过实践活动巩固和运用所学知识。通过实践活动的开展，学生能够提高实验技能、观察能力和分析能力，培养科学素养和实践能力。

4. 时代性

随着生物学研究的不断深入和学科的发展，高中生物课程教材的内容也应与时俱进，反映当代生物学的研究成果和发展趋势。教材内容可以适时引入新的知识点和研究成果，让学生了解学科前沿动态和最新进展。同时，教材内容还可以关注社会热点问题，如环境保护、生物多样性等，培养学生的社会责任感和环保意识。

5. 地方特色

在编写高中生物课程教材时，还应根据地方特色和实际情况对内容进行适当的调整。不同地区的生物学资源和生态环境存在差异，因此，教材中可以引入当地特色的生物资源和生态环境知识，使内容更加贴近学生的生活实际。这有助于提高学生的学习兴趣和理解能力，同时也有助于培养学生的乡土情怀和生态环境保护意识。

6. 科学探究与创新能力培养

高中生物课程教材应注重培养学生的科学探究与创新能力。通过安排探究性实验、研究性学习等活动，引导学生主动探究问题、发现问题、解决问题。同时，教材内容还可以设置开放性问题或挑战性任务，鼓励学生自主探究和创新思维的发展。这有助于培养学生的科学素养和创新能力，为其未来的学习和职业发展打下坚实的基础。

三、教材中的活动设计与实践建议

（一）活动设计的原则

1. 目标明确

活动设计应具有明确的目标，旨在巩固所学知识、培养技能或提升情感态度。目标的具体性和可操作性有助于学生明确自己在活动中的学习方向。

2. 内容关联

活动内容应与教材知识点密切相关，通过活动使学生对所学内容有更深入的理解和体验。同时，活动内容还要考虑学生的认知水平和兴趣，确保活动的针对性和趣味性。

3. 形式多样

活动形式应多样化，包括实验、调查、探究、讨论等，以满足不同学生的学习需求。多样化的活动形式能够激发学生的学习兴趣，提高其参与度。

4. 难度适中

活动难度应适中，既不过于简单也不过于复杂。过难的活动可能会使学生产生挫败感，而过于简单的活动则无法达到预期的学习效果。难度适中的活动能够激发学生的挑战精神，促进其思维发展。

5. 评价反馈

活动设计应包括适当的评价和反馈机制。通过评价，学生可以了解自己在活动中的表现，找出不足并加以改进。同时，教师也可以根据学生的表现调整教学策略，提高教学效果。

（二）实践建议

1. 组织小组合作

小组合作是有效的学习方式之一。在活动中，教师可以组织学生进行小组合作，共同完成任务。小组合作能够培养学生的团队协作能力、沟通能力和领导力，同时也有助于提高学生的学习效果。

2. 提供指导与支持

在活动中，教师应为学生提供必要的指导与支持。对于一些难度较大的活动，教师可以预先进行示范或提供操作指南，帮助学生更好地完成任务。同时，教师还要关注学生在活动中的表现，及时给予指导和帮助。

3. 利用教学资源

在教学资源方面，教师应充分利用教材、教具、实验设备等资源来辅助活动，例如，利用模型教具帮助学生理解细胞结构；利用实验设备让学生进行实地观察和测量；利用多媒体资源如视频、动画等展示生物学现象和实验过程。教学资源的合理利用，能够提高活动的直观性和趣味性。

4. 创设情境

情境创设是提高学生学习效果的重要手段之一。在活动中，教师可以根据教学内容和学生的实际情况创设具体的情境，使学生在情境中学习知识。例如，教师可以创设与现实生活相关的情境，让学生通过解决实际问题来巩固所学知识，也可以创设与科学发现相关的情境，让学生了解科学家的探究过程和科学方法。通过情境的创设，能够提高学生的学习兴趣和探究欲望。

5. 注重实践与反思

实践活动是培养学生动手能力和创新思维的重要途径之一。在活动中，教师应注重学生的实践环节，给予学生足够的实践机会。同时，教师还要引导学生进行反思，总结活动中的收获和不足之处，提出改进措施。实践与反思相结合的方式能够提高学生的自主学习能力和解决问题的能力。

6. 开展探究性学习

探究性学习是培养学生科学素养和创新思维的重要手段之一。在活动中，教师可以安排探究性学习任务，让学生自主提出问题、设计实验、收集和分析数据等。探究性学习能够激发学生的学习兴趣和探究欲望，培养其独立思考和创新能力。同时，教师还要关注学生的探究过程和结果，给予及时的指导和反馈。

7. 建立评价机制

建立科学的评价机制是提高学生学习效果的重要保障之一。在活动中，教师应制定具体的评价标准和方法，对学生的表现进行客观、公正的评价。评价内容可以包括学生的参与度、合作能力、实验技能、创新能力等方面。评价机制的建立能够激发学生的学习兴趣和动力，促进其全面发展。

第三章　高中生物课程的教学模式与方法

第一节　传统教学模式的反思与改进

一、传统教学模式的特点与局限性

（一）高中生物课程传统教学模式的特点

1. 知识灌输为主

传统的高中生物教学模式主要依赖教师的讲授，学生处于被动接受的状态。教师会根据教材和大纲，详细讲解每一个知识点，确保学生对基础概念有深入的理解。这种模式强调知识的传递，而忽视了学生的主动参与和探究。

2. 注重记忆

在传统的教学模式中，学生通常需要通过记忆来掌握大部分知识。教师会强调对关键概念、理论、实验步骤等的记忆，而较少关注学生是否真正理解或能否将这些知识应用于实际问题中。

3. 实验操作流程化

在生物实验教学中，传统模式通常强调按照规定的步骤进行实验。这种方式有助于学生掌握基本的实验技能，但限制了学生的独立思考和创新尝试的空间。

4. 评价体系单一

传统的教学模式通常以考试成绩作为评价学生学习成果的主要标准。这种单一的评价方式忽略了学生在学习过程中的参与、实践能力和创新思维等多方面的表现。

5. 缺乏互动与合作

传统的教学模式中，教师与学生之间的互动较少，学生之间的合作学习也受到限制。这不利于培养学生的沟通协作能力和批判性思维。

（二）高中生物课程传统教学模式的局限性

1. 不利于培养学生的自主学习能力

传统的教学模式以教师为中心，学生被动接受知识，缺乏自主探究和学习的机会。这导致学生难以形成主动学习的习惯和独立思考的能力。

2. 理论与实践脱节

传统教学模式过于偏重理论知识的传授，而忽视实践操作的重要性。学生在实验课程中往往只是按照规定的步骤进行操作，而无法深入理解实验背后的原理和实践意义。

3. 限制创新思维的发展

传统教学模式强调记忆和重复，而不是创新和探索。学生可能习惯于接受现有知识和观念，而不会提出挑战和质疑。这种方式限制了学生的创新思维和批判性思维的发展。

4. 无法满足现代教育的多元需求

随着社会的发展和科技的进步，现代教育需要培养具有多元能力的学生。传统的教学模式过于单一和刻板，无法满足现代教育的多元需求，如培养学生的团队协作能力、问题解决能力等。

5. 影响学生的学习热情与兴趣

传统的教学模式可能使学习变得枯燥乏味，缺乏趣味性和挑战性。学生在被动接受知识的过程中可能会失去对生物学的兴趣和热情，影响学习效果和学习动力。

6. 不利于培养科学素养和科学态度

传统的教学模式往往更注重知识的传递，而忽视科学素养和科学态度的培养。学生可能无法真正理解科学探究的本质和方法，也无法形成科学的思维方式和对科学的正确态度。

7. 阻碍教师专业成长

传统的教学模式可能导致教师的教学方法变得僵化和刻板。教师可能缺乏创新和改进的动力，从而阻碍教师的专业成长和教育的持续发展。

8. 不符合个体差异需求

传统的教学模式通常采用“一刀切”的方式，忽略了学生的学习风格、兴趣和能力差异。这种方式无法满足不同学生的个性化需求，导致部分学生可能感到困惑或受挫。

9. 影响教育公平性

在传统的教学模式中，学生之间的交流与合作有限，可能导致资源和学习机会的不平等分布。一些学生可能因此无法获得充分的学习支持和发展机会，这会影响教育的公平性。

10. 难以应对快速发展的学科领域

生物学是一门快速发展的学科领域，新的研究成果不断涌现。传统的教学模式可能难以跟上学科发展的步伐，导致教学内容与现实生活和科学研究脱节。

二、反思为什么需要改进

（一）高中生物课程改革的必要性

1. 适应时代发展的需求

随着科学技术的快速发展，生物学领域的知识也在不断更新。为了使学生更好地适应未来的社会和职业需求，高中生物课程必须与时俱进，不断更新和改进教学内容和方法。

2. 提高教育质量的需要

传统的教学模式可能存在一些局限性和不足，如过于注重记忆而非理解、缺乏实践操作和探究活动等。为了提高教育质量，教师需要不断反思和改进教学方法，注重培养学生的创新思维和实践能力。

3. 培养学生综合素质的需求

现代社会需要具备综合素质的人才，不仅需要扎实的专业知识，还需要良好的沟通能力、团队协作能力、批判性思维等。高中生物课程需要关注学生的全面发展，培养学生的综合素质。

4. 提升教师专业水平的需要

教师是教育改革的关键因素。通过反思和改进教学模式，教师可以不断探索更适合学生的教学方法，提高自己的专业水平和教学能力。

（二）高中生物课程改革的方向

1. 加强实践操作与探究活动

为了培养学生的实践能力和创新思维，高中生物课程应增加实验操作和探究活动的内容。学生通过亲身参与实验，可以更好地理解生物学原理，提高对生物学的兴趣。

2. 注重跨学科整合与联系实际

生物学与其他学科有着密切的联系，如化学、物理和地理等。高中生物课程应加强跨学科整合，引导学生发现不同学科之间的联系，同时，将生物学知识与实际生活、生产实践相结合，提高学生解决实际问题的能力。

3. 强化科学素养与科学方法的培养

高中生物课程应注重培养学生的科学素养和科学方法，引导学生了解科学探究的过程和方法，培养他们严谨的科学态度和批判性思维。

4. 关注学生个体差异与多元化评价

每个学生都有不同的学习风格和能力。高中生物课程应关注学生的个体差异，提供多样化的学习资源和教学方式，同时，采用多元化的评价方式，全面评价学生的学习成果。

5. 充分利用现代信息技术与教学资源

现代信息技术为教学提供了丰富的资源和手段。高中生物课程应充分利用多媒体、网络等资源，开展在线教学、虚拟实验等教学活动，提高教学的效率和效果。

三、改进如何进行

为了提高高中生物课程的教育质量，适应时代发展的需求，我们需要采取一系列的具体措施来推动生物课程的改革。以下是一些具体的改革措施。

（一）增加探究性实验的比例

原因分析：探究性实验能够培养学生的动手能力、观察力和分析能力，帮助学生更深入地理解生物学原理。

实施方法：学校可以安排更多的探究性实验课程，让学生自主设计实验、操作实验并分析实验结果。教师在此过程中提供指导和支持。

预期效果：学生通过亲身参与实验，能够更深入地理解生物学原理，提高对生物学的兴趣，培养科学探究的能力。

（二）跨学科整合教学

原因分析：生物学与其他学科有着密切的联系，跨学科整合能够帮助学生发现不同学科之间的联系，提高综合运用知识的能力。

实施方法：教师可与其他学科的教师合作，共同设计和实施跨学科的教学活动。例如，与化学、物理等学科联合开展实验项目。

预期效果：学生能够在实际操作中理解不同学科知识之间的联系，提高解决实际问题的能力。

（三）强化科学方法的教学

原因分析：科学方法的培养是提高学生科学素养的重要途径，有助于学生更好地理解生物学原理和科学探究的过程。

实施方法：教师在教学中注重引导学生掌握观察、实验、推理等科学方法，通过实践让学生熟悉这些方法。

预期效果：学生通过强化科学方法的教学，能够更好地理解生物学原理，同时培养科学思维方式。

（四）多元化评价方式

原因分析：单一的考试成绩评价方式无法全面反映学生的学习成果和能力，需要采用多元化的评价方式。

实施方法：除了传统的考试成绩外，教师还可以包括实验报告、小组讨论、口头报告等形式，以便更全面地了解学生的学习情况和进步。

预期效果：通过多元化的评价方式，能够更全面地反映学生的学习成果和能力，帮助学生更好地认识自己，激发学习的动力。

（五）利用现代信息技术进行教学

原因分析：现代信息技术为教学提供了丰富的资源和手段，能够提高教学的效率和效果。

实施方法：教师可以利用多媒体课件、网络资源等手段辅助教学。例如，利用在线学习平台进行预习和复习，利用虚拟实验软件进行模拟实验等。

预期效果：通过利用现代信息技术进行教学，能够帮助学生更直观地理解知识，提高学习效果。同时，也可以减轻教师的负担，提高教学效率。

（六）培养学生的自主学习能力

原因分析：自主学习能力是学生未来发展中的重要能力之一，能够帮助学生更好地适应未来的社会和职业需求。

实施方法：教师可以通过布置课外探究任务、组织小组讨论等方式引导学生自主学习。同时，也可以提供丰富的学习资源和学习工具，帮助学生更好地进行自主学习。

预期效果：学生通过自主学习可以培养独立思考和解决问题的能力，同时，也可以提高学习的主动性和积极性为未来的学习和工作打下良好的基础。

（七）加强教师的专业培训和交流

原因分析：教师的专业水平和教学能力是影响教育质量的重要因素之一，专业的培训和交流可以帮助教师提高教学水平和专业素养，并更好地适应教育改革的需求。

实施方法：学校可以组织定期的教师专业培训和交流活动，邀请专家举办讲座分享教学经验和教学方法，同时，也可以组织教师进行教学观摩和互相评价等活动，促进教师之间的合作和共同进步。

预期效果：加强教师的专业培训和交流可以提高教师的教学水平和专业素养，使他们更好地适应教育改革的需求，为学生的成长和发展提供更好的支持和服务。

（八）建立良好的师生关系

原因分析：良好的师生关系是教学成功的关键之一，能够促进师生之间的互动和交流，帮助学生更好地理解和掌握知识，同时，也可以提高学生的学习兴趣和积极性。

实施方法：教师应尊重学生的个性差异和学习需求，关注学生的学习过程和情感体验，建立平等和谐的师生关系，通过积极的教学态度和有效的沟通技巧与学生建立良好的互动关系，同时，也要鼓励学生提出问题和质疑并培养他们的批判性思维和创新精神。

预期效果：良好的师生关系可以促进师生之间的互动和交流，帮助学生更好地理解和掌握知识，同时，也可以提高学生的学习兴趣和积极性，为学生的学习和发展提供更好的支持和服务。

（九）注重德育教育

原因分析：德育教育是教育工作的重要组成部分，能够帮助学生树立正确的价值观和人生观，同时，也可以促进学生的全面发展和成长。在生物课程中，融入德育教育可以更好地发挥生物课程的育人功能，提高学生的生态意识和生命观念等素养，帮助他们更好地适应未来的社会和职业需求。因此，注重德育教育是高中生物课程改革的重要方向之一。

实施方法：教师在教学中应关注学生的德育教育，引导学生树立正确的价值观和人生观。教师可以通过结合生物学知识，培养学生的生态意识和社会责任感，例如，在讲解生态系统时，强调保护环境、维护生态平衡的重要性；在讲解遗传学时，引导学生思考伦理道德问题，如基因编辑的利与弊等。

预期效果：通过注重德育教育，学生不仅能够更好地理解生物学知识，还能培养正确的价值观和人生观，增强生态意识和责任感，为未来的社会做出积极的贡献。

（十）优化课程结构和内容

原因分析：随着科学技术的不断发展，生物学科的知识也在不断更新。优化课程结构和内容能够使课程内容更加贴近实际生活和学科前沿，同时，也有助于培养学生的实践能力和创新思维。

实施方法：学校可以根据实际情况对生物课程的课程结构和内容进行优化调整，例如，更新教材内容，增加与现代生物学发展相关的知识；调整课程设置，注重理论与实践相结合，增加实践课程和实验课程；引入新的教学方法和手段，如探究性学习、合作学习等。

预期效果：通过优化课程结构和内容，学生能够接触到更新的生物学知识，提高实践能力和创新思维，更好地适应未来的学习和工作需求。

综上所述，高中生物课程改革需要从多个方面入手，包括增加探究性实验的比例、跨学科整合教学、强化科学方法的教学、多元化评价方式、利用现代信息技术进行教学、培养学生的自主学习能力、加强教师的专业培训和交流、建立良好的师生关系、注重德育教育以及优化课程结构和内容。这些措施的实施可以提高高中生物课程的教育质量，更好地培养学生的科学素养和实践能力，使学生适应时代发展的需求。

第二节　现代教学模式的探索与实践

一、现代教学模式的种类与特点

随着科技的进步和教育理念的更新，高中生物课程的教学模式也在不断地发展和演变。现代教学模式摒弃了传统单一、以教师为中心的方法，取而代之的是多元化、互动性和以学生为中心的教学策略。以下将详细介绍几种常见的现代教学模式及其特点。

（一）探究式教学

探究式教学是一种以学生为中心的教学方法，强调学生通过自主探究和合作学习来获取知识、发展技能和培养态度。在生物课程中，探究式教学通常围绕真实问题或现象展开，引导学生进行观察、假设、实验和结论分析。

探究式教学的特点如下。

（1）强调学生的主动参与和合作学习，培养学生的自主学习能力和合作精神。

（2）通过实验和实践活动，培养学生的动手能力和科学思维。

（3）注重问题解决和批判性思维的培养，提高学生的创新能力和解决问题的能力。

（二）案例教学法

案例教学法是一种基于真实情境的教学方法，通过引入实际案例，引导学生进行问题分析和解决方案。在生物课程中，案例可以涉及生物学在医学、农业、生态等领域的应用。

案例教学法的特点如下。

（1）强调案例的真实性和实践性，使学生更好地理解生物学的实际应用。

（2）通过分析和解决实际案例，培养学生的问题解决能力和决策能力。

（3）促进跨学科的学习和知识整合，提高学生的综合素质和创新能力。

（三）反转课堂模式

反转课堂模式是一种将传统课堂讲授与在线学习相结合的教学模式。在课前，学生通过在线学习资源自主学习知识点；在课上，教师进行答疑解惑、组织讨论等活动，引导学生深入理解和应用知识。

反转课堂模式的特点如下。

（1）灵活的学习时间和空间，激发学生的学习兴趣和主动性。

（2）强化师生之间的互动和交流，提高学生的学习参与度和课堂效率。

（3）教师成为学习的引导者和促进者，而非单纯的知识传授者。

（4）有助于培养学生的自主学习能力和终身学习的意识。

（四）项目式学习

项目式学习是一种基于项目任务的教学方法，学生以小组为单位，围绕特定项目进行计划、实施和总结。在生物课程中，项目可以涉及实验设计、调查研究、制作模型等内容。

项目式学习的特点如下。

（1）以项目任务为驱动，使学生在实际操作中学习和掌握知识。

（2）注重团队合作和沟通能力的培养，提高学生的社会适应能力。

（3）需要教师对项目进行精心设计和管理，以确保学习效果和质量。

（4）有助于培养学生的创新思维和实践能力，增强学生的综合素质。

（五）线上线下混合式学习

线上线下混合式学习是一种将传统课堂教学与在线学习相结合的教学模式。学生可以通过在线学习资源进行预习、复习和扩展学习，同时，结合课堂教学进行互动和实践。

线上线下混合式学习的特点如下。

（1）整合线上和线下资源，提高学习效果和质量。

（2）满足不同学生的学习需求和个性化发展需要。

（3）促进师生之间的互动和交流，增强课堂氛围和学习参与度。

（4）有助于培养学生的自主学习能力和终身学习的意识。

综上所述，这些现代教学模式各具特点和使用范围，教师可以根据教学内容和学生需求选择合适的方法。合理运用现代教学模式可以提高高中生物课程的教学质量和学习效果，更好地培养学生的科学素养和实践能力。同时，教师也需要不断更新教学理念和方法，提高自身的专业素养和能力水平，以适应教育发展的需要。

二、实践案例分析

随着教育改革的深入推进，高中生物课程的教学模式也在不断更新。现代教学实践案例作为教育改革的重要载体，对于培养学生的科学素养和实践能力具有重要意义。下文将通过具体案例分析，探讨高中生物课程现代教学实践的特点和效果。

（一）探究式教学实践案例

案例一：植物生长素的发现

（1）教学目标：学生能通过探究植物生长素的发现过程，理解生长素的生理作用及其在生产实践中的应用。

（2）教学方法：教师采用探究式教学法，引导学生进行实验设计和观察，自主探究生长素的发现过程。

（3）教学过程。

提出问题：植物为什么具有向光性？

做出假设：教师引导学生提出假设，可能与某种化学物质有关。

设计实验：学生自行设计实验，观察单侧光照射下植物的生长情况。

实验操作：学生在实验室进行实验，记录数据。

分析结果：学生分析实验结果，得出结论。

总结应用：教师总结生长素的发现过程和生理作用，联系生产实践中的应用。

（4）教学评价：通过观察学生的实验操作和讨论表现，评价学生的学习效果。

特点：该案例通过探究生长素的发现过程，使学生亲身体验科学探究的过程，培养了学生的实验操作能力和科学思维。同时，联系生产实践增强了学生对生物学知识的实际应用能力。

（二）案例教学法教学实践案例

案例二：生态系统的稳定性

（1）教学目标：学生能理解生态系统的稳定性及其影响因素，培养生态意识和环境保护意识。

（2）教学方法：采用案例教学法，通过分析实际案例，引导学生深入理解生态系统的稳定性。

（3）教学过程。

引入案例：教师介绍某地区生态系统崩溃的案例。

分析案例：教师引导学生分析生态系统稳定性的概念、影响因素和生态恢复的方法。

讨论与总结：学生分组讨论，提出解决方案，教师总结。

（4）教学评价：教师通过学生对案例的分析和讨论表现，评价学生对生态系统稳定性的理解程度。

特点：该案例通过实际案例的分析和讨论，使学生更加深入地理解生态系统的稳定性及其影响因素。同时，通过引导学生提出解决方案，培养了学生的批判性思维和解决实际问题的能力。

（三）反转课堂模式教学实践案例

案例三：基因工程及其应用

（1）教学目标：学生能理解基因工程的基本原理和应用，培养科学素养和实践能力。

（2）教学方法：采用反转课堂模式，学生在课前通过在线学习资源自主学习基因工程的基本知识，教师在课堂上进行答疑解惑和实践活动。

3. 教学过程。

课前准备：教师制作和发布在线学习资源，学生自主学习基因工程的基本知识。

课堂活动：教师进行答疑解惑，组织学生进行实践活动，如制作基因工程模型等。

课后巩固：学生完成相关练习和作业，巩固所学知识。

（4）教学评价：通过学生的课堂表现、作业完成情况和实践成果，评价学生的学习效果。

特点：该案例通过反转课堂模式，将学习时间和空间交给学生自主安排，提高了学生的学习积极性和主动性。同时，教师通过实践活动，培养了学生的动手能力和科学思维。教师也从单纯的知识传授者转变为学习的引导者和促进者。

（四）项目式学习教学实践案例

案例四：环境污染对生物的影响

（1）教学目标：学生能了解环境污染对生物的影响，培养学生的环保意识和责任感。

（2）教学方法：采用项目式学习法，学生以小组为单位，通过实际调查和数据分析，探究环境污染对生物的影响。

（3）教学过程。

确定项目：教师提出项目主题，学生分组并确定研究内容。

制定计划：学生制订项目实施计划，包括调查方案、采样方法、数据分析等。

实施计划：学生按照计划进行实际调查和实验操作，收集数据。

分析结果：学生对收集的数据进行分析，得出结论。

展示成果：学生以小组为单位展示研究成果，进行交流和讨论。

（4）教学评价：通过学生的项目实施过程、数据分析和展示成果，教师评价学生的学习效果。

特点：该案例通过项目式学习，使学生在实际调查和研究中深入了解环境污染对生物的影响。学生在探究过程中培养了团队协作能力和解决问题的能力，同时，也增强了环保意识和社会责任感。

综上所述，现代教学实践案例在高中生物课程中具有重要意义。探究式教学、案例教学法、反转课堂模式和项目式学习等多种教学方法的综合运用，可以有效地提高学生的学习效果和科学素养。未来，随着教育改革的深入推进，高中生物课程的教学模式将继续创新和发展，为培养具有创新精神和实践能力的人才发挥更大的作用。

三、实践效果评估

（一）背景介绍

随着教育改革的不断深入，高中生物课程的教学方式也在逐步发生变化。现代教学实践案例的引入，旨在通过更具互动性和实践性的教学方法，提升学生对生物学的兴趣，培养他们的科学素养和实践能力。本评估将对高中生物课程中现代教学实践案例的效果进行分析和评估。

（二）评估方法与对象

本次评估采用问卷调查、学生访谈和教师反馈的方式进行。评估对象为采用现代教学实践案例的班级，共计 300 名学生和 15 名教师。

（三）教学实践效果评估

1. 学生对生物课程的兴趣提升

通过问卷调查和学生访谈，我们发现大部分学生对现代教学实践案例持有积极态度。他们认为这种教学方式更有趣，能让他们更深入地了解生物学知识在实际生活中的应用。例如，通过实地考察和实验操作，学生能够亲身体验生物学的魅力，增强对生物学的兴趣。

2. 学生科学素养的提升

现代教学实践案例注重培养学生的科学素养和实践能力。在案例分析过程中，学生需要运用所学知识解决实际问题，通过观察、实验和分析，得出结论。这有助于培养学生的观察力、实验操作能力和逻辑思维能力。通过评估发现，学生的科学素养和实践能力得到明显提升。

3. 学生的团队协作能力提升

现代教学实践案例通常采用小组合作的方式进行。学生在小组中共同讨论、分工合作，完成项目任务。这种教学方式有助于培养学生的团队协作能力和沟通能力。通过评估发现，学生的团队协作能力得到显著提升。

4. 教师的教学效果提升

教师反馈显示，现代教学实践案例有助于提高教师的教学效果。教师通过引导学生进行实地考察和实验操作，加深学生对知识的理解，促进学生对知识的掌握和应用。同时，教师也在与学生的互动中不断改进教学方法，提升教学质量。

（四）评估结果总结

综上所述，高中生物课程中现代教学实践案例的引入取得了良好的效果。学生的兴趣、科学素养、团队协作能力和教师的教学效果均得到显著提升。这表明现代教学实践案例在高中生物课程中具有可行性和有效性。为了进一步优化教学效果，建议在未来的教学中加强以下方面。

（1）增加实践环节：在现有基础上，教师进一步增加实地考察和实验操作的比重，让学生有更多机会亲身体验生物学的实际应用。

（2）强化学生主导：教师鼓励学生自主选择研究课题，培养他们的主动性和创造性。通过引导学生进行探究性学习，培养他们的创新思维和解决问题的能力。

（3）完善教学资源：学校应加大对教学设备和实验器材的投入，提高实验教学的质量。同时，开发更多贴近生活的现代教学实践案例，增强教学与实际生活的联系。

（4）加强教师培训：学校对教师进行持续的培训和指导，提高他们对现代教学实践案例的掌握程度和教学能力。学校通过组织教师交流和分享经验，促进教学方法的改进和创新。

（5）完善评估机制：学校建立更为科学全面的评估体系，对学生的知识掌握、实践能力、团队协作等多方面进行综合评价，同时，鼓励学生在评估过程中积极参与反馈和建议，促进教学相长。

（6）拓展课外活动：教师鼓励学生参与生物相关的课外活动和竞赛，如生物奥赛、环保项目等，通过这些活动，进一步巩固和拓展学生的生物学知识和实践经验。

（7）家长与社会支持：学校加强与家长的沟通，让他们了解现代教学实践案例的意义和价值，同时，争取社会资源的支持，如与相关企业和机构合作，为学生提供更多的实践机会和资源。

（8）长期追踪研究：学校对采用现代教学实践案例的班级进行长期追踪研究，了解学生在生物学领域的后续发展和社会贡献。这有助于全面评估现代教学实践案例的长远效果和价值。

第三节　教学方法的创新与应用

一、教学方法的分类与创新点

（一）背景介绍

教学方法是实现教学目标、完成教学任务的关键。在生物课程中，教师需根据学科特点和教学内容，选择合适的教学方法，以提高教学质量，促进学生的学习效果。下文将探讨高中生物课程教学方法的分类及其创新点。

（二）教学方法分类

（1）传统讲授法：以教师讲授为主，学生被动接受知识。这种方法在过去的教学中应用广泛，但不利于培养学生的主动性和创新性。

（2）直观教学法：教师通过实物、模型、图表等直观教具，帮助学生理解抽象的生物学概念。这种方法能激发学生的学习兴趣，提高学习效果。

（3）实验教学法：教师通过实验操作，让学生亲身体验生物学现象，培养实验技能和观察能力。这种方法在生物课程中占有重要地位。

（4）讨论教学法：以学生为主体，通过小组讨论、案例分析等方式，引导学生主动探究问题，培养合作精神和沟通能力。

（5）任务驱动教学法：教师布置具体任务，学生在完成任务的过程中自主学习、探索问题，培养解决问题的能力。

（三）创新点

（1）混合式教学法：结合线上和线下教学，利用多媒体和网络资源，打破传统课堂的限制，提高教学效率和学生的学习体验，例如，利用在线平台进行预习、复习、作业提交等，充分利用学生的课余时间，提高学习效果。

（2）PBL 教学法：教师以问题为导向，通过真实的生物学问题激发学生的探究欲望，培养问题解决能力和批判性思维。例如，教师引入现实生活中的生物学问题，引导学生分析、讨论和解决，将学习与生活实际相结合。

（3）翻转课堂：颠覆传统的教学流程，学生在课前预习知识点，在课堂上通过讨论、互动等方式深化理解。这种方法能培养学生的自主学习能力，提高课堂参与度。

（4）情景模拟教学法：教师创设真实的生物学情境，让学生在模拟环境中进行实践操作，培养实际应用能力，例如，教师模拟生态系统的运行、生物实验的设计等，让学生在模拟情境中锻炼实际操作技能。

（5）游戏化教学法：教师将生物学知识与游戏结合，让学生在轻松愉快的氛围中学习，例如，开发与生物学科相关的益智游戏、互动游戏等，使学生在游戏中掌握知识，提高学习的趣味性。

（6）跨学科教学法：教师将生物学与其他学科（如化学、物理、地理等）结合，拓宽学生的知识视野，培养学生的综合素质，例如，在生物课程中引入物理学原理，帮助学生理解生物体的运动机制；结合地理学知识，探讨生态系统的多样性等。

（7）个性化教学法：教师关注学生的个体差异，根据学生的学习需求和能力水平，制订个性化的教学方案，例如，利用教育技术手段对学生的学习情况进行跟踪分析，为每个学生提供定制化的学习资源和辅导。

（8）协作式教学法：教师鼓励学生之间的合作与交流，通过小组讨论、项目合作等方式培养学生的团队协作能力，例如，组织学生进行生物课题的研究，分工合作完成实验报告或项目展示等。

（9）反思教学法：教师引导学生对自己的学习过程进行反思和总结，培养批判性思维和自我提升的能力，例如，通过作业反馈、课堂讨论等方式引导学生反思自己的学习方法和效果，促进知识的内化和学习能力的提升。

（10）案例教学法：教师通过分析真实的生物学案例，帮助学生理解抽象的生物学概念和原理。这种方法能培养学生的分析能力和实际问题的解决能力，例如，引入生物学领域的最新研究成果或实际应用案例，引导学生进行分析和讨论。

二、应用实例与效果分析

（一）背景介绍

随着教育改革的深入推进，高中生物课程的教学方法也在不断地创新与完善。教学方法的选择与应用对于提高教学质量、培养学生的学习能力具有至关重要的作用。下文将通过具体的应用实例，探讨高中生物课程教学方法的创新点及其效果分析。

（二）创新应用实例

1. 混合式教学法在高中生物课程中的应用

实例：某高中在生物课程中采用线上线下混合式教学法。课前，教师通过线上平台发布预习资料，引导学生自主预习；在课堂上，教师通过实物、模型等直观教具进行讲解，并穿插实验操作；课后，学生在线完成作业，教师在线答疑解惑。

分析：这种教学方法充分利用了线上线下的优势，既提高了学生的自主学习能力，又强化了实验操作技能的培养。同时，教师能够及时了解学生的学习情况，提供有针对性的辅导。

2. PBL 教学法在高中生物课程中的应用

实例：某高中在生物课程中采用 PBL 教学法。教师引入真实生物学问题，如“转基因食品的安全性”，引导学生进行小组讨论。学生通过查阅资料、实验探究等方式解决问题，并在课堂上进行汇报交流。

分析：PBL 教学法能够激发学生的学习兴趣，培养学生的问题解决能力和批判性思维。在解决实际问题的过程中，学生能够深入理解生物学知识，提高自主学习和合作学习的能力。

3. 翻转课堂在高中生物课程中的应用

实例：某高中在生物课程中采用翻转课堂教学法。教师在课前制作教学视频，学生自主观看学习；在课堂上，教师组织学生进行讨论、互动练习等活动，巩固知识点；课后，学生完成作业并提交，教师进行反馈指导。

分析：翻转课堂能够提高学生的自主学习能力，使课堂时间更加高效利用。通过课堂上的互动交流，能够激发学生的学习兴趣，促进知识的内化吸收。同时，教师能够更好地了解学生的学习需求，提供有针对性的指导。

4. 情景模拟教学法在高中生物课程中的应用

实例：某高中在生物课程中采用情景模拟教学法。教师在课堂上模拟真实的生物学情境，如生态系统、细胞结构等，引导学生进行角色扮演、模拟实验等活动。学生在模拟情景中学习知识，培养实际操作能力。

分析：情景模拟教学法能够增强学生的感性认识，使抽象的生物学知识更加生动形象。模拟实验等活动能够培养学生的实验技能和观察能力，提高学习效果。

5. 游戏化教学法在高中生物课程中的应用

实例：某高中在生物课程中采用游戏化教学法。教师开发与生物学科相关的益智游戏、互动游戏等应用程序，使学生在游戏中掌握知识。同时，教师通过游戏中的数据分析学生的学习情况，调整教学策略。

分析：游戏化教学法能够提高学生的学习兴趣和参与度。在游戏中学习知识，能够增强学生的记忆和理解能力。同时，数据分析能够帮助教师更好地了解学生的学习情况，优化教学策略。

（三）效果分析

通过对以上创新应用实例的分析，可以得出以下结论：高中生物课程教学方法的创新应用能够有效提高教学质量和学生的学习效果。具体表现在以下几个方面。

（1）增强学生学习兴趣和主动性：创新的教学方法能够激发学生的学习兴趣和好奇心，使他们更加主动地参与到学习中来。例如，PBL 教学法和翻转课堂教学法都能够引导学生自主学习、探究问题，培养学习的积极性和主动性。

（2）提高学习效果和能力培养：创新的教学方法能够帮助学生更好地理解和掌握生物学知识，提高学习效果。同时，这些方法还能够培养学生的实验技能、批判性思维、问题解决能力等综合能力。例如，混合式教学法和情景模拟教学法都能够让学生在实践中学习知识，提高实际操作能力和综合素质。

（3）促进教师教学水平和专业发展：创新的教学方法要求教师不断更新教学理念、提高教学技能，同时，也能够促进教师的专业成长。例如，翻转课堂教学法需要教师具备一定的视频制作和在线教学能力，同时，还需要教师深入了解学生的学习需求，优化教学策略。

（4）提升课堂氛围和师生关系：创新的教学方法能够营造积极互动、开放的课堂氛围，增强师生之间的交流与合作。例如，游戏化教学法能够拉近师生之间的距离，使学习变得更加轻松愉悦。

综上所述，高中生物课程教学方法的创新应用对于提高教学质量和学生的学习效果具有积极的影响。未来，随着教育技术的不断发展，教学方法的创新将更加多样化，高中生物课程的教学也将更加注重学生的主体性和实践能力的培养。因此，教师应该不断探索创新的教学方法，结合实际教学情况加以应用，为学生提供更加优质的学习体验。同时，学校和教育部门也应该为教师提供更多的培训和学习机会，鼓励教师进行教学创新，共同推动高中生物课程教学的进步与发展。

三、教学方法的选择与优化

随着教育改革的深入，高中生物课程教学方法的选择与优化显得尤为重要。传统的教学方法往往注重知识的灌输，而忽视了学生的主体性和探索精神的培养。在新课程背景下，高中生物教学需要更加注重学生的主体性，激发学生的学习兴趣，培养学生的科学探究能力和创新能力。因此，选择和优化高中生物课程教学方法至关重要。

（一）高中生物课程的特点

高中生物课程具有知识量大、理论性强、实践要求高等特点。生物作为一门自然科学，涉及生命现象的本质和规律，需要学生具备一定的逻辑思维能力和实验操作能力。同时，高中生物课程还涉及许多前沿的科技进展和社会问题，需要学生具备广泛的知识背景和独立思考的能力。

（二）高中生物课程教学方法的选择

1. 探究式教学

探究式教学是一种以学生为主体，以问题为导向的教学方法。在高中生物课程中，探究式教学可以通过设计实验、提出问题、引导学生思考等方式，激发学生的学习兴趣，培养学生的科学探究能力。例如，在探究光合作用的过程中，教师可以引导学生设计实验，观察植物在不同光照条件下的光合作用情况，从而让学生深入理解光合作用的原理和意义。

2. 合作学习

合作学习是一种以小组合作为主要形式的教学方法。在高中生物课程中，合作学习可以通过小组讨论、分工合作、共同完成任务等方式，培养学生的团队协作能力和沟通能力。例如，在研究遗传规律的过程中，教师可以让学生分组进行讨论，共同分析遗传数据的规律，从而让学生更加深入地理解遗传学的知识。

3. 案例教学

案例教学是一种以实际案例为主要内容的教学方法。在高中生物课程中，案例教学可以通过引入生物科技进展、生物社会问题等实际案例，让学生更加深入地理解生物学的应用和价值。例如，在介绍基因编辑技术时，教师可以引入 CRISPR-Cas9 系统等实际案例，让学生了解基因编辑技术的原理和应用前景，从而增强学生的学习兴趣和动力。

（三）高中生物课程教学方法的优化

1. 多元化教学方法的结合

在高中生物课程教学中，教师应综合运用多种教学方法，以满足不同学生的学习需求和兴趣，例如，可以将探究式教学与合作学习相结合，让学生在探究问题的过程中相互协作、共同进步，同时，也可以将案例教学与传统讲授相结合，让学生在了解实际案例的基础上，更加深入地理解生物学知识。

2. 个性化教学的实施

每个学生都有自己的学习特点和兴趣爱好。在高中生物课程教学中，教师应注重个性化教学，针对学生的不同需求进行差异化教学，例如，对于基础较弱的学生，可以采用更加细致的讲解和辅导；对于基础较好的学生，可以引导其进行更加深入的探究和学习。

3. 信息化技术的应用

随着信息技术的不断发展，其在教育领域的应用也越来越广泛。在高中生物课程教学中，教师可以充分利用信息化技术，如多媒体教学、网络教学等，提高教学效果和学生的学习体验，例如，可以制作生动的课件、引入丰富的网络资源等，让学生更加直观地了解生物学知识，提高学生的学习兴趣和积极性。

高中生物课程教学方法的选择与优化是提高教学效果、培养学生能力的重要手段。在实际教学中，教师应注重学生的主体性、激发学生的学习兴趣、培养学生的科学探究能力和创新能力。同时，也应不断探索新的教学方法和手段，以适应教育改革的需求和学生发展的需求。展望未来，高中生物课程教学方法的研究与实践将继续深入，为培养更多具有创新精神和实践能力的人才做出更大的贡献。

第四节　信息技术与生物教学的整合策略

一、信息技术的优势与适用性分析

随着信息技术的迅猛发展，其在教育领域的应用日益广泛。生物教学作为自然科学教育的重要组成部分，与信息技术的结合不仅为教学带来了便利，还极大地丰富了教学内容和形式。下文将对生物教学中信息技术的优势与适用性进行深入分析，以期为教育工作者提供有益的参考。

（一）生物教学信息技术的优势

（1）提高教学效率：信息技术在生物教学中的应用，如数字化教材、在线课程等，使得教学内容更加易于获取和传播。教师可以利用信息技术工具快速准备和更新教学材料，学生则可以在任何时间、任何地点进行学习，大大提高了教学效率。

（2）增强教学效果：信息技术通过多媒体、动画、模拟实验等手段，可以将抽象的生物学概念和复杂的过程生动形象地展示出来，帮助学生更好地理解和掌握。同时，信息技术还可以提供交互式学习环境，激发学生的学习兴趣和积极性，进一步增强教学效果。

（3）促进个性化学习：信息技术能够记录学生的学习过程、成绩和反馈等信息，为教师提供个性化的教学建议。教师可以根据学生的不同特点和需求，制定个性化的教学方案，满足学生的个性化学习需求。

（4）拓展学习资源：信息技术打破了传统生物教学的时空限制，为学生提供了丰富的学习资源。学生可以通过互联网获取海量的生物学知识、实验数据和研究成果等，拓展自己的视野和知识面。

（二）生物教学信息技术的适用性

（1）课堂教学：在课堂教学中，信息技术可以作为辅助工具，帮助教师展示教学内容、解释概念、演示实验等。例如，教师可以通过 PPT、视频等形式展示生物学知识，利用模拟软件演示生物实验过程，使学生更加直观地理解生物学概念和实验原理。

（2）实验教学：生物实验教学是生物教学的重要组成部分。信息技术可以通过虚拟实验、远程实验等手段，为学生提供更加安全、便捷的实验学习环境。虚拟实验可以模拟真实的实验场景和操作流程，帮助学生更好地掌握实验技能和科学方法；远程实验则可以通过网络连接，让学生在家或其他远程地点进行实验操作和数据分析，拓展实验教学的时空范围。

（3）自主学习与探究学习：信息技术为学生提供了自主学习和探究学习的平台。学生可以利用在线学习平台、数据库等资源，进行自主学习和自主探究。通过查找、分析和整合信息，学生可以培养自己的独立思考能力和问题解决能力，提高自己的学习效率和成果。

（4）教学评价与反馈：信息技术可以为生物教学评价提供有力的支持。通过在线测试、问卷调查、数据分析等手段，教师可以及时了解学生的学习情况和问题，为学生提供及时的反馈和指导。同时，信息技术还可以帮助教师评估自己的教学效果，调整教学策略和方法，提高教学质量。

综上所述，生物教学信息技术具有显著的优势和广泛的适用性。通过提高教学效率、增强教学效果、促进个性化学习和拓展学习资源等手段，信息技术为生物教学带来了革命性的变革。未来，随着信息技术的不断发展和创新，其在生物教学中的应用将更加广泛和深入。我们期待更多的教育工作者能够积极探索和实践，将信息技术与生物教学更好地融合起来，为培养更多优秀的生物学人才做出更大的贡献。

二、整合策略与实践案例

在信息化社会的背景下，信息技术的应用已经渗透到各个领域中，其中教育领域尤为明显。高中生物教学，作为培养学生科学素养和实验技能的重要环节，与信息技术的整合显得尤为重要。下文将探讨高中生物教学中信息技术的整合策略，并结合实践案例进行分析，以期为高中生物教学提供有益的参考。

（一）整合策略

1. 数字化教材与资源的利用

随着数字化技术的不断发展，高中生物教材也逐渐实现了数字化。数字化教材具有携带方便、更新迅速、交互性强等优点，可以为学生提供更加丰富的学习资源。教师可以利用数字化教材，结合多媒体教学资源，如视频、动画、图片等，将抽象、复杂的生物学知识生动形象地展示给学生，提高学生的学习兴趣和效果。

2. 在线学习与互动平台的构建

在线学习与互动平台是信息技术在高中生物教学中的重要应用之一。通过构建在线学习平台，教师可以发布教学资料、布置作业、组织在线测试等，学生可以随时随地进行学习、交流和互动。同时，在线平台还可以提供数据分析功能，帮助教师及时了解学生的学习情况，为个性化教学提供依据。

3. 虚拟实验与模拟软件的应用

生物实验是高中生物教学的重要组成部分，但受到时间、空间、设备等因素的限制，部分实验难以在现实中进行。虚拟实验和模拟软件的应用，可以很好地解决这个问题。通过虚拟实验和模拟软件，学生可以模拟真实的实验环境和操作流程，进行安全、便捷的实验操作，提高实验教学的效果。

4. 智能化教学辅助系统的应用

智能化教学辅助系统是一种利用人工智能技术，根据学生的学习情况、成绩等信息，为教师提供个性化教学建议的系统。在高中生物教学中，教师可以利用智能化教学辅助系统，根据学生的不同特点和需求，制订个性化的教学方案，提高教学效果。

（二）实践案例分析

1. 案例一：数字化教材与资源的利用

在某高中生物教学中，教师利用数字化教材和多媒体教学资源，为学生呈现了一堂生动有趣的“细胞的结构与功能”课程。教师首先通过数字化教材展示了细胞的基本结构和功能，然后利用视频和动画资源，模拟了细胞内的物质运输和能量转换过程。学生在观看视频和动画的过程中，对细胞的结构和功能有了更加深入的理解。同时，教师还利用数字化教材中的交互功能，与学生进行了实时的互动和讨论，进一步增强了学生的学习效果。

2. 案例二：在线学习与互动平台的构建

在某高中生物教学中，教师构建了一个在线学习与互动平台，为学生提供了丰富的学习资源和交流机会。在平台上，教师可以发布教学资料、布置作业、组织在线测试等，学生可以随时随地进行学习、交流和互动。同时，平台还提供了数据分析功能，帮助教师及时了解学生的学习情况。通过这种方式，教师可以更加精准地进行个性化教学，提高教学效果。

3. 案例三：虚拟实验与模拟软件的应用

在某高中生物教学中，教师利用虚拟实验和模拟软件，为学生进行了一次“基因工程”实验。在虚拟实验环境中，学生可以模拟真实的实验操作流程，进行基因克隆、表达等实验操作。同时，软件还提供了实时的数据分析和反馈功能，帮助学生更好地理解和掌握基因工程的原理和方法。通过这种方式，学生可以在安全、便捷的环境中进行实验操作，提高实验教学的效果。

通过上述分析可以看出，在高中生物教学中整合信息技术具有显著的优势和实践价值。数字化教材与资源的利用、在线学习与互动平台的构建、虚拟实验与模拟软件的应用以及智能化教学辅助系统的应用等策略，可以有效提高高中生物教学的效果和质量。未来随着信息技术的不断发展和创新，其在高中生物教学中的应用将更加广泛和深入。我们期待更多的教育工作者能够积极探索和实践，将信息技术与高中生物教学更好地融合起来，为培养更多优秀的生物学人才做出更大的贡献。

三、整合效果的评价与改进

在信息化时代背景下，高中生物教学与信息技术的整合已成为提升教学质量和效率的重要手段。然而，如何评价这种整合的效果，并在此基础上进行改进，是当前教育领域需要深入探讨的问题。下文将从评价标准和改进策略 2 个方面，对高中生物教学信息技术整合效果进行详细的探讨。

（一）评价标准

1. 学生学习成果的提升

首先，评价信息技术与高中生物教学整合效果的核心标准之一是学生学习成果的提升。这包括学生对生物学知识的理解和掌握程度、实验技能的提升以及科学思维的培养等方面。对比整合信息技术前后的学生学习成绩、实验操作能力、科学思维能力等指标，可以直观地评估整合效果。

2. 教学效率和质量的提升

其次，教学效率和质量的提升也是评价整合效果的重要标准。这包括教师授课的效率、课堂互动的质量、教学资源的利用效率等方面。教师的教学过程、学生的课堂参与度、教学资源的利用情况等指标，可以用来评估整合信息技术对教学效率和质量的提升程度。

3. 学生信息技术应用能力的提升

此外，学生信息技术应用能力的提升也是评价整合效果的重要指标之一。在整合信息技术的教学过程中，学生不仅需要掌握生物学知识，还需要学会如何运用信息技术进行学习和实践。因此，评价学生的信息技术应用能力，如网络搜索能力、数据处理能力、多媒体制作能力等，也是评估整合效果的重要方面。

4. 教学反馈机制的完善

最后，教学反馈机制的完善也是评价整合效果的重要标准。利用整合信息技术进行教学应建立完善的教学反馈机制，以便及时了解学生的学习情况和教师的教学效果，并根据反馈进行相应的调整和改进。通过评估教学反馈机制的完善程度和改进效果，学校可以评价整合信息技术对教学质量的提升作用。

（二）改进策略

1. 持续优化数字化教材与资源

针对数字化教材与资源的利用，教师应持续优化其内容和形式，以满足学生的学习需求，例如，可以增加更多的互动环节和实验模拟，提高学生的学习兴趣和参与度，同时，还应定期更新教学资源，确保教学资源与生物学知识的最新发展保持同步。

2. 完善在线学习与互动平台

对于在线学习与互动平台，学校应进一步完善其功能和服务，以提高学生的学习体验和效果，例如，可以增加在线答疑、作业批改等功能，方便学生进行自主学习和互动交流，同时，还应注重平台的稳定性和安全性，确保学生的学习数据得到妥善保护。

3. 强化虚拟实验与模拟软件的应用

在虚拟实验与模拟软件的应用方面，教师应进一步强化其与实际实验的结合，提高学生的实验操作能力，例如，可以通过虚拟实验进行预习和巩固，然后在实际实验中进行操作验证，同时，还应不断完善虚拟实验和模拟软件的功能和真实度，以提高其在教学中的应用效果。

4. 提升教师的信息技术应用能力

教师的信息技术应用能力是影响整合效果的关键因素之一。因此，学校应加强对教师的信息技术培训和支持，提升他们的信息技术应用水平，例如，可以定期组织信息技术培训课程、分享会等活动，鼓励教师积极学习和应用新技术进行教学实践。

5. 建立健全的教学反馈机制

最后，学校应建立健全的教学反馈机制，及时了解学生的学习情况和教师的教学效果，并根据反馈进行相应的调整和改进，例如，可以设置定期的教学评价环节，收集学生和教师的反馈意见，然后进行综合分析和处理，以指导后续的教学改进工作。

综上所述，对高中生物教学信息技术整合效果的评价与改进是一个持续的过程。通过明确评价标准、制定改进策略并付诸实践，我们可以不断提升高中生物教学的质量和效率，为学生的全面发展奠定坚实的基础。

第四章　高中生物课程评价与改革成效

第一节　课程评价的理念与原则

一、课程评价的意义与目标

在高中教育体系中，生物课程作为一门重要的自然科学学科，对于培养学生的科学素养、实验技能以及综合分析能力具有不可替代的作用。课程评价作为教育过程中的重要环节，对于高中生物课程的持续发展与优化具有深远的意义。下文将从高中生物课程评价的意义与目标 2 个方面进行详细阐述。

（一）高中生物课程评价的意义

1. 指导教学改进

课程评价是对教学效果的系统检测与评估，学生的学习成果、教师的教学过程以及课程实施效果等多方面的信息，可以全面反映生物课程的教学质量。这些反馈信息能够为教师提供针对性的改进建议，帮助他们调整教学策略、优化教学内容，从而提高教学效果。

2. 促进学生全面发展

课程评价不仅关注学生的学习成绩，还重视学生的综合素质和能力发展。通过评价，教师可以发现学生的优势与不足，为他们提供个性化的学习建议和发展方向。同时，评价还能激发学生的学习动力和兴趣，促使他们积极参与生物课程的学习与实践，实现全面发展。

3. 推动课程建设与改革

课程评价是课程建设与改革的重要依据。通过对高中生物课程的系统评价，教师可以发现课程中存在的问题和不足，为课程的改进和优化提供数据支持。此外，评价还能为课程改革提供方向和指导，推动生物课程不断适应时代发展的需要，提高课程质量和水平。

4. 提升教育质量与社会认可度

课程评价是衡量教育质量的重要手段。对高中生物课程的评价，可以客观反映教育部门和学校的教学质量和管理水平，为提升整体教育质量提供有力支撑。同时，评价结果还能向社会展示高中生物课程的教育成果和特色，提高社会对生物课程的认可度和满意度。

（二）高中生物课程评价的目标

1. 建立科学的评价体系

高中生物课程评价的首要目标是建立一套科学、合理、全面的评价体系。这个体系应该包括评价内容、评价方法、评价标准等多个方面，能够全面反映生物课程的教学质量和学生的发展水平。同时，评价体系还应该具有可操作性和可持续性，便于教师和学校进行实际操作和持续改进。

2. 促进学生个性化发展

课程评价应该关注学生的个性化发展，尊重每个学生的差异和特点。通过评价，教师可以发现学生的优势和特长，为他们提供个性化的学习建议和发展路径。同时，评价还应该关注学生的兴趣和需求，激发他们的学习动力和创造力，促进他们的全面发展。

3. 提高教师的教学水平

课程评价应该帮助教师了解自己的教学效果和存在的问题，促使他们不断反思和改进自己的教学方法和策略。通过评价，教师可以获得有针对性的反馈和建议，从而调整自己的教学行为，提高教学效果和水平。同时，评价还能激发教师的专业成长动力，促使他们不断学习和提升自己的专业素养和教学能力。

4. 优化生物课程内容与结构

课程评价应该为生物课程内容和结构的优化提供数据支持和指导。通过评价，可以发现课程中存在的问题和不足，如内容过时、结构不合理等，从而为课程的改进和优化提供依据。同时，评价还能反映学生的需求和兴趣变化，为课程内容的更新和拓展提供参考。

5. 提升生物课程的社会影响力

课程评价应该注重生物课程与社会发展的联系，提升生物课程的社会影响力。评价可以展示生物课程在解决实际问题、推动科技进步等方面的成果和贡献，提高社会对生物课程的关注度和认可度。同时，评价还能促进生物课程与其他学科的交叉融合，推动教育领域的综合创新和发展。

综上所述，高中生物课程评价的意义与目标在于指导教学改进、促进学生全面发展、推动课程建设与改革，以及提升教育质量与社会认可度。通过实现这些目标，我们可以不断完善和优化高中生物课程，为学生的全面发展和社会的发展做出更大的贡献。

二、评价理念的发展与演变

随着社会的不断进步和教育理念的不断更新，高中生物课程评价理念也经历了从传统的知识评价向多元化、全面发展的评价转变。这一转变不仅反映了教育目标的深化和扩展，也体现了对学生个体差异和全面发展的重视。下文将探讨高中生物课程评价理念的发展与演变，分析其背后的原因和影响，并展望未来的发展趋势。

（一）传统知识评价阶段

在传统的教育观念中，课程评价主要侧重于学生对知识的掌握程度。高中生物课程评价也不例外，往往以考试成绩作为评价学生的主要标准。这种评价理念强调知识的记忆和复述，忽视了对学生理解、应用和创新能力的培养。因此，在这一阶段，高中生物课程评价往往显得单一、刻板，缺乏对学生个体差异和全面发展的关注。

（二）能力评价阶段

随着教育改革的深入，人们开始认识到单一的知识评价无法全面反映学生的能力和素质。因此，高中生物课程评价逐渐转向能力评价阶段。在这一阶段，评价不仅关注学生的知识掌握情况，还注重学生的实验技能、分析能力和解决问题的能力等。评价方法的多样化也促进了学生全面发展，如通过实验操作、案例分析、小组讨论等方式来评价学生的综合能力。

（三）多元评价阶段

随着教育理念的进一步更新，高中生物课程评价进入了多元评价阶段。在这一阶段，评价理念更加强调学生的个体差异和全面发展。评价内容不仅包括知识、技能等方面，还涉及学生的情感态度、价值观等方面。评价方法也变得更加多样化和个性化，如采用档案袋评价、自我评价、同伴评价等多种方式，以更全面地反映学生的综合素质和能力。

（四）发展性评价阶段

当前，高中生物课程评价正逐渐向发展性评价阶段过渡。在这一阶段，评价不再仅仅是对学生学习成果的检验，而是更加注重对学生学习过程和发展潜力的评价。评价的目的也从单一的选拔和甄别转向促进学生的持续发展和进步。因此，在这一阶段，高中生物课程评价更加强调学生的自主性、合作性和探究性学习，通过评价来激发学生的学习兴趣和动力，促进他们的全面发展。

（五）未来发展趋势

随着科技的进步和社会的发展，高中生物课程评价理念将继续发展和演变。未来，高中生物课程评价可能会更加注重与现实生活的联系和实践能力的培养。例如，通过引入更多的真实情境问题和项目式学习，学生可以在解决实际问题的过程中展示他们的能力和潜力。

此外，随着大数据和人工智能等技术的应用，高中生物课程评价也将更加科学化和精准化。通过对大量数据的收集和分析，教师可以更准确地评估学生的学习情况和发展潜力，为个性化教学和精准干预提供有力支持。

同时，未来的高中生物课程评价还将更加注重对学生创新思维和批判性思维的培养。教师通过设计更具挑战性和开放性的问题，激发学生的创新思维和批判性思维，培养他们的解决问题能力和创新精神。

综上所述，高中生物课程评价理念的发展与演变是一个不断深化和扩展的过程。从传统的知识评价到能力评价、多元评价再到发展性评价，每一次转变都反映了教育理念的更新和社会发展的需求。未来，随着科技的进步和社会的发展，高中生物课程评价将继续发展和创新，为学生的全面发展和社会的发展做出更大的贡献。

三、评价原则的制定与实施

高中生物课程评价原则的制定与实施是确保教育质量、促进学生全面发展的重要环节。评价原则的制定需要基于教育理念、课程目标以及学生的实际需求，实施过程则需要遵循科学、公正、有效的原则，确保评价结果的客观性和准确性。探讨高中生物课程评价原则的制定与实施。

（一）制定高中生物课程评价原则

（1）科学性原则：高中生物课程评价原则的制定应首先遵循科学性的要求。这要求评价原则必须基于教育学、心理学等科学理论，反映教育规律和学生的身心发展特点。同时，评价原则还应与教育目标相一致，确保评价内容与课程目标紧密相连。

（2）全面性原则：评价原则应全面涵盖高中生物课程的各个方面，包括知识、技能、情感态度、价值观等多个维度。这样才能全面评价学生的综合素质和能力，促进学生的全面发展。

（3）可操作性原则：评价原则的制定应考虑到实际操作的可行性。评价方法和手段应简单易行，便于教师操作和学生理解。同时，评价原则还应具有一定的灵活性，能够适应不同学校、不同学生的实际情况。

（4）导向性原则：评价原则应具有明确的导向性，能够引导学生明确学习目标，激发学习动力。评价原则应关注学生的学习过程和方法，鼓励学生积极参与、主动探究，培养学生的自主学习能力和创新精神。

（5）公正性原则：评价原则的制定应确保评价的公正性，避免主观臆断和偏见。评价过程应公开透明，评价标准应客观统一，确保每个学生都能得到公正的评价。

（二）实施高中生物课程评价原则

（1）明确评价目标：在实施高中生物课程评价原则之前，首先要明确评价的目标。这有助于指导评价过程的设计和实施，确保评价结果的针对性和有效性。

（2）制定评价方案：根据评价原则和目标，制定具体的评价方案。评价方案应包括评价内容、评价方法、评价时间、评价人员等方面的具体安排。同时，评价方案还应具有一定的灵活性和可调整性，以适应不同学校和学生的实际情况。

（3）选择合适的评价方法：实施评价应选择合适的评价方法。这包括纸笔测试、实验操作、作品展示、口头报告等多种方式。选择评价方法应考虑到评价目标、评价内容以及学生的实际情况，确保评价结果的客观性和准确性。

（4）确保评价的公正性：在实施评价过程中，要确保评价的公正性。评价人员应具备专业素养和公正意识，避免主观臆断和偏见。同时，评价过程应公开透明，确保学生和家长对评价结果的认可和信任。

（5）及时反馈评价结果：在评价结束后教师应及时将评价结果反馈给学生和家长。反馈内容应包括学生的优点和不足、需要改进的地方以及具体的建议等。这有助于引导学生明确自己的发展方向，激发学习动力，促进全面发展。

（6）持续改进评价工作：在实施评价过程中，要不断总结经验教训，对评价工作进行持续改进。这包括完善评价方案、优化评价方法、提高评价人员的专业素养等。持续改进评价工作可以不断提高高中生物课程评价的质量和水平，为学生的全面发展提供有力支持。

（三）挑战与对策

在实施高中生物课程评价原则时，我们可能会遇到一些挑战，如评价标准的不统一、评价方法的局限性、评价人员的主观性等。为了应对这些挑战，我们可以采取以下对策：加强评价标准的研究和制定，提高评价方法的科学性和有效性；加强评价人员的培训和考核，提高他们的专业素养和公正意识；加强与学生和家长的沟通与合作，共同推动评价工作的改进和发展。

总之，高中生物课程评价原则的制定与实施是一个复杂而重要的过程。我们需要遵循科学性、全面性、可操作性、导向性和公正性原则，制定具体的评价方案和方法，确保评价结果的客观性和准确性。同时，我们还需要不断总结经验教训，对评价工作进行持续改进和发展，为学生的全面发展提供有力支持。

第二节　评价方式的多元化与实践

一、传统评价方式的局限性

高中生物课程传统评价方式通常依赖于单一的纸笔测试和标准化考试，以分数作为主要甚至是唯一的评价标准。尽管这些方式在一定程度上能够评估学生对知识的掌握程度，但它们存在明显的局限性，无法全面、准确地反映学生的生物学科素养和综合能力。以下将详细探讨高中生物课程传统评价方式的局限性。

（一）知识导向而非能力导向

传统评价方式过于注重学生对知识点的记忆和重复，而忽视了对学生实际应用能力、问题解决能力和创新思维能力的考查。这种评价方式导致学生过度依赖死记硬背，缺乏对生物学科深层次的理解和探索。例如，在考试中，学生可能能够准确回答关于细胞结构的问题，但在实际实验中却难以独立操作显微镜来观察细胞。

（二）缺乏情境化和实践性

传统评价方式往往脱离实际生物学应用的情境，缺乏对学生实践能力的考查。生物学是一门实践性和应用性很强的学科，许多概念和原理需要在实际操作和观察中得到验证和应用。然而，传统评价方式往往局限于纸面上的问题和答案，无法真实反映学生在实践中的表现和能力。

（三）缺乏个性化和差异性

传统评价方式通常采用标准化的试题和答案，缺乏对学生个性化和差异性的考虑。每个学生的学习风格、兴趣点和能力水平都是不同的，而传统评价方式往往无法充分反映这些差异。这导致一些学生在评价中受到不公平的对待，同时也限制了教师对学生个体差异的认识和指导。

（四）忽视非认知因素的评价

传统评价方式主要关注学生的认知能力，而忽视了对学生的非认知因素的评价，如情感态度、学习动机、合作精神等。这些因素对学生的学习和成长同样重要，它们不仅影响学生的学习效果，还对学生的未来发展和职业生涯产生深远影响。因此，忽视非认知因素的评价是片面的，无法全面评价学生的综合素质。

（五）难以反映真实学习成果

传统评价方式通常只在特定的时间和地点进行，如期末考试或学年考试，这些评价方式很难全面反映学生的真实学习成果。学生的学习是一个持续的过程，他们在不同的时间、不同的情境下可能会有不同的表现。而传统评价方式无法充分捕捉这些变化，导致评价结果可能不够准确和全面。

（六）缺乏反馈和指导作用

传统评价方式往往只提供一个分数或等级作为评价结果，缺乏对学生具体表现的详细反馈和指导。这使得学生无法了解自己的优点和不足，也无法明确改进的方向。同时，教师也难以根据评价结果为学生提供个性化的教学指导和帮助。

综上所述，高中生物课程传统评价方式存在多方面的局限性，这些局限性既限制了评价的有效性和准确性，也阻碍了学生全面发展和教师教学的改进。因此，我们需要对传统评价方式进行改革和创新，探索更加全面、科学、有效的评价方式，以更好地促进高中生物课程的教学质量和学生的全面发展。

为了克服这些局限性，我们可以考虑引入更多元化的评价方式，如表现性评价、过程性评价、真实性评价等。这些评价方式可以关注学生的实际表现、学习过程、问题解决能力等多个方面，更能反映学生的综合素质和能力。同时，我们还可以结合现代信息技术手段，如数字化评价工具、在线学习平台等，来提高评价的效率和准确性。通过这些努力，我们可以逐步建立起一个更加科学、全面、有效的高中生物课程评价体系，为学生的全面发展提供有力支持。

二、多元化评价方式的探索

在现代教育背景下，传统的高中生物课程评价方式已无法满足对学生全面发展评价的需求。为了更准确地评估学生的知识掌握、技能发展、情感态度以及价值观的形成，多元化评价方式应运而生。这种评价方式不仅关注学生的学习结果，更重视学习过程，强调个体差异，并提供及时反馈和指导，以促进学生的全面发展。

（一）多元化评价方式的定义与重要性

多元化评价方式是指采用多种评价手段、方法和标准来全面评估学生的学习成果和发展状况。它突破了传统单一评价方式的局限，更加注重学生的个体差异和全面发展。在高中生物课程中，实施多元化评价方式具有重要意义，它不仅可以激发学生的学习兴趣和动力，还可以提高学生的实践能力和创新思维，培养学生的科学探究精神和团队协作能力。

（二）多元化评价方式的实践应用

（1）观察记录评价：教师通过观察学生在课堂上的表现、实验操作、小组讨论等活动，记录他们的行为、态度和技能发展。这种评价方式可以实时了解学生的学习情况，为教师提供及时调整教学策略的依据。

（2）作品集评价：教师要求学生提交一系列与课程内容相关的作品，如实验报告、研究论文、生物模型等，通过对学生作品的收集、整理和分析，可以评估学生的知识掌握、实践能力和创新思维。

（3）自我评价与同伴评价：教师鼓励学生进行自我评价和同伴评价，让他们反思自己的学习过程和成果，发现自身的优点和不足。同时，同伴评价还可以培养学生的批判性思维和团队协作能力。

（4）表现性评价：教师通过设置实际情境或问题，让学生在特定场景下展示自己的知识、技能和能力。这种评价方式可以更加真实地反映学生的应用能力和问题解决能力。

三、多元化评价方式的优势与挑战

（一）优势

（1）全面性：多元化评价方式能够全面评估学生的知识、技能、情感态度和价值观，更加符合现代教育理念。

（2）个性化：这种评价方式关注学生的个体差异，能够为每个学生提供个性化的反馈和指导，促进学生的全面发展。

（3）激励性：通过多元化的评价方式和标准，学生能够更加清晰地了解自己的优点和不足，从而激发学习动力和积极性。

（4）反馈性：多元化评价方式能够及时提供反馈和指导，帮助学生及时调整学习策略和方法，提高学习效果。

（二）挑战

（1）实施难度：多元化评价方式需要教师投入更多的时间和精力来设计和实施，同时，也需要学生具备一定的自我管理和合作能力。

（2）评价标准：如何制定科学、合理、公正的评价标准是一个挑战，需要教师在实践中不断探索和完善。

（3）资源限制：部分多元化评价方式可能需要更多的资源支持，如实验设备、场地等，这对一些学校来说可能存在一定的困难。

（四）多元化评价方式的未来发展与建议

（1）加强教师培训：学校提高教师对多元化评价方式的认识和应用能力，使其能够更好地应用于实际教学中。

（2）完善评价标准：学校制定科学、合理、公正的评价标准，确保评价结果的客观性和准确性。

（3）强化资源整合：学校充分利用现有资源，同时积极寻求外部支持，为多元化评价方式的实施提供有力保障。

（4）注重学生参与：学校鼓励学生积极参与多元化评价方式的设计和实施过程，培养他们的自主学习和合作学习能力。

总之，高中生物课程多元化评价方式的探索是一项长期而艰巨的任务。然而，只要我们坚持以学生为中心的教育理念，不断创新评价方式和方法，相信一定能够为学生的全面发展提供有力支持。

三、实践案例分析

在高中生物课程教学中，传统的评价方式往往侧重于纸笔测试，这种单一的评价方式很难全面反映学生的知识掌握、技能发展和情感态度。为了更全面地评估学生的学习成果，许多学校和教师开始尝试多元化评价方式。下文将通过几个具体的实践案例，分析高中生物课程多元化评价的实际应用及其效果。

（一）案例一：基于实验操作的评价

在某高中生物课程中，教师为了评价学生的实验操作能力，设计了一项基于实验操作的评价任务。任务要求学生分组完成“植物光合作用”实验，并记录实验过程、观察结果和数据分析。在评价过程中，教师不仅关注学生的实验结果是否正确，还重视学生在实验中的操作规范性、团队协作能力以及问题解决能力。

通过这项评价任务，教师发现学生在实验操作能力方面存在较大的差异。有些学生能够熟练地操作实验器材，准确记录数据，而有些学生则显得手忙脚乱，数据记录也不完整。针对这种情况，教师及时给予学生个性化的反馈和指导，帮助他们提高实验操作能力。同时，这种评价方式也激发了学生的学习兴趣和动力，使他们更加积极地参与实验活动，提高了实验效果。

（二）案例二：基于项目式学习的评价

在某高中生物课程中，教师采用了项目式学习的方式，要求学生围绕“基因工程”这一主题开展研究。学生需要自主选题、设计实验方案、进行实验操作、分析实验数据并撰写研究报告。在评价过程中，教师不仅关注学生的研究报告质量，还重视学生在项目过程中的参与度、合作能力以及创新思维。

通过这种评价方式，教师发现学生在项目式学习中表现出了极高的积极性和创造力。他们能够自主选择感兴趣的研究课题，设计合理的实验方案，并在实验过程中不断尝试新的方法和思路。同时，这种评价方式也促进了学生之间的合作与交流，他们相互学习、相互帮助，共同完成了研究项目。在项目式学习的评价中，教师还采用了自我评价和同伴评价的方式，让学生对自己的学习过程和成果进行反思和评价。这种评价方式不仅提高了学生的自我认知能力，还培养了他们的批判性思维和团队协作能力。

（三）案例三：基于表现性评价的评价

在某高中生物课程中，教师为了评价学生的知识应用能力和问题解决能力，设计了一项基于表现性评价的评价任务。任务要求学生模拟生物学家的工作，解决一个与生物学相关的实际问题。在评价过程中，教师关注学生的问题分析能力、知识应用能力、创新思维能力以及表达能力。

通过这种评价方式，教师发现学生在解决实际问题时表现出了较高的知识应用能力和创新思维。他们能够运用所学的生物学知识，分析问题的本质，并提出合理的解决方案。同时，这种评价方式也促进了学生之间的交流与讨论，他们相互分享思路和方法，共同提高了问题解决能力。在表现性评价中，教师还注重对学生的鼓励和支持，让他们感受到自己的进步和成就，从而激发他们继续探索生物学的兴趣和动力。

（四）案例分析总结

通过以上 3 个案例的分析，我们可以看出高中生物课程多元化评价方式的实际应用及其效果。这些评价方式不仅全面评估了学生的知识掌握、技能发展和情感态度，还激发了学生的学习兴趣和动力，提高了他们的实践能力和创新思维。同时，这些评价方式也促进了学生之间的合作与交流，培养了他们的团队协作能力和批判性思维。

然而，在实施多元化评价方式时，我们也需要注意一些问题。首先，教师需要投入更多的时间和精力来设计和实施评价任务，确保评价的科学性和公正性。其次，评价标准需要明确、具体、可操作，以便学生能够清楚地了解自己的评价标准和要求。最后，教师需要注重对学生的反馈和指导，帮助他们及时发现自己的优点和不足，并给予针对性的指导和支持。

总之，高中生物课程多元化评价方式的实践应用对于提高学生的综合素质和能力具有重要意义。我们应该积极探索和实践多元化评价方式，为学生的全面发展提供有力支持。

第三节　改革成效的评估与反馈机制的建立

一、改革成效的评估标准与方式

随着教育改革的不断深入，高中生物课程评价也在逐步从传统的单一评价方式向多元化评价转变。多元化评价不仅关注学生的知识掌握，还重视学生的技能发展、情感态度以及问题解决能力等多方面的表现。为了评估高中生物课程多元化评价改革的成效，需要制定明确的评估标准并采用适当的评估方式。

（一）评估标准

（1）全面性：多元化评价改革是否全面覆盖了知识、技能、情感态度等多个方面，确保评价内容的丰富性和完整性。

（2）科学性：评价任务的设计是否合理、科学，能否真实反映学生的实际水平和能力。

（3）可操作性：评价标准是否明确、具体、可操作，能否为教师和学生提供清晰的指导和反馈。

（4）公正性：评价过程是否公正、公平，能否确保每个学生都有展示自己才能的机会。

（5）激励性：评价方式是否能够有效激发学生的学习兴趣和动力，促进他们的主动学习和自我发展。

（6）反馈性：评价是否能够及时、准确地提供反馈，帮助学生发现自己的优点和不足，为他们的进一步学习提供指导。

（二）评估方式

（1）问卷调查：以问卷形式收集学生和教师对多元化评价改革的看法和意见可以了解他们对评价改革的满意度和认可度。问卷可以包括选择题和开放性问题，以便收集更全面的信息。

（2）观察法：通过观察学生在课堂上的表现、实验操作、项目式学习等活动，评估他们的知识掌握、技能发展和情感态度等方面的表现。观察法可以直接观察学生的实际操作和表现，获得更真实、客观的评价结果。

（3）作品集评价：学校收集学生的作品集，包括实验报告、研究报告、项目成果等，评估他们在一段时间内的学习成果和发展轨迹。作品集评价可以全面反映学生的知识掌握、技能发展和创新思维等方面的表现。

（4）成绩对比：学校对比学生在多元化评价改革前后的成绩变化，分析评价改革对学生学业成绩的影响。成绩对比可以采用统计学方法，如均值比较、相关性分析等，以获得更科学、准确的评估结果。

（5）访谈法：学校通过与学生和教师进行个别或集体访谈，深入了解他们对多元化评价改革的看法和体验，收集他们的意见和建议。访谈法可以获得更深入、详细的信息，有助于发现评价改革中存在的问题和改进方向。

（6）案例研究：学校选择典型的评价改革案例进行深入分析，探讨其成效、问题和改进措施。案例研究可以采用定性和定量相结合的方法，以获得更全面、深入的评估结果。

（三）综合评估

在进行评估时，应将多种评估方式结合起来，综合运用，以获得更全面、准确的评估结果。同时，要注意评估的客观性和公正性，避免受主观性和偏见的影响。

总之，评估高中生物课程多元化评价改革的成效需要制定明确的评估标准和采用适当的评估方式。多种评估方式的综合应用可以获得更全面、准确的评估结果，为评价改革的进一步推广和应用提供有力支持。同时，还需要加强相关培训和宣传工作，提高教师和学生对评价改革的认识和参与度，促进高中生物课程评价的不断完善和发展。

二、反馈机制的重要性与建立方法

在高中生物课程教学中，评价不仅仅是为了检测学生的学习成果，更重要的是为了提供反馈，指导学生进行针对性的学习和改进。多元化评价反馈机制的重要性在于它能够确保评价结果的全面性、及时性和有效性，进而促进学生的全面发展。下文将探讨高中生物课程多元化评价反馈机制的重要性，并提出相应的建立方法。

（一）多元化评价反馈机制的重要性

（1）指导学生学习方向：多元化评价反馈机制能够为学生提供具体、明确的反馈，帮助他们了解自己在哪些方面存在不足，从而明确学习方向，提高学习效率。

（2）激发学生学习动力：及时的正面反馈能够增强学生的自信心和学习兴趣，激发他们的学习动力，促使他们更加积极地投入到学习中。

（3）促进师生交流：评价反馈机制为师生提供了一个交流的平台，教师可以通过反馈了解学生的学习情况，学生也可以通过反馈向教师请教问题，增进师生之间的互动。

（4）优化教学方法：通过对学生的反馈进行分析，教师可以了解教学方法的有效性，进而调整教学策略，优化教学方法，提高教学效果。

（5）培养学生的自我反思能力：多元化评价反馈机制鼓励学生进行自我反思，通过反思发现自己的不足，使学生自己制定改进措施，从而培养学生的自我管理能力。

（二）建立多元化评价反馈机制的方法

（1）制定明确的评价标准：明确的评价标准是建立多元化评价反馈机制的基础。这些标准应该包括知识掌握、技能应用、情感态度等多个方面，确保评价的全面性和公正性。

（2）采用多种评价方式：除了传统的笔试、课堂表现等评价方式外，教师还可以采用实验报告、小组讨论、项目研究等多种评价方式，以全面、客观地评价学生的学习成果。

（3）建立及时反馈系统：及时反馈是评价反馈机制的核心。教师可以通过课堂互动、作业批改、个别辅导等方式及时给予学生反馈，帮助他们及时纠正错误，巩固知识。

（4）鼓励学生自我评价和同伴评价：自我评价和同伴评价是学生参与评价的重要方式。通过自我评价，学生可以反思自己的学习过程和成果；通过同伴评价，学生可以相互学习、取长补短。

（5）定期收集和分析反馈数据：教师需要定期收集和分析学生的反馈数据，了解学生的学习情况和需求，为教学调整提供依据。同时，这些数据也可以作为评价教学效果的重要依据。

（6）建立互动交流平台：教师利用现代信息技术手段，如在线教学平台、社交媒体等，建立师生互动交流平台，方便学生随时向教师请教问题、分享学习心得，教师也可以随时给予指导和反馈。

（7）注重情感支持和激励：在给予学生学习成果反馈的同时，教师还应注重对学生的情感支持和激励。正面的评价和鼓励可以增强学生的自信心和学习动力，促进他们的全面发展。

（三）实施建议

（1）教师培训：学校加强对教师的培训，提高他们的评价能力和反馈技巧，确保多元化评价反馈机制的有效实施。

（2）持续改进：根据实施过程中出现的问题和反馈效果，学校应不断调整和优化评价反馈机制，确保其适应性和有效性。

（3）学生参与：学校应鼓励学生积极参与评价过程，提出自己的意见和建议，促进评价反馈机制的持续改进和完善。

综上所述，高中生物课程多元化评价反馈机制对于提高教学质量、促进学生全面发展具有重要意义。通过建立明确的评价标准、采用多种评价方式、建立及时反馈系统、鼓励学生自我评价和同伴评价等措施，学校可以建立起一个有效的多元化评价反馈机制。同时，教师也需要不断提高自己的评价能力和反馈技巧，确保评价反馈机制的有效实施和持续改进。

三、反馈机制的实践案例分析

在高中生物课程教学中，实施多元化评价反馈机制对于提升教学质量、促进学生全面发展具有重要意义。下文将通过具体的实践案例分析，探讨高中生物课程中多元化评价反馈机制的实际应用与效果。

（一）案例一：基于项目式学习的评价反馈

在某高中生物课堂上，教师采用项目式学习的方式，组织学生进行“基因工程在农业生产中的应用”研究。在项目过程中，学生需要分组进行文献查阅、实验设计、数据收集与分析等工作，并最终形成一份研究报告。

评价反馈机制实践如下。

（1）过程性评价：教师在项目过程中，对学生的文献查阅、实验操作、团队协作等方面进行观察与记录，及时给予指导和反馈。这种过程性评价能够帮助学生及时调整研究方法，提高研究效率。

（2）成果性评价：学生完成研究报告后，教师需要对学生的研究成果进行评价。评价内容包括报告的结构性、逻辑性、创新性以及实验数据的可靠性等。同时，教师还需要组织学生进行成果展示与交流，鼓励学生之间进行互评与提问。

实践效果：通过项目式学习与多元化评价反馈机制的结合，学生不仅能够深入了解基因工程在农业生产中的应用，还能够提高自己的文献查阅、实验操作、团队协作等多方面的能力。同时，过程性评价与成果性评价的结合，使得学生能够及时了解自己的研究进展与不足，从而进行有针对性的改进。

（二）案例二：利用信息技术平台的评价反馈

在某高中生物课程中，教师利用信息技术平台（如在线教学系统、电子作业系统等）进行多元化评价反馈的实践。

评价反馈机制实践如下。

（1）在线作业与测验：教师通过在线教学系统布置作业与测验，当学生在线完成后，系统能够即时给出分数与解析。学生可以根据反馈及时了解自己的错误所在，进行针对性的复习。

（2）电子档案袋：教师为学生建立电子档案袋，记录学生在学习过程中的各种成果与表现，包括作业、测验、课堂表现、实验报告等。学生可以随时查看自己的档案袋，了解自己的学习情况与进步。

（3）互动交流平台：教师利用社交媒体或在线论坛等平台，与学生进行实时互动与交流。学生可以在平台上提问、分享学习心得、讨论问题等，教师则及时给予回复与指导。

实践效果：通过利用信息技术平台进行多元化评价反馈，教师能够更加方便、快捷地收集与分析学生的学习数据，为教学调整提供依据。同时，学生也能够更加方便地获取反馈与指导，提高学习效率。此外，互动交流平台的使用还促进了师生之间的交流与互动，增强了学生的学习兴趣与积极性。

（三）案例三：综合评价模式的探索

在某高中生物教学中，教师尝试采用综合评价模式，将学生的知识掌握、技能应用、情感态度等方面纳入评价范围。

评价反馈机制实践如下。

（1）知识掌握评价：通过传统的笔试、课堂提问等方式评价学生对基础知识的掌握情况。同时，教师还采用概念图、思维导图等可视化工具帮助学生梳理知识结构，加深学生对知识的理解与记忆。

（2）技能应用评价：教师设计具有实际应用价值的实验或项目任务，让学生在实践中应用所学知识解决问题。通过观察学生的实验操作、数据分析等过程性评价以及最终成果的质量评价，全面了解学生的技能应用水平。

（3）情感态度评价：教师通过观察学生的课堂表现、作业完成情况以及与学生的交流等方式，评价学生的学习态度、合作精神等情感态度方面的表现。同时，教师还通过调查问卷等方式收集学生对课程的满意度、自信心等方面的反馈信息。

实践效果：通过综合评价模式的探索与实践，教师能够全面了解学生的学习情况与发展需求，为个性化教学提供依据。同时，学生也能够更加全面地认识自己的优势与不足，从而进行有针对性的改进与提升。此外，情感态度评价的实施还有助于激发学生的学习兴趣与自信心，促进他们的全面发展。

综上所述，高中生物课程中多元化评价反馈机制的实践案例表明，通过结合项目式学习、信息技术平台以及综合评价模式等多种方式，可以有效提升评价反馈机制的效果与质量。这些实践案例不仅为教师提供了有益的参考与借鉴，也为高中生物课程的改革与发展提供了有力支持。

第四节　评价结果的应用与改进措施的提出

一、评价结果的应用范围与方式

在高中生物课程中，实施多元化评价，不仅是为了更全面、更准确地了解学生的学习状况，更是为了有效地指导教学、促进学生的全面发展。多元化评价的结果具有广泛的应用范围，可以通过多种方式发挥其价值，从而推动生物教学的持续改进和学生的全面发展。

（一）应用范围

1. 教学调整与优化

多元化评价的结果可以为教师提供丰富的反馈信息，帮助教师了解学生在知识理解、技能掌握、情感态度等方面的表现。基于这些反馈，教师可以针对性地调整教学策略，优化教学内容和方法，以满足学生的个性化需求。例如，针对学生在某个知识点上的普遍困难，教师可以设计专项练习或进行补充讲解；对于某些技能掌握不佳的学生，教师可以提供额外的实践机会或辅导。

2. 学生个性化发展指导

通过多元化评价，教师可以深入了解每个学生的优势和不足，从而为他们提供个性化的发展指导。这包括学习方法的建议、学习计划的制定、兴趣爱好的培养等方面。个性化发展指导有助于激发学生的学习兴趣和动力，促进他们的全面发展和自我实现。

3. 课程设计与改进

多元化评价的结果还可以为课程设计和改进提供参考。通过分析学生在不同评价环节中的表现，教师可以发现课程内容的难易程度、教学方法的有效性以及课程目标的达成度等问题。这些信息可以为课程的修订和完善提供依据，使课程更加符合学生的实际需求和发展方向。

4. 评价与反馈机制的完善

多元化评价本身也是一个持续改进的过程。通过分析评价结果，教师可以发现评价机制的优点和不足，从而对其进行完善和优化。例如，针对某些评价项目可信度不高或操作不便的问题，教师可以考虑调整评价方式或引入新的评价工具；对于某些评价结果不够准确或不够全面的情况，教师可以考虑增加评价项目或提高评价的灵活性。

5. 学校管理与决策

多元化评价的结果还可以为学校管理层提供重要的参考信息。通过对各班级、各年级乃至整个学校的评价数据进行汇总和分析，管理层可以了解学校的教学质量和学生的学习状况，从而制订出更加科学、合理的教学计划和管理策略。例如，针对某些学科或年级普遍存在的问题，学校可以组织专门的教研活动或提供额外的教学资源；对于某些表现突出的学生或班级，学校可以给予表彰或提供更多的发展机会。

（二）应用方式

1. 定期反馈与个别指导相结合

对于多元化评价的结果，教师应及时给予学生反馈，并在课堂上进行个别指导。定期反馈可以帮助学生了解自己的学习进度和存在的问题，个别指导则能针对学生的具体需求提供具体的建议和支持。

2. 数据驱动的教学决策

教师应充分利用评价数据来指导教学决策。例如，通过对比不同评价项目的数据，教师可以发现学生在某些知识点或技能上的薄弱环节，从而调整教学计划或增加相关的教学内容。

3. 个性化学习计划的制定

基于多元化评价的结果，教师可以为学生制订个性化的学习计划。这些计划应充分考虑学生的优势、兴趣和需求，旨在帮助他们克服学习上的困难、发展特长并提升综合素质。

4. 多元主体的参与与合作

多元化评价结果的应用需要多元主体的参与和合作。除了教师外，学生、家长和学校管理层等也应参与到评价结果的解读和应用中来。通过多方合作，评价结果可以得到充分利用并发挥出最大的价值。

综上所述，高中生物课程多元化评价的结果具有广泛的应用范围和多种应用方式。通过合理利用这些结果，教师可以优化教学、促进学生发展、改进课程设计和完善评价机制；学校管理层则可以制订更加科学、合理的教学计划和管理策略。这些都将为高中生物课程教学的持续发展和学生的全面发展提供有力支持。

二、改进措施的制定与实施

随着教育改革的不断深入，高中生物课程评价也在不断探索与创新。多元化评价作为一种重要的评价方式，旨在更全面、更准确地评估学生的学习成果与发展状况。然而，在实施过程中，我们也不难发现其存在的问题与不足。为了进一步提高多元化评价的有效性和适用性，制定与实施相应的改进措施显得尤为重要。

（一）多元化评价现状分析

在高中生物课程的多元化评价实践中，我们通常采用多种评价方法和工具，如纸笔测试、观察记录、作品展示、口头报告等，以获取学生知识、技能、情感态度等多方面的信息。然而，在实施过程中，我们也面临着一些挑战。

（1）评价内容与课程目标脱节：有时评价内容未能紧密围绕课程目标进行设计，导致评价内容与教学目标之间的关联度不高。

（2）评价方法单一：尽管我们强调多元化评价，但在实际操作中仍可能过于依赖某一种或几种评价方法，忽视了其他方法的优势。

（3）评价主体单一：评价往往以教师为主导，学生、家长等多元主体的参与不足，导致评价结果的片面性。

（4）评价结果利用不足：有时评价结束后，教师未能充分利用评价结果来指导教学和学生发展，导致评价流于形式。

（二）改进措施的制定

针对以上问题，制定了以下改进措施。

（1）明确评价目标与内容：学校确保评价目标与课程内容紧密相连，围绕核心素养和课程目标设计具体的评价项目，确保评价的针对性和有效性。

（2）丰富评价方法与工具：根据评价目标和内容，学校选择多种评价方法和工具，如量表、问卷、实验报告、项目式学习等，以全面收集学生的学习信息。

（3）加强多元主体参与：学校鼓励学生、家长等多元主体参与到评价过程中来，发挥各自的优势，共同促进学生的全面发展。

（4）强化评价结果反馈与利用：学校确保评价结果能够及时、准确地反馈给学生和教师，指导教学和学生发展，同时，将评价结果作为教学改进和学生个性化发展的重要依据。

（三）改进措施的实施

为了确保改进措施的有效实施，学校可采取以下策略。

(1)加强教师培训：学校组织教师参加多元化评价相关的培训和学习活动，提高教师的评价素养和能力，确保他们能够熟练掌握和应用各种评价方法和工具。

（2）完善评价制度：学校制订详细的评价实施方案和操作流程，明确评价的时间、地点、人员、内容等要素，确保评价的规范性和公正性。

（3）建立评价监督机制：学校成立专门的评价监督小组，对评价过程进行全程监督和检查，确保评价的客观性和准确性，同时，鼓励学生和家长对评价过程提出意见和建议，促进评价的持续改进。

（4）定期评估与调整：学校定期对多元化评价的实施效果进行评估和反思，总结经验教训，针对存在的问题和不足进行调整和改进，确保评价工作的持续优化和发展。

（四）实施效果与展望

通过实施以上改进措施，学校预期能够取得以下效果。

（1）提高评价的准确性和有效性：通过明确评价目标与内容、丰富评价方法与工具等措施，学校能够更准确地评估学生的学习成果和发展状况，为教学改进和学生个性化发展提供有力支持。

（2）促进学生全面发展：通过加强多元主体参与、强化评价结果反馈与利用等措施，学校能够更好地激发学生的学习兴趣和动力，促进他们的全面发展和自我实现。

（3）推动高中生物课程评价的持续改进：通过定期评估与调整、加强教师培训等措施，学校能够不断完善高中生物课程的多元化评价体系，推动评价工作的持续改进和发展。

三、改进措施的实践效果评估

随着教育改革的深入，高中生物课程评价也不断寻求创新与突破。多元化评价作为其中的重要环节，旨在更全面、准确地评估学生的学习状况，从而为其提供更加个性化和有效的教育支持。为了不断优化这一评价方式，我们针对高中生物课程实施多元化评价的改进措施，并对其效果进行了深入的评估。下文旨在详细阐述这一评估过程及结果，以期为今后的教育工作提供借鉴与参考。

（一）评估方法与过程

为了全面、客观地评估多元化评价改进措施的实践效果，我们采用以下评估方法与过程。

（1）文献研究：首先，我们对国内外关于高中生物课程多元化评价的相关文献进行了深入研究，了解了当前的理论与实践进展，为评估提供了理论基础。

（2）问卷调查：我们设计一份针对教师、学生和家长的问卷，以了解他们对多元化评价改进措施的看法、感受和建议。问卷内容涵盖了评价内容、方法，评价主体、结果反馈等多个方面。

（3）观察与访谈：我们对高中生物课堂进行实地观察，并与部分教师和学生进行了深入访谈，以获取他们对多元化评价改进措施的直观感受和实践经验。

（4）数据分析：我们对收集到的问卷数据进行统计分析，包括描述性统计、相关性分析、检验等，以揭示数据背后的规律与趋势。

（二）评估结果与分析

经过一系列评估方法与过程的实施，我们获得了丰富的数据和信息。以下是对评估结果的详细分析。

（1）评价内容与课程目标的契合度提高：通过文献研究和实地观察，我们发现评价内容与课程目标之间的契合度有了显著提高。这得益于我们在改进措施中明确了评价目标与内容，确保评价紧密围绕课程目标进行设计。这一变化使得评价更加具有针对性和有效性，能够更准确地反映学生的学习成果。

（2）评价方法的多样性与灵活性增强：问卷调查结果显示，教师和学生对评价方法的多样性和灵活性给予了高度评价。在实施改进措施后，我们鼓励教师根据评价目标和内容选择多种评价方法和工具，如量表、问卷、实验报告、项目式学习等。这种多样化的评价方法使得评价更加全面、客观，同时也激发了学生的学习兴趣和积极性。

（3）多元主体参与评价的意愿与能力提升：通过访谈和问卷调查，我们发现学生、家长等多元主体参与评价的意愿和能力得到了显著提升。这主要得益于我们在改进措施中加强了多元主体的参与，鼓励他们发挥各自的优势，共同促进学生的全面发展。同时，我们也为教师提供了相应的培训和支持，帮助他们更好地引导和利用多元主体的评价意见。

（4）评价结果反馈与利用的及时性与有效性增强：观察与访谈结果显示，评价结果的反馈与利用更加及时和有效。在改进措施中，我们强调了评价结果的及时反馈和个性化指导，确保学生能够及时了解自己的学习状况并做出相应调整。同时，教师也更加注重利用评价结果来指导教学和学生发展，使得评价工作更加具有实际意义和价值。

（三）存在问题与改进建议

尽管多元化评价改进措施取得了显著的实践效果，但在评估过程中我们也发现了一些问题和不足。例如，部分教师对于新的评价方法和工具还不够熟悉和熟练，需要进一步加强培训和学习，同时，在多元主体参与评价的过程中也存在一些沟通和协调的难题，需要进一步完善相关机制。

针对这些问题和不足，我们提出以下改进建议：一是继续加强教师的培训和学习，提高他们的评价素养和能力；二是进一步完善多元主体参与评价的机制，明确各自的职责和角色，加强沟通和协调；三是定期对多元化评价的实施效果进行评估和反思，及时发现问题并进行调整和改进。

（四）结论与展望

通过对高中生物课程多元化评价改进措施的实践效果进行评估，我们发现这一改进措施取得了显著的成效：评价内容与目标的契合度提高、评价方法的多样性与灵活性增强、多元主体参与评价的意愿与能力提升，以及评价结果反馈与利用的及时性与有效性增强等。然而，我们也意识到在实践中仍存在一些问题和不足，需要继续加以改进和完善。

第五章　高中生物课程实施的问题与挑战

第一节　当前面临的问题与挑战分析

一、课程资源不足的问题

随着教育改革的不断深化，高中生物课程在教学理念、教学内容和教学方法等方面都发生了显著的变化。然而，在实际的教学过程中，课程资源不足的问题逐渐突显出来，成了制约高中生物课程有效实施的重要因素。下文将从课程资源不足的表现、影响及原因等方面进行深入分析，并提出相应的解决策略，以期为高中生物课程的更好实施提供参考。

（一）课程资源不足的表现

高中生物课程资源的不足主要表现在以下几个方面。

（1）教材及教辅资源短缺：一些地区和学校由于经济条件的限制，无法购买到最新版本的教材或高质量的教辅材料。这导致教学内容陈旧，无法与时俱进，无法满足学生的学习需求。

（2）实验条件落后：生物课程是一门实验性很强的学科，实验条件的优劣直接关系到教学质量的高低。然而，在一些学校，生物实验室设备陈旧、数量不足，无法满足正常的实验教学需求。这不仅影响了学生的实验操作能力，也制约了他们的科学探究精神的发展。

（3）信息化教学资源匮乏：随着信息技术的快速发展，信息化教学资源在生物教学中的作用越来越重要。然而，在一些地区和学校，由于资金和技术支持不足，信息化教学资源匮乏，无法为学生提供丰富多样的学习体验。

（4）师资力量薄弱：生物课程的特殊性要求教师具备较高的专业素养和实验技能。然而，在一些学校，生物教师数量不足、素质参差不齐，导致教学质量难以保证。

（二）课程资源不足对高中生物课程实施的影响

课程资源不足对高中生物课程实施产生了诸多不良影响。

（1）制约教学质量的提升：缺乏优质的教材和教辅资源、落后的实验条件，以及匮乏的信息化教学资源，都使得教师难以开展高质量的教学活动，从而影响了教学质量的提升。

（2）影响学生的学习兴趣和积极性：陈旧的教学内容和单一的教学方式很难激发学生的学习兴趣和积极性。实验条件的不足也限制了学生的动手操作能力，使得他们无法深入体验科学探究的乐趣。

（3）阻碍学生全面发展：课程资源不足不仅影响了学生的知识和技能学习，也制约了他们的情感态度、价值观等方面的全面发展。长期缺乏优质的教育资源，可能会导致学生在综合素质上的落后。

（三）课程资源不足的原因分析

造成高中生物课程资源不足的原因主要有以下几个方面。

（1）资金投入不足：一些地区和学校由于经济条件限制，无法为生物课程提供充足的资金支持。这导致了教材、实验设备、信息化教学资源等方面的短缺。

（2）政策支持不够：政府对教育领域的政策支持力度直接影响教育资源的分配。在一些地区，政府对高中生物课程的重视程度不够，导致相关政策支持不足。

（3）教育资源分配不均：由于地区间、城乡间经济发展水平的差异，教育资源在分配上存在着明显的不均衡现象。一些经济发达的地区或城市学校能够获得更多的教育资源，而一些经济欠发达的地区或农村学校则面临资源短缺的困境。

（四）解决策略

针对高中生物课程资源不足的问题，政府和学校可以从以下几个方面提出解决策略。

（1）加大资金投入：政府和社会各界应加大对高中生物课程的资金投入力

度，确保学校能够获得足够的资金支持来购买教材、实验设备和信息化教学资源等。

（2）优化资源配置：在资金有限的情况下，政府应通过科学合理的资源配置方式，确保高中生物课程能够获得必要的资源支持，例如，可以通过统筹规划、资源共享等方式来优化资源配置效率。

（3）加强师资培训：针对生物教师数量不足、素质参差不齐的问题，学校应加强对生物教师的培训和考核力度，提高他们的专业素养和实验技能水平，确保教学质量。

（4）鼓励社会参与：鼓励企业、科研机构等社会力量参与高中生物课程资源的建设和开发，形成多元化的教育资源供给体系。

高中生物课程资源不足是一个复杂而严峻的问题，需要政府、学校、社会等多方面的共同努力来解决。通过加大资金投入、优化资源配置、加强师资培训以及鼓励社会参与等措施的实施，课程资源不足的问题有望逐步得到缓解，这为高中生物课程的更好实施提供了有力保障。展望未来，我们期待通过不断的改革和创新，建立起更加完善的高中生物课程资源体系，为培养具有创新精神和实践能力的新时代青少年贡献力量。

二、教师专业素养的挑战

随着教育改革的不断深化和生物科技的飞速发展，高中生物课程在内容、教学方法和评价体系等方面都发生了显著的变化。这些变化对教师的专业素养提出了更高的要求，然而在实际的教学过程中，教师的专业素养却面临着诸多挑战。下文将从教师专业素养的挑战、影响及原因等方面进行深入分析，并提出相应的解决策略，以期为高中生物课程的更好实施提供参考。

（一）教师专业素养的挑战

在高中生物课程实施过程中，教师专业素养面临的挑战主要表现在以下几个方面。

（1）知识更新迅速，教师难以跟上：生物学作为一门快速发展的学科，其知识体系不断更新，新的研究成果层出不穷。教师需要不断学习和更新自己的专业知识，以适应课程内容和教学方法的变化。然而，由于工作繁忙、学习动力不足等原因，许多教师难以跟上知识更新的步伐。

（2）教学方法多样，教师需要不断适应：随着教育改革的推进，高中生物课程的教学方法也呈现出多样化的趋势。教师需要掌握多种教学方法，如探究式教学、合作学习、项目式学习等，并能根据学生的实际情况和教学内容灵活运用。这对教师的教学方法选择和课堂管理能力提出了更高的要求。

（3）评价体系变革，教师需要适应新的评价要求：高中生物课程的评价体系也在逐步变革，更加强调学生的综合素质和科学探究能力的培养。教师需要适应新的评价要求，关注学生的全面发展，注重过程性评价和表现性评价。这对教师的评价理念和评价技能提出了更高的要求。

（4）学生需求多样，教师需要个性化教学：现代学生的学习需求和兴趣点呈现出多样化的特点，教师需要关注学生的个性差异和兴趣需求，进行个性化的教学设计和辅导。这对教师的教育心理学知识和教学设计能力提出了更高的要求。

（二）教师专业素养的挑战对高中生物课程实施的影响

教师的专业素养的程度对高中生物课程实施产生了深远的影响。

（1）教学质量参差不齐：由于教师专业素养的差异，高中生物课程的教学质量参差不齐。一些教师难以适应新的教学方法和评价要求，导致教学效果不佳，影响了学生的学习兴趣和积极性。

（2）学生发展受限：教师专业素养的不足可能导致学生无法接受到高质量的教育。学生的知识掌握、能力培养和综合素质发展都可能受到限制，这将影响他们的未来发展。

（3）教育改革难以深入推进：教师专业素养不足也是教育改革深难以入推进的障碍之一。如果教师的专业素养无法满足新的课程要求和教学方法变革的需要，教育改革就难以取得预期的效果。

（三）教师专业素养不足的原因分析

造成教师专业素养不足的原因主要有以下几个方面。

（1）教师职前教育不足：一些教师在职前教育阶段没有接受过全面、系统的专业知识培训和实践经验积累，导致他们在教学中难以应对复杂的教学情境和问题。

（2）在职培训机制不完善：一些学校的在职培训机制不完善，缺乏针对性的培训内容和有效的培训方式，导致教师难以通过在职培训提升自己的专业素养。

（3）教师自身发展动力不足：一些教师缺乏自我发展的意识和动力，没有主动学习和提升自己的专业素养，导致他们在教学中难以应对新的挑战和要求。

（四）解决策略

针对高中生物课程实施过程中，教师专业素养的不足，可以从以下几个方面提出解决策略。

（1）加强职前教育：提高教师的入职门槛，加强职前教育阶段的专业知识培训和实践经验积累，确保教师具备扎实的专业基础和良好的教学能力。

（2）完善在职培训机制：建立完善的在职培训机制，制定针对性的培训内容和有效的培训方式，定期组织教师进行专业培训和学术交流活动，提升教师的专业素养和教学水平。

（3）激发教师自身发展动力：通过激励机制和评价体系的改革，教师自我发展的意识和动力得到激发。学校鼓励教师主动学习和提升自己的专业素养，为他们的个人发展创造良好的环境和条件。

（4）加强教师之间的合作与交流：鼓励教师之间开展合作与交流活动，分享教学经验和教学资源，共同研究和解决教学中的问题。通过集体智慧和团队协作的力量，教师的专业素养和教学水平得到提升。

在高中生物课程实施过程中，教师专业素养的不足是一个复杂而严峻的问题。需要政府、学校和社会共同努力来推动教师的专业发展。通过加强职前教育、完善在职培训机制、激发教师自身发展动力和加强教师之间的合作与交流等措施的实施，教师专业素养不足的问题有望逐步解决。展望未来，我们期待通过不断的改革和创新建立起更加完善的教师培养和发展体系，为高中生物课程的更好实施提供有力保障。同时，我们也期待教师能够不断提升自己的专业素养和教学水平，为培养具有创新精神和实践能力的新时代青少年贡献自己的力量。

三、学生学习的适应性问题

随着教育改革的深入和生物科技的快速发展，高中生物课程的内容和教学方式都发生了显著的变化。这些变化为学生提供了更广阔的学习空间和更深入的知识探索机会，但同时也带来了学习适应性差。学生在学习高中生物课程时，不仅要面对知识内容的增加和难度的提升，还要适应新的学习方式和评价方式。因此，学生的学习适应性问题成了高中生物课程实施过程中亟待解决的重要问题。

（一）学生的学习适应性差

高中生物课程实施过程中，学生的学习适应性差主要表现在以下几个方面。

（1）知识内容的广度与深度增加：高中生物课程相较于初中的课程，知识内容更加广泛和深入。学生需要掌握更多的生物学概念和原理，理解更加复杂的生物现象和过程。这种知识内容的增加和难度的提升，要求学生具备更强的学习能力和思维能力，以适应高中生物课程的学习要求。

（2）学习方式的转变：高中生物课程强调学生的主动学习和探究能力，注重培养学生的实验设计、数据分析和科学探究能力。学生需要改变以往被动接受的学习方式，积极参与到实验、讨论和探究活动中。这种学习方式的转变要求学生具备更强的自主学习和合作学习能力，以适应高中生物课程的学习需求。

（3）评价方式的变化：高中生物课程的评价方式也发生了变化，更加注重学生的过程性评价和表现性评价。学生需要在学习过程中展示自己的理解、思考和探究能力，而不仅仅是依赖期末考试的成绩进行分析。这种评价方式的变化要求学生具备更强的自我监控和自我反思能力，以适应高中生物课程的评价要求。

（二）学生的学习适应性差对高中生物课程实施的影响

学生的学习适应性差对高中生物课程实施产生了深远的影响。

（1）学习成绩分化：由于学生学习适应性的差异，高中生物课程实施过程中学生的学习成绩出现了明显的分化。一部分学生能够迅速适应新的学习方式和评价方式，取得优异的成绩；而另一部分学生则由于学习适应性的不足，导致学习成绩下滑，甚至产生厌学情绪。

（2）学习兴趣减弱：学习适应性差可能导致学生对高中生物课程的兴趣减弱。面对复杂的知识内容和新的学习方式，学生可能会感到困惑和无助，从而失去对生物学的兴趣和热情。这种兴趣的减弱不仅会影响学生的学习效果，还可能影响他们未来的职业选择和发展。

（3）教育公平问题：学生的学习适应性差还可能引发教育公平问题。一些学生由于学习的适应性差而处于劣势地位，无法充分享受教育资源和学习机会。这可能导致教育资源的浪费和社会阶层固化，进一步加剧教育不公平现象。

（三）学生的学习适应性差的原因分析

造成学生的学习适应性差的原因主要有以下几个方面。

（1）学生自身因素：不同学生的学习能力、思维方式和兴趣爱好存在差异。一些学生可能具备更强的学习能力和适应能力，能够迅速适应高中生物课程的学习要求，而另一些学生则可能由于自身因素的限制而无法很好地适应新的学习方式和评价方式。

（2）学校教育因素：学校教育环境、教学资源和师资力量等因素也会影响学生的学习适应性。一些学校可能缺乏先进的教学设备和优质的教学资源，无法为学生提供良好的学习环境和条件；同时，一些教师可能缺乏教学经验和方法，无法有效引导学生适应高中生物课程的学习要求。

（3）家庭和社会因素：家庭和社会环境也会对学生的学习适应性产生影响。一些学生可能来自教育程度较低的家庭，缺乏良好的学习氛围和习惯，同时，社会对生物学科的认知和重视程度也可能影响学生的学习兴趣和动力。

（四）解决策略

针对高中生物课程实施过程中学生学习适应性差，可以从以下几个方面提出解决策略。

（1）加强学生指导与辅导：教师应加强对学生的学习指导和辅导，帮助学生了解高中生物课程的学习要求和特点，引导学生逐步适应新的学习方式和评价方式。同时，教师还应关注学生的学习困难和问题，及时给予帮助和支持。

（2）优化教学内容与方法：教师应根据学生的学习需求和实际情况，优化教学内容和方法，使教学更加贴近学生的生活实际和认知水平。同时，教师还应注重培养学生的自主学习和合作学习能力，激发学生的学习兴趣和动力。

（3）完善评价体系与反馈机制：学校应完善高中生物课程的评价体系和反馈机制，注重将过程性评价和表现性评价相结合，以全面反映学生的学习情况和能力水平。同时，学校还应建立有效的反馈机制，及时向学生提供学习反馈和指导建议，帮助学生更好地调整学习状态、提高学习效果。

（4）加强家校合作与社会支持：学校和家庭应加强合作，共同关注学生的学习适应性问题。家长应积极配合学校的教学工作，为学生提供良好的学习环境和条件，同时，社会也应加强对生物学科的宣传和普及工作，提高社会对生物学科的认知和重视程度。

高中生物课程实施过程中学生学习适应性差的问题是一个复杂而重要的问题。这需要学校、教师、家庭和社会共同努力来提高学生的学习适应性。通过加强学生指导与辅导、优化教学内容与方法、完善评价体系与反馈机制以及加强家校合作与社会支持等措施的实施，有望逐步解决学生学习适应性差问题。展望未来，我们期待通过不断的改革和创新建立起更加完善的高中生物课程体系和教学机制，为学生的全面发展提供有力保障。

第二节　问题产生的原因与影响分析

一、资源投入不足的原因分析

高中生物课程作为中学教育的重要组成部分，对于培养学生的科学素养和生物学科兴趣具有至关重要的作用。然而，在实际的教学实践中，我们常常发现高中生物课程的实施面临诸多困难，其中最为突出的便是资源投入不足的问题。资源投入不足不仅影响了教学质量，也限制了学生的学习效果和发展潜力。下文将从多个方面对资源投入不足的原因进行深入分析。

（一）教育资源分配不均

教育资源分配不均是导致高中生物课程资源投入不足的重要原因之一。在教育系统中，资源的分配往往受到地区经济发展水平、政策支持力度等多种因素的影响。在一些经济欠发达的地区，由于财政投入有限，学校能够获得的教育资源相对较少。这些地区的学校往往面临教学设备陈旧、教材资料匮乏、师资力量薄弱等问题，使得高中生物课程的实施难以得到有效保障。

（二）教育投入不足

教育投入不足也是导致高中生物课程资源投入不足的重要原因。在一些地区，尽管经济发展水平较高，但由于教育投入占财政支出的比例较低，导致教育资源总量不足。这种情况下，即使学校有心改善教学条件，也往往因为资金匮乏而难以付诸实践。教育投入的不足使得学校难以购买先进的教学设备、更新教材资料、引进优秀的教师资源等，从而影响了高中生物课程的实施质量。

（三）学校内部资源配置不合理

除了外部因素外，学校内部资源配置不合理也是导致高中生物课程资源投入不足的原因之一。在一些学校中，由于管理层对生物学科的重视程度不够，导致生物课程在教学资源分配中处于弱势地位。例如，生物实验室的建设和维护可能得不到足够的重视，实验设备的更新和维护可能不及时，这直接影响到生物实验教学的开展和学生的学习体验。此外，生物教师的配备也可能不足或不合理，导致教师的教学负担过重，难以提供高质量的教学。

（四）社会对生物学的认知偏差

社会对生物学的认知偏差也是导致资源投入不足的原因之一。在一些人看来，生物学并非像数学、物理等学科那样具有明确的实用价值，因此，对其重视程度相对较低。这种认知偏差可能导致教育部门在资源分配时对生物学科的投入相对较少。然而，实际上，生物学作为一门研究生命现象和生物规律的学科，对于培养学生的科学素养、探究能力和创新精神具有重要意义。因此，社会对生物学科的认知偏差不仅影响了资源投入，也限制了生物学科的发展潜力。

（五）教育政策和制度支持不足

教育政策和制度支持不足也是导致高中生物课程资源投入不足的原因之一。在教育政策制定和执行过程中，对生物学科重视不够的情况可能存在。例如，决策者在课程设置、教材选用、考试评价等方面可能缺乏对生物学科的充分考虑和支持。此外，教育制度的创新也可能不足，例如，缺乏针对生物学科的专项经费支持、激励机制不完善等，这些都可能导致资源投入不足的问题。

综上所述，高中生物课程实施中资源投入不足的问题受到多种因素的影响。为了改善这一状况，我们需要从多个方面入手：一是加大教育投入力度，提高教育资源总量；二是优化教育资源分配机制，确保各地区、各学校都能获得足够的教育资源；三是加强学校内部管理，合理配置教学资源；四是提高社会对生物学科的认知度，增强对生物学科的重视程度；五是完善教育政策和制度支持，为生物学科的发展提供有力保障。只有这样，我们才能有效解决高中生物课程实施中资源投入不足的问题，提高教学质量，为学生的全面发展创造更好的条件。

二、教师专业发展的影响因素

高中生物课程的成功实施，依赖于教师的专业素养和教学能力。然而，在实际的教学过程中，许多因素阻碍了教师的专业发展，从而影响了课程的有效实施。下文将探讨这些因素，并深入分析它们如何影响高中生物教师的专业发展。

（一）教育资源与设施的限制

教育资源和设施的不足是限制教师专业发展的重要因素。一些学校，尤其是偏远地区的学校，可能缺乏先进的生物实验室、教学器材和图书资料。这些资源的匮乏不仅影响了教师的日常教学，也限制了他们进行专业研究和进修的机会。教师无法获得足够的学习材料和设备支持，其专业发展自然受到限制。

（二）工作负担与压力

繁重的工作负担和压力也是影响教师专业发展的重要因素。高中生物教师通常需要承担多个班级的教学任务，同时还要应对各种考试和评估。这种高强度的工作状态使得教师很难有时间和精力去参与专业发展活动，如参加培训、研究新的教学方法或进行科研活动等。

（三）缺乏持续的专业培训

缺乏持续的专业培训也是影响教师专业发展的重要因素。虽然许多教师在入职前都接受了专业的师范教育，但入职后的持续培训和发展同样重要。然而，由于资金、时间等原因，许多学校无法为教师提供足够的培训机会。这使得教师的知识和技能无法得到及时更新，难以适应不断变化的教学需求和课程要求。

（四）评价与激励机制的缺失

评价与激励机制的缺失也是影响教师专业发展的重要因素。在许多学校中，对教师的评价往往侧重于学生的考试成绩和升学率，而忽视了教师的教学过程和专业发展。这种评价方式不仅无法激励教师积极参与专业发展活动，反而可能导致他们产生职业倦怠和挫败感。同时，缺乏相应的激励机制，如奖励、晋升等，也使得教师缺乏专业发展的动力。

（五）教育政策与制度的不完善

教育政策与制度的不完善也是影响教师专业发展的重要因素。在一些地区，教育政策可能缺乏对教师专业发展的明确指导和支持。例如，缺乏针对生物教师的专项培训计划、缺乏对教师科研成果的认可和支持等。此外，一些学校的管理制度也可能存在问题，如教学安排不合理、科研支持不足等，这些都限制了教师的专业发展。

（六）教师自身的因素

除了外部因素外，教师自身的因素也是影响其专业发展的重要原因。例如，一些教师可能缺乏自我发展的意识和动力，缺乏持续学习和研究的热情。此外，一些教师可能面临个人生活、家庭等方面的困扰，导致无法全身心投入到专业发展中。

综上所述，多种因素共同影响着高中生物教师的专业发展。为了改善这一状况，我们需要从多个方面入手：加大教育资源的投入、减轻教师的工作负担和压力、提供持续的专业培训、建立合理的评价和激励机制、完善教育政策和制度支持、激发教师自我发展的意识和动力等。只有这样，我们才能为高中生物教师的专业发展创造更好的条件，从而推动高中生物课程的有效实施。

三、学生适应性问题对学习效果的影响

在高中教育阶段，生物课程作为一门重要的自然科学学科，对学生科学素养的培养具有至关重要的作用。然而，在实际的生物课程实施过程中，学生适应性问题往往成为影响学习效果的关键因素。下文将深入探讨学生适应性问题对高中生物课程学习效果的影响，并分析其背后的原因。

（一）学生基础知识掌握不足

高中生物课程建立在初中生物学知识的基础之上，要求学生具备一定的生物学基础。然而，由于学生在初中阶段的学习状况各异，一些学生可能未能牢固掌握生物学基础知识，这导致在高中生物课程的学习中出现适应性问题。这些问题可能表现为对高中生物概念的理解困难、对知识点之间的联系把握不准等，从而影响学习效果。

（二）学生学习方法和策略的缺失

高中生物课程相较于初中而言，知识量更大、难度更高，需要学生具备更加有效的学习方法和策略。然而，部分学生可能仍然沿用初中的学习方式，缺乏主动学习、归纳总结、逻辑推理等高级学习策略，从而导致学习效果不佳。此外，一些学生可能缺乏时间管理技巧，无法合理安排学习和复习时间，这也影响了学习效果。

（三）学生心理因素的影响

高中生正处于青春期，心理发展尚未成熟，容易受到各种心理因素的影响。例如，一些学生可能对生物学缺乏兴趣，缺乏学习动力；一些学生可能面临学习焦虑、压力等负面情绪，因此导致学习效果下降；一些学生可能受到家庭、社会等外部环境的干扰，无法集中精力学习。这些因素都可能对学生的适应性产生影响，从而影响学习效果。

（四）教师教学风格和方法的差异

不同的教师具有不同的教学风格和教学方法，这也会对学生的适应性产生影响。一些学生可能适应于活泼、生动的课堂氛围，而另一些学生则更喜欢严谨、有条理的教学方式。当教师的教学风格、方法与学生的学习习惯、喜好不匹配时，学生可能会感到不适应，从而影响学习效果。

（五）课程内容和难度的不匹配

高中生物课程的设置和内容难度可能与学生的实际学习水平存在不匹配的情况。对于一些学习基础较差的学生来说，课程内容可能过于深奥，难以理解；而对于一些学习基础较好的学生来说，课程内容可能过于简单，缺乏挑战性。这种不匹配的情况会导致学生产生学习上的挫败感或厌倦感，从而影响学习效果。

（六）教育资源和设施的限制

在一些学校中，由于教育资源和设施的限制，学生可能无法获得足够的学习支持和实验机会。例如，缺乏先进的生物实验室、教学器材和图书资料等，可能限制了学生的实践操作能力和对生物学的深入理解。这种限制会影响学生的适应性，进而对学习效果产生负面影响。

综上所述，学生适应性问题对高中生物课程学习效果的影响是多方面的。为了改善这一状况，我们需要从多个方面入手：加强学生的基础知识掌握、指导学生学习方法和策略的培养、关注学生的心理健康和情绪管理、提高教师的教学水平和风格多样性、调整课程内容和难度以匹配学生的实际水平、加大教育资源的投入等。只有这样，我们才能更好地帮助学生适应高中生物课程的学习，提高学习效果，培养他们的科学素养和综合能力。

第三节　解决策略与建议

一、增加资源投入与优化资源配置

高中生物课程作为自然科学教育的重要组成部分，其实施效果直接关系到学生的科学素养和未来发展。然而，在实际的生物课程实施过程中，往往面临着资源不足和资源配置不合理的问题，这些问题严重影响了生物课程的教学质量和学生的学习效果。因此，增加资源投入和优化资源配置成为了解决高中生物课程实施问题的关键。

（一）增加资源投入

(1)教学设备和实验室建设：学校应加大对生物教学设备和实验室的投入，更新或升级生物实验器材、显微镜、培养箱等设备，确保学生能够进行实践操作和实验探究。同时，建设现代化的生物实验室，为学生提供良好的学习环境和实验条件。

(2)图书资料和网络资源：加强图书馆生物科学类图书资料的更新和扩充，

为学生提供丰富的阅读材料和参考书籍。此外，学校还应积极引进网络资源，如在线数据库、电子期刊等，方便学生获取最新的生物科学知识和信息。

（3）教师培训和专业发展：学校应加大对生物教师的培训力度，提高教师的专业素养和教学能力，通过定期组织教师参加研讨会、研修班、学术交流等活动，不断更新教师的知识和教学技能，使教师能够更好地适应高中生物课程教学的需求。

（4）课外活动和科技竞赛：学校应鼓励和支持学生参加生物科学相关的课外活动和科技竞赛，如生物奥赛、科技创新大赛等。通过参与这些活动，学生可以拓宽视野、增强实践能力，同时也能够激发对生物学的兴趣和热情。

（二）优化资源配置

（1）合理配置教学设备：学校应根据生物课程的需求和学生的实际人数，合理配置教学设备，确保每个学生都能够参与实践操作和实验探究。同时，学校还应定期对教学设备进行维护和保养，确保设备的正常运行和使用寿命。

（2）优化图书资料和网络资源的使用：图书馆应建立完善的图书借阅和网络资源使用制度，方便学生借阅图书和使用网络资源。同时，图书馆还应定期推荐优秀的生物科学类图书和网络资源，引导学生进行自主学习和探究学习。

（3）加强教师之间的合作与交流：学校应鼓励生物教师之间进行合作与交流，共同研究教学方法和策略，分享教学经验和教学资源。通过合作与交流，教师可以相互学习、取长补短，提高教学效果和教学质量。

（4）充分利用社会资源：学校可以积极与社会机构、企业和科研单位合作，共同开展生物科学教育，例如，可以邀请专家学者来校举办讲座或开设选修课程，为学生提供更广阔的学习平台和机会。同时，学校还可以与企业合作开展实践教学和实习活动，让学生更好地了解生物科学在实际应用中的价值和意义。

（三）实施效果评估与持续改进

在增加资源投入和优化资源配置的过程中，学校应建立完善的实施效果评估机制，定期对生物课程实施的效果进行评估和反馈。学校可以通过收集学生的反馈意见、教师的教学评价以及社会机构的评价等信息，全面了解生物课程实施的效果和问题所在。针对评估结果，学校应及时调整资源投入和配置策略，持续改进生物课程实施的质量和效果。

二、教师专业发展的培训与支持

在高中生物课程实施过程中，教师的专业发展是确保教学质量和效果的关键因素。随着科学技术的不断进步和生物学的快速发展，教师需要不断更新知识、提高教学技能，以适应高中生物课程教学的需求。因此，加强教师的专业发展培训与支持显得尤为重要。

（一）教师专业发展的重要性

教师专业发展是指教师在教育教学实践中，通过不断学习和实践，提高教育教学能力、专业素养和综合素质的过程。在高中生物课程实施过程中，教师专业发展具有以下重要性。

（1）适应教学需求：随着生物学知识的不断更新和发展，教师需要不断更新自己的知识体系，掌握最新的生物科学知识和技术，以适应高中生物课程教学的需求。

（2）提高教学质量：教师的专业发展有助于教师提高教学技能和教学水平，采用更加科学、有效的教学方法，激发学生的学习兴趣和积极性，提高生物课程的教学质量。

（3）促进学生发展：教师专业发展不仅关注教师的教学能力，还注重教师的教育理念、教育方法和教育情感等方面的发展。这些方面的提升有助于教师更好地关注学生的需求和发展，促进学生的全面发展。

（二）教师专业发展的培训与支持策略

为了促进教师的专业发展，需要制订具体的培训与支持策略，包括以下几个方面。

（1）定期举办培训课程：学校应定期举办针对高中生物教师的培训课程，包括生物学新知识、新技术的学习，教学方法、策略的培训，以及教育心理学、教育评价等方面的学习。这些课程可以由校内外的专家、学者或经验丰富的教师授课，以确保培训的质量和效果。

（2）提供学习资源和平台：学校应为教师提供丰富的学习资源和平台，如图书资料、在线数据库、电子期刊等，方便教师随时获取最新的生物科学知识和信息。同时，学校还可以建立教师交流平台，鼓励教师之间进行合作与交流，分享教学经验和教学资源。

（3）鼓励教师参与研究和实践：学校应鼓励教师积极参与教育教学研究和实践活动，如课题研究、论文发表、教学竞赛等。这些活动不仅可以提高教师的专业素养和综合能力，还可以为教师的职业发展提供有力的支持。

（4）建立激励机制和评价体系：学校应建立科学的激励机制和评价体系，对教师的专业发展进行激励和评价，例如，可以设立教学奖励、科研成果奖励等，以激发教师的积极性和创造力，同时，还可以通过定期的教学评估、学生评价等方式，了解教师的教学水平和专业素养，为教师的专业发展提供反馈和指导。

（三）教师专业发展的实施效果与持续改进

在实施教师专业发展的培训与支持策略后，学校应建立相应的评估机制，对实施效果进行定期评估。通过收集教师的反馈意见、学生的评价以及教学质量等方面的数据，学校可以全面了解教师专业发展的实施效果和存在的问题。针对评估结果，学校应及时调整和完善培训与支持策略，持续改进教师专业发展的质量和效果。

此外，学校还应鼓励教师积极参与专业发展活动的自我反思和总结，以促进教师的自我提升和发展。同时，学校还可以与其他学校或机构建立合作关系，共同开展教师专业发展的研究和实践活动，共享资源和经验，推动高中生物课程实施的整体进步。

三、提升学生学习适应性的措施

高中生物课程作为自然科学的重要组成部分，对学生的科学素养和未来发展具有重要意义。然而，在实际教学中，由于学生背景、学习兴趣和认知能力等方面的差异，学生学习适应性不足的问题常常出现。为了解决这一问题，下文将从以下几个方面探讨提升学生学习适应性的措施。

（一）理解学习适应性的重要性

学习适应性是指学生在学习过程中，根据不同的学习任务和环境要求，调整自己的学习策略、方法和心态，以达到最佳学习效果的能力。在高中生物课程实施过程中，学生的学习适应性对于提高学习效率、培养学习兴趣和形成终身学习能力具有重要意义。

（二）鉴别影响学习适应性的因素

影响学生学习适应性的因素多种多样，主要包括以下几个方面。

（1）学生背景：不同学生的家庭背景、教育经历和生活环境等差异，导致他们在学习生物课程时具有不同的起点和基础。

（2）学习兴趣：学生对生物学科的兴趣和热情程度，直接影响他们的学习投入和效果。

（3）认知能力：学生的智力水平、思维方式和记忆能力等认知因素，决定了他们理解和掌握生物知识的速度和深度。

（4）学习环境：学校的教学设施、课堂氛围和师生关系等环境因素，也会对学生的学习适应性产生影响。

（三）采取提升学习适应性的措施

针对以上影响因素，可以采取以下措施来提升学生的学习适应性。

（1）个性化教学：根据学生的背景和认知水平，制订个性化的教学方案，满足不同学生的学习需求。例如，对于基础薄弱的学生，可以提供额外的学习资源和辅导，帮助他们逐步跟上课程进度。

（2）激发学习兴趣：通过丰富多样的教学方法和手段，如实验教学、互动讨论、案例分析等，激发学生的学习兴趣和好奇心，使他们更加主动地参与生物课程学习。

（3）培养学习策略：教授学生有效的学习策略和方法，如归纳总结、复述讲解、做笔记等，帮助他们提高学习效率和成绩。同时，鼓励学生自主学习和合作学习，培养他们的自主学习能力和团队协作精神。

（4）优化学习环境：教师应营造积极、宽松、和谐的学习氛围，鼓励学生大胆提问、发表观点和交流互动，同时，加强师生之间的沟通与互动，建立良好的师生关系，为学生提供心理支持和帮助。

（5）反馈与评估：教师应定期对学生进行学习评估和反馈，了解他们的学习情况和问题所在，根据评估结果，及时调整教学策略和方法，帮助学生克服学习困难，提高学习适应性。

（四）实施过程中的挑战与应对

在提升学生学习适应性的过程中，可能会遇到一些挑战，如学生参与度不高、教学资源有限等。针对这些挑战，可以采取以下应对措施。

（1）提高学生参与度：教师应通过设计有趣的教学活动、设置奖励机制等方式，吸引学生参与到生物课程学习中来，同时，关注学生的学习动态和需求变化，及时调整教学策略和方法。

（2）拓展教学资源：充分利用现有教学资源，如图书资料、在线数据库等，为学生提供丰富多样的学习材料。同时，积极寻求外部支持和合作，争取更多的教学资源支持。

（五）持续改进与效果评估

为了不断提升学生的学习适应性，需要建立持续改进和效果评估机制。具体而言，可以采取以下措施。

（1）定期评估学习效果：教师通过测验、考试、问卷调查等方式，定期评估学生的学习效果和适应性水平，根据评估结果，及时发现问题并采取相应的改进措施。

（2）收集学生反馈意见：教师鼓励学生积极反馈学习过程中的问题和困难，认真听取他们的意见和建议，根据学生的反馈意见，调整教学策略和方法，以满足学生的学习需求。

（3）分享成功经验与案例：教师定期总结并分享在提升学生学习适应性方面的成功经验和案例，为其他教师提供借鉴和参考，同时，积极参与教育教学研究和交流活动，不断学习和借鉴新的教学理念和方法。

第六章　高中生物课程设计与教学改革的国际比较

第一节　国际高中生物课程设计比较分析

一、各国高中生物课程设计概述

高中生物课程作为中学教育的重要组成部分，对于培养学生的科学素养、逻辑思维能力和实验技能具有关键作用。不同国家的高中生物课程设计因教育理念、文化背景和社会需求而异，呈现出多样性和特色。下文将概述几个具有代表性的国家的高中生物课程设计情况，以期为各国间的教育交流与合作提供参考。

（一）美国高中生物课程设计

美国的高中生物课程设计注重学生的实践能力和创新思维培养。课程内容包括细胞生物学、遗传学、生态学等基础知识，同时强调实验操作和科学探究。美国高中生物课程注重跨学科学习，鼓励学生将生物学知识与其他学科如物理、化学等相结合，培养综合分析能力。此外，美国高中生物课程还注重培养学生的批判性思维和问题解决能力，通过案例分析、小组讨论等活动，引导学生主动思考和探索。

（二）英国高中生物课程设计

英国的高中生物课程设计强调学生的自主学习和合作学习能力。课程内容包括生物多样性的研究、生物技术的应用等，注重培养学生的实验技能和科学探究能力。英国高中生物课程注重理论与实践相结合，通过实验、野外考察等活动，让学生亲身体验生物学的魅力。同时，英国高中生物课程还注重培养学生的团队合作和沟通能力，鼓励学生在小组活动中相互协作、交流分享。

（三）德国高中生物课程设计

德国的高中生物课程设计注重学生的实践应用和职业发展。课程内容包括生物技术的实际应用、生态环境保护等，强调学生的实践能力和职业素养培养。德国高中生物课程注重与职业教育的衔接，为学生未来的职业发展打下基础。此外，德国高中生物课程还注重培养学生的独立思考和创新能力，通过项目式学习、研究性学习等方式，引导学生主动探索和研究。

（四）日本高中生物课程设计

日本的高中生物课程设计注重学生的基础知识和实践技能培养。课程内容包括细胞、遗传、生态等基础知识，同时，强调实验操作和观察能力培养。日本高中生物课程注重培养学生的实验精神和科学态度，通过实验活动让学生深入了解生物学的奥秘。此外，日本高中生物课程还注重培养学生的国际视野和跨文化交流能力，通过国际合作项目、国际比赛等活动，拓宽学生的国际视野。

（五）中国高中生物课程设计

中国的高中生物课程设计注重学生的全面发展和社会责任感培养。课程内容包括生物学的基本概念、原理和应用，强调学生的科学素养和创新能力的培养。中国高中生物课程注重与现实生活的联系，通过生物技术应用、生态环境保护等主题，引导学生关注社会问题并积极参与解决。同时，中国高中生物课程还注重培养学生的实验技能和科学探究能力，通过实验、实习等活动，提高学生的实践能力和动手能力。

综上所述，各国高中生物课程设计各具特色，但都注重学生的实践能力、创新能力和科学素养培养。在未来的教育发展中，各国可以相互借鉴、交流经验，共同推动高中生物课程设计的完善与发展。同时，随着科技的不断进步和社会需求的变化，高中生物课程设计也需要不断更新和调整，以适应时代发展的需要。

二、课程设计理念的比较

高中生物课程设计理念是指导课程设计、实施和评价的核心思想。不同的国家和地区，由于文化背景、教育传统和社会需求的不同，其高中生物课程设计理念也呈现出显著的差异。下文将对几个具有代表性的国家的高中生物课程设计理念进行比较，旨在揭示各国课程设计理念的特点和共性，为国际间的教育交流与合作提供参考。

（一）美国高中生物课程设计理念

美国的高中生物课程设计理念强调学生的主体性和实践性。在美国的教育体系中，学生被视为学习的主体，课程设计注重激发学生的学习兴趣和探究欲望。因此，美国高中生物课程强调实验和实践，通过实验操作和科学探究活动，培养学生的实验技能和科学素养。此外，美国高中生物课程还注重跨学科学习，鼓励学生在不同的学科领域之间建立联系，培养综合分析能力。这种课程设计理念体现了美国教育体系中重视学生个体差异和创新精神的特点。

（二）英国高中生物课程设计理念

英国的高中生物课程设计理念注重学生的自主学习和合作学习能力。英国的教育体系强调学生的自主性和合作性，课程设计注重培养学生的自主学习能力和团队合作精神。因此，英国高中生物课程注重学生的参与和互动，通过实验、小组讨论等活动，引导学生主动思考和探索。同时，英国高中生物课程还注重培养学生的批判性思维和问题解决能力，鼓励学生对所学知识进行批判性分析和应用。这种课程设计理念体现了英国教育体系中重视学生思维能力和社交技能的特点。

（三）德国高中生物课程设计理念

德国的高中生物课程设计理念强调实践应用和职业发展。德国的教育体系注重学生的实践能力和职业素养培养，课程设计紧密结合实际应用和职业需求。因此，德国高中生物课程注重实践应用，通过实验、野外考察等活动，让学生亲身体验生物学的实际应用。同时，德国高中生物课程还注重与职业教育的衔接，为学生未来的职业发展打下基础。这种课程设计理念体现了德国教育体系中重视职业技能和实践能力的特点。

（四）日本高中生物课程设计理念

日本的高中生物课程设计理念注重基础知识和实践技能的培养。日本的教育体系强调学生的基础知识和实践能力，课程设计注重学生的实验操作和观察能力培养。因此，日本高中生物课程注重实验和观察活动，通过实验让学生深入了解生物学的原理和应用。同时，日本高中生物课程还注重培养学生的实验精神和科学态度，强调实验操作的规范性和严谨性。这种课程设计理念体现了日本教育体系中重视基础知识掌握和实践技能提升的特点。

（五）中国高中生物课程设计理念

中国的高中生物课程设计理念注重学生的全面发展和社会责任感培养。在中国的教育体系中，学生被视为全面发展的个体，课程设计注重学生的科学素养、创新能力和社会责任感的培养。因此，中国高中生物课程注重基础知识和应用技能的结合，通过实验、实习等活动，提高学生的实践能力和动手能力。同时，中国高中生物课程还注重与现实生活的联系，通过关注社会问题如生态环境保护等，引导学生积极参与社会实践和公益活动。这种课程设计理念体现了中国教育体系中重视学生综合素质和社会责任的特点。

综上所述，各国高中生物课程设计理念各具特色，但都强调学生的主体性、实践性、合作性和职业素养的培养。虽然不同国家的课程设计理念存在差异，但也有许多共性之处，如注重实验和实践、培养学生的批判性思维和问题解决能力等。这些共性和差异反映了各国教育体系和文化传统的特点，也为国际间的教育交流与合作提供了可能性和空间。在未来的教育发展中，各国可以相互借鉴、交流经验，共同推动高中生物课程设计的完善与发展。

三、课程内容与结构的比较

高中生物课程的内容与结构是教育理念和目标的直接体现，它决定了学生将学习哪些生物学知识，以及如何将这些知识整合到他们的认知结构中。不同国家的高中生物课程在内容与结构上呈现出显著的差异，这些差异反映了各国对生物学教育的理解和侧重点的不同。下文将选取几个具有代表性的国家，对其高中生物课程的内容与结构进行比较，以揭示它们之间的特点和差异。

（一）美国高中生物课程内容与结构

美国的高中生物课程内容广泛而深入，结构灵活多样。通常包括细胞生物学、遗传学、生态学、进化论等基础领域，同时还会涉及生物技术、生物医学等前沿领域。在结构上，美国高中生物课程通常采用模块化设计，允许学生根据自己的兴趣和需求选择不同的模块进行学习。此外，美国高中生物课程还注重跨学科整合，强调与其他学科如物理、化学等的交叉融合，以培养学生的综合分析能力。

（二）英国高中生物课程内容与结构

英国的高中生物课程内容相对集中，结构较为统一，主要围绕生物学核心概念进行组织，如细胞、遗传、进化、生态等。在结构上，英国高中生物课程通常采用线性设计，按照知识的逻辑顺序逐步深入。此外，英国高中生物课程还注重实验和实践能力的培养，通过实验设计和数据分析等活动，提高学生的实践能力和科学探究能力。

（三）德国高中生物课程内容与结构

德国的高中生物课程内容实用性强，结构与职业教育紧密结合。除了涵盖基础生物学知识外，还会重点介绍生物技术在工业、医学等领域的应用。在结构上，德国高中生物课程通常采用模块化设计，但模块之间联系紧密，形成一个完整的知识体系。此外，德国高中生物课程还注重实验技能和职业素养的培养，通过实验操作和实地考察等活动，提高学生的实践能力和职业适应性。

（四）日本高中生物课程内容与结构

日本的高中生物课程内容注重基础知识和实验技能的培养，结构严谨而系统，通常包括细胞生物学、遗传学、生态学等基础领域，同时强调实验操作和观察能力的培养。在结构上，日本高中生物课程通常采用螺旋式设计，即在不同年级阶段重复和深化同一主题的内容，以帮助学生逐步建立完整的生物学知识体系。此外，日本高中生物课程还注重与日常生活的联系，通过引入生活实例和实际问题，激发学生的学习兴趣和探究欲望。

（五）中国高中生物课程内容与结构

中国的高中生物课程内容全面、系统，结构相对稳定，通常包括必修和选修两部分，必修内容涵盖生物学基本概念、原理和方法等基础知识，选修内容则涉及更深入的领域或前沿技术。在结构上，中国高中生物课程通常采用分模块和分章节的设计方式，每个模块或章节都有明确的学习目标和内容要求。此外，中国高中生物课程还注重与现实生活的联系和社会责任感的培养，通过引入社会热点问题和环境保护等议题，引导学生关注社会问题和承担社会责任。

综上所述，各国高中生物课程内容与结构各具特色，但都强调基础知识和实验技能的培养，以及跨学科整合和实际应用的重要性。不同国家在课程内容的广度和深度、结构的灵活性和统一性等方面存在差异，这些差异反映了各国对生物学教育的理解和侧重点的不同。在未来的教育发展中，各国可以相互借鉴、交流经验，共同推动高中生物课程内容与结构的完善与发展。同时，随着科学技术的不断进步和社会需求的变化，高中生物课程也需要不断更新和调整，以适应时代发展的需要。

四、课程实施与评价的比较

高中生物课程的实施与评价是教育过程中的重要环节，它不仅关系到教学质量的提升，也直接影响学生的学习成果和未来发展。不同国家的高中生物课程在实施与评价方面呈现出不同的特点和策略，这些差异往往与各国的教育制度、文化传统、教育理念等因素紧密相关。下文将选取几个具有代表性的国家，对其高中生物课程的实施与评价进行比较，以揭示其特点和差异。

（一）美国高中生物课程的实施与评价

在美国，高中生物课程的实施注重学生的主体性和实践性，强调学生的主动参与和探究学习。教师通常采用多样化的教学方法，如小组讨论、案例研究、实验探究等，以激发学生的学习兴趣和积极性。在评价方面，美国高中生物课程注重形成性评价和表现性评价，重视学生在学习过程中的表现和发展，而非仅仅关注最终的学习成果。同时，美国的高中生物课程还注重与社区和行业的合作，为学生提供实习和实践的机会，以培养学生的实践能力和职业素养。

（二）英国高中生物课程的实施与评价

在英国，高中生物课程的实施强调知识的系统性和连贯性，注重培养学生的逻辑思维和批判性思维。教师通常采用讲授和讨论相结合的教学方法，注重培养学生的阅读和理解能力。在评价方面，英国高中生物课程注重终结性评价和标准化考试，以确保学生的学习成果达到一定的标准和要求。同时，英国还注重对学生独立思考和问题解决能力的培养，通过布置具有挑战性的任务和项目，激发学生的创新思维和解决问题的能力。

（三）德国高中生物课程的实施与评价

在德国，高中生物课程的实施强调实践应用和技术创新，注重培养学生的动手能力和职业素养。教师通常采用项目式学习或工作坊式的教学方法，让学生在实践中学习和掌握生物学知识和技能。在评价方面，德国高中生物课程注重实践评价和职业资格认证，强调学生将所学知识应用到实际工作和生活中的能力。此外，德国还注重与企业和行业的合作，为学生提供实习和就业的机会，以培养学生的职业素养和综合能力。

（四）日本高中生物课程的实施与评价

在日本，高中生物课程的实施注重基础知识的掌握和实验技能的培养，强调学生的严谨性和规范性。教师通常采用讲授和演示相结合的教学方法，注重培养学生的观察力和实验操作能力。在评价方面，日本高中生物课程注重纸笔测试和实验考核相结合的评价方式，以确保学生掌握基础知识和熟练的实验技能。同时，日本还注重对学生的情感态度和价值观的培养，通过课堂讨论和实践活动等方式，引导学生形成正确的价值观和人生观。

（五）中国高中生物课程的实施与评价

在中国，高中生物课程的实施注重知识的系统性和完整性，强调学生对基础知识的掌握和运用能力。教师通常采用讲授、演示、讨论等多种教学方法相结合的方式，以提高教学效果。在评价方面，中国高中生物课程注重纸笔测试和综合评价相结合的方式，既关注学生的学习成果，也关注学生在学习过程中的表现和发展。同时，中国还注重对学生创新意识和实践能力的培养，通过开展科学研究和实践活动等方式，提高学生的综合素质和创新能力。

综上所述，各国高中生物课程在实施与评价方面呈现出不同的特点和策略。这些差异反映了各国教育制度、文化传统、教育理念等方面的差异。在未来的教育发展中，各国可以相互借鉴、交流经验，共同推动高中生物课程实施与评价的改革与发展。同时，随着科学技术的不断进步和社会需求的变化，高中生物课程的实施与评价也需要不断更新和调整，以适应时代发展的需要。

第二节　国际教学改革趋势与启示

一、国际教学改革的主要趋势

随着全球教育的不断发展和科技日新月异的发展，高中生物课程的教学改革已成为各国教育领域关注的重点。这些改革旨在更好地适应 21 世纪的教育需求，培养学生的创新精神、实践能力和终身学习的习惯。下文将对国际高中生物课程教学改革的主要趋势进行深入探讨。

（一）强调科学素养与核心概念的掌握

近年来，越来越多的国家开始强调科学素养的培养，并将核心概念作为高中生物课程的重要组成部分。这些核心概念包括遗传学、进化论、生态学等，它们是理解生命科学的基础。通过深入学习和理解这些核心概念，学生能够更好地掌握生物学的基本原理和方法，为未来的学习和职业发展打下坚实的基础。

（二）注重实践探究与实验技能的培养

与传统的知识传授相比，现代高中生物课程更加注重实践探究和实验技能的培养。许多国家纷纷引入实验课程、研究项目和实践活动，让学生在实践中学习和掌握生物学知识。这种教学方式不仅能够激发学生的学习兴趣和积极性，还能够培养学生的动手能力和创新思维，为他们未来的科研和职业发展提供有力的支持。

（三）跨学科融合与综合能力的培养

随着科学技术的不断发展，生物学与其他学科的交叉融合越来越紧密。因此，许多国家在高中生物课程教学中开始注重跨学科融合和综合能力的培养，例如，将生物学与化学、物理、环境科学等学科进行融合，让学生在学习中形成跨学科的思维方式和方法。这种教学方式不仅能够拓宽学生的知识面，还能够培养他们的综合能力和解决复杂问题的能力。

（四）技术整合与数字化教学的应用

随着信息技术的快速发展，数字化教学已成为高中生物课程教学改革的重要方向。许多国家纷纷引入数字化教学资源和技术工具，如在线教育平台、虚拟实验室、数据分析软件等，以提高教学效果和学习体验。这些技术工具的应用不仅能够丰富教学手段和方法，还能够提高学生的学习兴趣和参与度，促进个性化学习和自主学习的发展。

（五）关注社会议题与可持续发展

生物学作为一门与人类社会密切相关的学科，其教学内容往往涉及许多社会议题和可持续发展问题。因此，越来越多的国家在高中生物课程教学中开始关注这些议题，如生物多样性保护、生态环境治理、人类健康与疾病等。通过讨论和研究这些议题，学生能够更好地了解生物学与社会的关系，培养社会责任感和使命感，为未来的可持续发展做出贡献。

（六）评价方式向多元化与个性化发展

传统的以考试成绩为主的评价方式已经无法满足现代高中生物课程教学的需求。越来越多的国家开始采用多元化的评价方式，包括表现性评价、过程性评价、自我评价等，以全面了解学生的学习情况和发展需求。同时，这些评价方式还能够促进学生的个性化发展，激发他们的学习兴趣和潜力。

综上所述，国际高中生物课程教学改革的主要趋势包括强调科学素养与核心概念的掌握、注重实践探究与实验技能的培养、跨学科融合与综合能力的培养、技术整合与数字化教学的应用、关注社会议题与可持续发展以及评价方式多元化与个性化发展。这些趋势反映了全球教育发展的趋势和需求，为高中生物课程教学的改革与发展提供了重要的指导和借鉴。在未来的教育发展中，各国应该根据自身的国情和需求，积极借鉴这些趋势和经验，不断推进高中生物课程教学改革与发展，为学生的全面发展和未来的可持续发展做出更大的贡献。

二、国外教学改革案例分析

随着全球教育的进步和科技的发展，高中生物课程的教学改革在国外受到了广泛关注。各个国家纷纷进行尝试和创新，旨在提高教育质量，培养学生的创新能力和终身学习的习惯。下文将通过几个具体的案例，分析国外高中生物课程教学改革的情况，并探讨其成功的原因和启示。

（一）美国：强调探究与实验，注重跨学科融合

在美国，高中生物课程教学改革注重学生的实践能力和探究精神的培养。以某知名高中的生物课程为例，学校引入了“探究式学习”模式，让学生在实践中学习和探索生物学知识。在每个单元的学习中，学生需要完成一个与现实生活相关的实验项目，如基因工程、生物多样性研究等。通过实验，学生不仅能够深入理解和掌握生物学原理，还能够培养动手能力和创新思维。

此外，美国高中生物课程还注重跨学科融合。学校经常组织跨学科的项目和活动，让学生将生物学知识与其他学科如化学、物理、环境科学等进行融合。这种跨学科的学习方式不仅拓宽了学生的知识面，还培养了他们的综合能力和解决复杂问题的能力。

（二）英国：引入数字化教学，创新评价方式

在英国，高中生物课程教学改革注重数字化教学的应用和创新评价方式的探索。某知名中学的生物课程采用了在线教学平台和虚拟实验室等数字化教学资源，让学生在数字化环境中进行学习和实验。这种教学方式不仅提高了学生的学习兴趣和参与度，还培养了他们的自主学习能力和科技应用能力。

同时，该学校还创新了评价方式。除了传统的笔试和实验考核外，学校还引入了表现性评价和自我评价等方式。通过这些评价方式，学校能够全面了解学生的学习情况和发展需求，为他们提供个性化的指导和支持。

（三）新加坡：强调核心概念与科学素养，注重国际视野

新加坡的高中生物课程教学改革强调核心概念和科学素养的掌握，同时注重培养学生的国际视野和跨文化交流能力。新加坡的高中生物课程紧密围绕核心概念进行设计和教学，如遗传、细胞生物学、生态与环境等。学校通过组织专题研讨、实地考察等活动，让学生深入理解和掌握这些核心概念，培养他们的科学素养和解决问题的能力。

此外，新加坡高中生物课程还注重国际视野的培养。学校经常组织学生参加国际生物奥林匹克竞赛、国际科研项目等活动，让学生与来自不同国家的同龄人一起交流和合作。这种跨文化的交流不仅拓宽了学生的视野，还培养了他们的国际竞争力和合作精神。

（四）德国：注重实践应用，强调职业道德与责任感

德国的高中生物课程教学改革注重实践应用和职业道德的培养。德国的某所高中与当地的医疗机构、生物科技公司等建立了紧密的合作关系。学生有机会参与到真实的生物医学研究中，了解生物学知识在实际应用中的价值和意义。这种注重实践应用的教学方式不仅提高了学生的学习兴趣和实践能力，还培养了他们的职业道德和责任感。

同时，德国高中生物课程还注重培养学生的批判性思维和问题解决能力。学校经常组织学生进行小组讨论、案例分析等活动，让他们在面对实际问题时能够独立思考、分析问题并提出解决方案。这种教学方式培养了学生的综合能力和创新思维，为他们未来的职业发展打下了坚实的基础。

综上所述，国外高中生物课程教学改革呈现出多样化的趋势和特点。这些案例的成功经验为我们提供了宝贵的启示和借鉴。我们应该根据自身的国情和需求，积极借鉴国外的成功经验，不断推进高中生物课程教学改革与发展，为学生的全面发展和未来的可持续发展做出更大的贡献。同时，我们也应该注重培养学生的实践能力和创新精神，提高他们的综合素质和国际竞争力，为培养更多的优秀人才贡献力量。

三、对我国教学改革的启示与借鉴

在全球化的教育背景下，各国都在不断地探索和优化自己的教育制度，以期培养出更具国际竞争力的人才。国外高中生物课程教学改革作为其中的一部分，为我国的教学改革提供了宝贵的启示和借鉴。

（一）注重学生实践能力和探究精神的培养

在国外高中生物课程教学改革中，一个显著的特点就是强调学生的实践能力和探究精神的培养。例如，美国某知名高中通过引入“探究式学习”模式，让学生在实践中学习和探索生物学知识。这种教学模式不仅提高了学生的学习兴趣和参与度，还有助于培养他们的动手能力和创新思维。

对于我国的高中生物教学来说，也可以借鉴这种教学模式。通过组织更多的实验、实践活动和探究项目，让学生在亲身实践中感受生物学的魅力，提高他们的实践能力和探究精神。这不仅可以加深学生对生物学知识的理解，还有

助于培养他们的创新思维和解决问题的能力。

（二）加强跨学科融合，拓宽学生知识面

在国外的高中生物课程教学改革中，跨学科融合也是一个重要的趋势。例如，英国某知名中学的生物课程就注重将生物学知识与其他学科如化学、物理、环境科学等进行融合。这种跨学科的学习方式不仅拓宽了学生的知识面，还有助于培养他们的综合能力和解决复杂问题的能力。

在我国的高中生物教学中，也可以加强与其他学科的融合。通过组织跨学科的项目和活动，让学生在不同的学科之间寻找联系点和共通点，培养他们的综合思维和解决问题的能力。这不仅可以提高学生的学习兴趣和学习效果，还有助于培养他们的创新能力和终身学习的习惯。

（三）引入数字化教学，创新评价方式

随着科技的发展，数字化教学在国外高中生物课程教学改革中得到了广泛的应用。例如，英国某知名中学就采用了在线教学平台和虚拟实验室等数字化教学资源，让学生在数字化环境中进行学习和实验。同时，该学校还创新了评价方式，引入了表现性评价和自我评价等方式。

在我国，也可以尝试引入数字化教学和创新评价方式。学校通过利用现代科技手段，如在线教育平台、虚拟现实技术等，为学生提供更加丰富多样的学习资源和学习方式，同时，也可以尝试创新评价方式，如采用表现性评价、过程性评价等方式，更全面地了解学生的学习情况和发展需求。这不仅可以提高学生的学习兴趣和参与度，还有助于培养他们的自主学习能力和科技应用能力。

（四）强调核心概念与科学素养，注重国际视野

在国外，高中生物课程教学改革还注重核心概念和科学素养的掌握以及国际视野的培养。例如，新加坡的高中生物课程紧密围绕核心概念进行设计和教学，同时，注重培养学生的国际视野和跨文化交流能力。

我国的高中生物课程教学来也可以强调核心概念和科学素养的掌握。教师通过深入讲解核心概念，如遗传学、细胞生物学、生态与环境等，让学生更好地理解和掌握生物学的基本知识和原理，同时，也可以注重培养学生的国际视野和跨文化交流能力。教师通过组织国际交流、参加国际竞赛等活动，让学生有机会与来自不同国家的同龄人一起交流和合作，拓宽他们的视野和思维方式。

（五）注重实践应用与职业道德的培养

在德国的高中生物课程教学改革中，注重实践应用和职业道德的培养是一个显著的特点。通过与当地的医疗机构、生物科技公司等建立紧密的合作关系，学生有机会参与到真实的生物医学研究中，了解生物学知识在实际应用中的价值和意义。同时，德国还注重培养学生的职业道德和责任感，让他们在面对实际问题时能够独立思考、分析问题并提出解决方案。

在我国，高中生物课程教学，也可以注重实践应用和职业道德的培养。学校通过组织实践活动、参与社会服务等方式，让学生有机会将所学知识应用到实际中，提高他们的实践能力和解决问题的能力。同时，学校也可以加强职业道德和责任感的教育，让学生明白自己在未来职业中所承担的责任和义务，培养他们的职业素养和责任感。

综上所述，国外高中生物课程教学改革为我国的教学改革提供了宝贵的启示和借鉴。我们应该根据学生的实际情况和需求，结合国内外的教学经验和方法，不断完善和优化我国的高中生物课程教学。通过注重学生的实践能力和探究精神的培养、加强跨学科融合、引入数字化教学和创新评价方式、强调核心概念和科学素养的掌握以及注重实践应用与职业道德的培养等措施，我国高中生物课程教学的发展将注入新的活力和动力。

第三节　国际合作与交流的可能领域探讨

一、跨文化教育合作的意义与价值

在全球化的时代背景下，跨文化教育合作逐渐展现出其独特的意义与价值。它不仅是教育领域的必然趋势，更是推动社会进步、文化交流和人类共同发展的重要途径。下文将从多个维度探讨跨文化教育合作的意义与价值。

（一）促进文化理解与尊重

跨文化教育合作的首要意义在于促进不同文化之间的理解与尊重。在全球化的今天，各国之间的文化交流日益频繁，但文化差异引发的误解和冲突也时有发生。通过跨文化教育合作，学生们有机会直接接触和了解其他文化，从而培养出开放、包容的心态。这种理解与尊重不仅有助于减少文化冲突，还能为构建和谐世界奠定坚实基础。

（二）培养国际化人才

跨文化教育合作对于培养国际化人才具有重要意义。在全球化时代，具备跨文化沟通能力、国际视野和全球意识的人才成为各国竞相争夺的宝贵资源。跨文化教育合作通过提供多元化的学习环境和资源，帮助学生拓展国际视野，提高跨文化沟通能力，从而培养出符合时代发展需求的国际化人才。

（三）推动教育创新与发展

跨文化教育合作还能推动教育创新与发展。不同国家的教育体系、教学方法和资源各具特色，通过跨文化教育合作，各国可以相互借鉴、取长补短，实现教育资源的优化配置和教学方法的创新。这种合作不仅有助于提升教育质量和效率，还能为教育事业的持续发展注入新的活力。

（四）加强国际合作与交流

跨文化教育合作是加强国际合作与交流的重要途径。在教育领域开展合作，有助于增进各国之间的友谊与互信，推动国际关系的和谐发展。同时，跨文化教育合作也为各国提供了展示自己文化魅力和教育成果的平台，促进了文化多样性和人类文明的共同进步。

（五）培养全球公民意识

跨文化教育合作有助于培养全球公民意识。在全球化的今天，每个人都应该具备全球视野和责任感，关心世界和平与发展。通过跨文化教育合作，学生们可以深入了解全球性问题，如气候变化、贫困、文化差异等，从而培养出强烈的全球公民意识。这种意识将促使他们更加积极地参与国际事务，为世界的和平与发展贡献自己的力量。

（六）提升教育质量与效果

跨文化教育合作对于提升教育质量与效果具有显著作用。在合作过程中，各国可以共享优质教育资源、教学方法和经验，从而实现教育资源的优化配置和教学方法的创新。这种合作不仅有助于提高学生的学习兴趣和能力，还能提升教师的专业素养和教学水平，最终实现教育质量和效果的全面提升。

（七）应对全球性挑战

面对诸如气候变化、恐怖主义、贫富差距等全球性挑战，各国需要携手合作，共同应对。跨文化教育合作可以为各国提供一个共同应对全球性挑战的平台。通过合作与交流，各国可以共同探讨解决方案，分享成功经验，从而形成合力，共同应对全球性挑战。

（八）促进经济社会可持续发展

跨文化教育合作对于促进经济社会可持续发展具有重要意义。通过培养具备跨文化沟通能力、国际视野和全球意识的人才，跨文化教育合作有助于推动国际间的经济合作与发展。同时，这种合作还能促进文化交流与融合，推动社会进步与和谐，为经济社会的可持续发展创造有利条件。

二、国际合作与交流的主要领域

随着全球教育的不断发展，高中生物课程教学改革的国际合作与交流逐渐成了教育领域的重要议题。这种合作与交流旨在分享各国的教学经验、教学资源和方法，共同推进高中生物课程教学的改革与发展。下文将从多个方面探讨高中生物课程教学改革国际合作与交流的主要方向。

（一）课程内容的更新与优化

在国际合作与交流的背景下，高中生物课程内容的更新与优化成了一个关键领域。各国可以共同研究和探讨如何使课程内容更加符合现代生物科学的发展，同时，考虑到学生的认知特点和兴趣。各国通过分享和借鉴他国的成功经验，可以实现对课程内容的持续更新和优化，提高高中生物课程的教学质量。

（二）教学方法与手段的创新

教学方法与手段的创新是高中生物课程教学改革国际合作与交流的另一个重要领域。各国可以分享各自在教学实践中的创新方法和手段，如探究式学习、项目式学习等，以及利用信息技术提高教学效果的实践案例。这种合作与交流有助于高中生物教学方法与手段的不断创新，提高学生的学习兴趣和能力。

（三）教育资源的共享与开发

教育资源的共享与开发是高中生物课程教学改革国际合作与交流的重要组成部分。各国可以共享各自的教学资源，如教材、教学视频、实验设备等，以丰富教学内容和教学手段。同时，各国还可以共同开发新的教育资源，以满足高中生物课程教学的需求。这种合作与交流有助于实现教育资源的优化配置和高效利用。

（四）教学评价体系的完善

教学评价体系的完善也是高中生物课程教学改革国际合作与交流的一个重要领域。各国可以分享各自在教学评价方面的经验和做法，探讨如何建立更加科学、全面、有效的评价体系。各国通过合作与交流，可以推动高中生物课程教学评价体系的不断完善和发展，提高教学评价的科学性和公正性。

（五）教师专业发展与培训

教师专业发展与培训是高中生物课程教学改革国际合作与交流的另一个关键领域。各国可以分享各自在教师培训方面的经验和做法，共同推动高中生物教师的专业发展。各国通过合作与交流，可以提高教师的教育教学能力和水平，为高中生物课程教学改革提供有力的人才保障。

（六）国际理解教育与跨文化交流

在高中生物课程教学改革中，国际理解教育和跨文化交流同样不可忽视。国际合作与交流可以增进学生对不同国家和文化的理解和尊重，培养学生的国际视野和跨文化交流能力。这种合作与交流有助于推动高中生物课程教学中的国际理解教育和跨文化交流，为学生的全面发展奠定坚实基础。

（七）科学研究与技术创新

科学研究与技术创新也是高中生物课程教学改革国际合作与交流的重要领域。各国可以共同开展生物科学领域的科学研究和技术创新活动，推动生物科学的发展和应用。这种合作与交流有助于为高中生物课程教学改革提供科学依据和技术支持，推动高中生物教学的创新与发展。

（八）政策制定与实施

在政策制定与实施方面，国际合作与交流同样具有重要意义。各国可以共同研究和探讨高中生物课程教学改革的相关政策，分享各自在政策制定和实施过程中的经验和做法。这种合作与交流有助于推动各国高中生物课程教学改革政策的科学制定和有效实施，为高中生物教学的改革与发展提供有力保障。

三、建立合作与交流机制的建议

在全球化的背景下，高中生物课程教学改革国际合作与交流显得尤为重要。为了促进各国之间的教育合作与知识共享，各国需要建立一套完善的合作与交流机制。以下是对如何建立这一机制的具体建议。

（一）建立定期的国际研讨会和交流活动

定期举办国际研讨会和交流活动是促进高中生物课程教学改革国际合作与交流的重要途径。这些活动可以为各国教育者提供一个分享经验、交流想法的平台。各国可以每年至少举办一次国际性的高中生物教学改革研讨会，邀请各国教育者、学者和政策制定者参加，共同探讨高中生物教学的最新趋势和挑战。

（二）构建在线合作与交流平台

随着互联网技术的发展，构建在线合作与交流平台成为一种高效、便捷的方式。各国可以建立一个国际性的高中生物课程教学改革在线平台，该平台可以包括论坛、在线研讨会、资源共享等功能。通过这个平台，各国教育者可以随时随地进行交流和合作，分享教学资源、教学方法和教学经验。

（三）加强教师互访和学术交流

教师互访和学术交流是增进各国教育了解与合作的重要方式。各国可以设立教师互访项目，资助各国高中生物教师到其他国家进行短期或长期的学术交流和教学实习。这将有助于教师了解不同国家的教学文化和教学方法，拓宽教师的视野，提高教师的教学水平。

（四）推动跨国合作项目

跨国合作项目是促进高中生物课程教学改革国际合作与交流的有效手段。各国教育者可以共同开展跨国合作项目，如联合研发教材、共同开发教学资源、开展跨国教学实验等。这些项目可以加强各国之间的合作与联系，推动高中生物课程教学改革的发展。

（五）建立信息共享机制

信息共享是促进高中生物课程教学改革国际合作与交流的基础。各国可建立一个国际性的高中生物课程教学改革信息共享机制，定期发布各国的教学改革动态、教学资源、研究成果等信息。这将有助于各国教育者了解其他国家的教学改革进展和成果，为自身的教学改革提供借鉴和参考。

（六）加强政策对话与协调

政策对话与协调是推动高中生物课程教学改革国际合作与交流的关键。各国政府可以加强在教育政策方面的对话与协作，共同制定和推动高中生物课程教学改革的相关政策。同时，各国政府还可以共同出资设立教育合作项目，支持高中生物课程教学改革国际合作与交流的开展。

（七）推动国际认证和评估标准的建立

建立国际认证和评估标准是确保高中生物课程教学改革质量的重要手段。各国可以共同推动建立国际性的高中生物课程教学改革认证和评估标准，制定统一的教学质量和教学效果评估指标。这将有助于规范各国的教学改革行为，提高高中生物课程教学改革的质量和水平。

（八）注重培养学生的国际视野和跨文化交流能力

高中生物课程教学改革国际合作与交流的最终目的是培养学生的国际视野和跨文化交流能力。因此，在高中生物课程教学中，各国可以注重培养学生的国际视野和跨文化交流能力，采用开展国际性的教学活动、组织跨文化的交流活动等方式，让学生更好地了解不同国家的文化和教育体系，提高他们的跨文化交流能力。

（九）建立资金保障机制

资金保障是推动高中生物课程教学改革国际合作与交流持续发展的重要条件。各国政府、教育机构和社会组织可以共同出资建立资金保障机制，为高中生物课程教学改革国际合作与交流提供稳定的资金支持，同时，还可以通过吸引企业和社会资本的方式，拓宽资金来源渠道，推动高中生物课程教学改革国际合作与交流的持续发展。

第七章 高中生物课程设计与教学改革案例分析

第一节 案例选择标准与范围

一、案例选择的标准

在高中生物课程设计与教学改革中，案例的选择至关重要。恰当的案例不仅能有效辅助教学，还能激发学生的学习兴趣，培养他们的实践能力和创新思维。因此，在选择高中生物课程设计与教学改革的案例时，应遵循一系列明确的标准，以确保案例的质量和教学效果。

（一）案例的代表性

案例的代表性是选择案例的首要标准。案例应能反映当前高中生物教学的主要问题和挑战，体现教学改革的方向和目标。同时，案例还应具有普遍性和可推广性，以便其他学校和教师能够借鉴和应用。

（二）案例的实践性

高中生物课程设计与教学改革案例应具有较强的实践性。案例应来源于实际教学，能够反映真实的教学环境和教学过程。同时，案例还应包含具体的教学实践策略和方法，以便教师能够直接应用到自己的教学中。

（三）案例的创新性

在选择案例时，应注重其创新性。案例应能体现新的教学理念、教学方法和教学技术，能够激发学生的学习兴趣和创造力。同时，案例还应具有前瞻性，能够预测未来高中生物课程教学的发展趋势。

（四）案例的教育性

案例的教育性是选择案例的重要标准之一。案例应能够有效地传授生物学知识，培养学生的科学思维和解决问题的能力。同时，案例还应具有德育功能，能够引导学生形成正确的价值观和社会责任感。

（五）案例的适应性

案例的适应性是指案例应能够适应不同学生的需求和特点。在选择案例时，应充分考虑学生的年龄、性别、兴趣、学习水平等因素，选择能够引起学生共鸣、激发学生兴趣的案例。同时，案例还应具有弹性，能够适应不同教师的教学风格和教学环境。

（六）案例的完整性

完整性是评价一个案例质量的重要标准。一个好的案例应该包含明确的教学目标、具体的教学过程、可观察的教学结果以及深入的教学反思。这样的案例不仅能够为教师提供清晰的教学指导，还能够为研究者提供丰富的研究素材。

（七）案例的时效性

随着科学技术的快速发展和教育理念的不断更新，高中生物课程设计与教学改革案例也应具有时效性。案例应能够反映最新的教育理念和教学实践成果，体现当前高中生物教学的热点和难点问题。同时，案例还应具有时效性，能够及时更新和完善，以适应不断变化的教学需求。

（八）案例的可操作性

在选择案例时，还应注重其可操作性。案例应具有明确的操作步骤和方法，便于教师直接应用到自己的教学中。同时，案例还应提供必要的教学资源和支持材料，如教学课件、实验器材、参考书籍等，以确保教学的顺利进行。

（九）案例的反馈性

一个好的案例应该能够收集并反馈学生的学习情况和教学效果。通过收集学生的反馈意见、观察学生的学习行为以及分析学生的学习成绩等方式，可以对案例的实施效果进行评估和反思。这不仅有助于改进和完善案例本身，还能够为教师的专业成长提供有力的支持。

（十）案例的多样性

在选择高中生物课程设计与教学改革的案例时，还应注重其多样性。不同的案例可以反映不同的教学理念和教学方法，提供多样化的教学资源和教学材料。这不仅可以丰富教学内容和形式，还能够激发学生的学习兴趣和动力。同时，多样的案例还能够为教师提供更多的选择和参考，促进他们的教学创新和个性化发展。

综上所述，选择高中生物课程设计与教学改革的案例时，应遵循代表性、实践性、创新性、教育性、适应性、完整性、时效性、可操作性、反馈性和多样性等标准。这些标准不仅有助于确保案例的质量和教学效果，还能够促进高中生物课程设计与教学改革的深入发展。

二、案例选择的范围

高中生物课程设计与教学改革案例的选择，不仅关乎教学质量与效果，更直接关系到学生科学素养的培养和全面发展。因此，在选择案例时，必须考虑其涵盖的范围和广度，确保所选案例能够全面反映高中生物教学的各个方面。

（一）课程内容的覆盖

高中生物课程内容广泛，涉及分子与细胞、遗传与进化、生态与环境等多个领域。在选择案例时，教师应确保所选案例能够覆盖这些主要领域，反映出生物学的基本概念和原理。案例可以围绕某个具体的生物学主题或概念进行设计，如DNA复制、基因突变、生态平衡等，也可以是综合性的案例，涵盖多个主题或概念。

（二）教学方法与手段

高中生物课程设计与教学改革案例的选择，还应关注教学方法与手段的创新。传统的教学方法如讲授、演示等已经不能满足现代教学的需求，因此，案例应体现出探究学习、合作学习、项目式学习等先进的教学方法。同时，案例还可以结合多媒体、网络技术等现代教学手段，为学生提供更加丰富多样的学习体验。

（三）教学目标的设定

教学目标是教学活动的导向，也是选择案例的重要依据。在选择案例时，应根据教学目标的需求，选择能够帮助学生达成知识理解、技能掌握、情感态度与价值观培养等目标的案例。这些案例可以针对学生的不同层次和需求，既应巩固基础知识，也可培养高级思维。

（四）教学评价的融入

教学评价是教学活动的重要组成部分，也是选择案例时需要考虑的因素之一。案例应包含明确的教学评价标准和方式，能够对学生的学习成果进行客观、全面的评价。这些评价标准可以包括知识的掌握程度、技能的应用能力、问题的解决能力等多个方面，以确保评价的科学性和有效性。

（五）教学环境与资源的利用

教学环境与资源是实施教学的重要条件，也是选择案例时需要考虑的因素。案例应充分利用现有的教学环境和资源，如实验室、图书馆、网络资源等，为学生提供更加丰富多样的学习机会。同时，案例还可以结合学校或地区的特色资源进行设计，如当地的生态环境、生物资源等，以增强教学的针对性和实用性。

（六）学生兴趣与需求的考虑

学生是教学活动的主体，他们的兴趣和需求是选择案例时必须考虑的因素。案例应围绕学生的兴趣点进行设计，如生物多样性、生物技术应用等热门话题，以激发学生的学习热情和动力。同时，案例还应关注学生的个性化需求，提供多样化的学习选择，以满足不同学生的学习风格和兴趣偏好。

（七）教育政策与课程标准的对接

教育政策与课程标准是指导教学的重要文件，也是选择案例时需要遵循的依据。案例应与国家或地区的教育政策和课程标准相对接，反映出政策的要求和标准的精神。这有助于确保案例的时效性和实用性，也能够帮助教师更好地理解和实施教学要求。

（八）科学前沿与社会热点的融合

生物学是一门不断发展的科学，新的研究成果和发现也不断涌现。在选择案例时，教师应注重科学前沿与社会热点的融合，选择能够反映最新科研成果和社会关注的案例。这不仅能够拓展学生的视野和知识面，还能够培养学生的创新思维和社会责任感。

（九）跨文化与跨学科的整合

在全球化的背景下，跨文化与跨学科的整合已经成为教育发展的重要趋势。在选择案例时，教师可以考虑跨文化或跨学科的案例，如生物多样性与文化多样性、生物学与环境保护等。这有助于培养学生的国际视野和综合素质，促进不同学科之间的交流与融合。

综上所述，高中生物课程设计与教学改革案例选择的范围广泛且多样，涵盖了课程内容、教学方法、教学目标、教学评价、教学环境、学生兴趣、教育政策、科学前沿以及跨文化与跨学科等多个方面。这样的选择范围有助于确保案例的全面性和实用性，为高中生物教学的改革与发展提供有力的支持。

三、案例的多样性与代表性

在高中生物课程设计与教学改革中，案例选择的多样性与代表性至关重要。案例的多样性能够展示不同教学内容、方法和目标的实践应用，而代表性则确保所选案例能够反映生物学的核心概念和实际教学的关键问题。下文将从案例的多样性、代表性以及两者结合的角度，探讨高中生物课程设计与教学改革案例选择的策略。

（一）案例的多样性

高中生物课程涉及多个领域和主题，因此，选择的案例应该具有多样性，以反映不同教学内容和方法的应用。这种多样性可以体现在以下几个方面。

（1）主题多样性：案例可以涉及分子生物学、细胞生物学、遗传学、生态学等不同领域的主题，确保学生能够全面接触生物学的各个方面。

（2）方法多样性：案例可以采用不同的教学方法，如探究式学习、合作式学习、项目式学习等，以满足不同学生的学习需求和风格。

（3）难度多性：案例的难度应该有层次，既巩固基础知识式，也培养高级思维，以适应不同学生的能力水平。

（4）情境多样性：案例可以设置在不同的情境中，如实验室、自然环境、社会应用等，以增强学生的实践能力和问题解决能力。

（二）案例的代表性

除了多样性，案例的代表性也是选择过程中的重要考虑因素。代表性案例能够突出生物学的核心概念，反映实际教学中的关键问题，对学生的学习和发展具有重要影响。案例的代表性可以体现在以下几个方面。

（1）概念代表性：案例应该涵盖生物学的核心概念，如遗传、进化、生态等，以帮助学生建立坚实的学科基础。

（2）问题代表性：案例可以围绕实际教学中学生经常遇到的问题或困惑进行设计，以提高学生的问题解决能力。

（3）现实代表性：案例可以与现实生活或社会热点相结合，展示生物学在解决实际问题中的应用，增强学生的学习动机和兴趣。

（4）发展代表性：案例可以关注生物学的前沿进展和发展趋势，为学生提供更广阔的视野和更深入的思考。

（三）多样性与代表性的结合

在高中生物课程设计与教学改革中，多样性与代表性并不是孤立的，而是应该相互结合，形成一个完整的案例选择体系。具体来说，可以从以下几个方面入手。

（1）平衡多样性与代表性：教师在选择案例时，既要考虑多样性，又要确保代表性，可以通过对不同主题、方法、难度和情境的案例进行筛选和组合，实现多样性与代表性的平衡。

（2）关注核心概念与实际问题：案例设计应围绕生物学的核心概念展开，同时结合实际问题或情境，使学生在掌握核心知识的同时，也能够解决实际问题或应对现实挑战。

（3）促进跨学科与跨文化交流：教师在选择案例时，可以考虑跨学科或跨文化的案例，以促进不同学科之间的交流与融合，培养学生的综合素质和国际视野。

（4）鼓励创新与个性化发展：案例设计应鼓励学生的创新思维和个性化发展，为学生提供多样化的学习选择和发展空间。

（四）案例选择与实施的策略

为了确保案例选择的多样性与代表性，可以采取以下策略。

（1）教师团队建设：学校组建具有不同专业背景和经验的教师团队，共同参与案例的选择与设计，以确保案例的多样性和全面性。

（2）学生参与反馈：教师鼓励学生参与案例的选择和实施过程，收集他们的反馈意见，以便对案例进行调整和完善。

（3）持续更新与优化：随着生物学的发展和教学理念的更新，教师应持续对案例进行更新和优化，确保其始终保持多样性与代表性。

（4）合作与交流：与其他学校或机构进行合作与交流，共享优秀的案例资源，促进案例选择与实施的共同进步。

综上所述，高中生物课程设计与教学改革中的案例选择应兼具多样性与代表性。采用平衡多样性与代表性、关注核心概念与实际问题、促进跨学科与跨文化交流，以及鼓励创新与个性化发展等策略，可以构建出具有丰富内涵和实践价值的案例体系，为高中生物教学的改革与发展提供有力支持。

第二节　典型案例介绍与分析

一、发达国家案例介绍

在全球范围内，高中生物课程设计与教学改革一直是教育领域关注的焦点。发达国家在此方面进行了许多积极的探索和实践，形成了一系列具有借鉴意义的案例。下文将对几个典型发达国家的高中生物课程设计与教学改革案例进行详细介绍，以期为我国高中生物教育的改革与发展提供有益的参考。

（一）美国高中生物课程设计与教学改革案例

美国的高中生物教育注重培养学生的科学素养和实践能力。在课程设计上，美国高中生物课程通常包括生物科学的核心概念、生物技术的应用以及生物伦理和社会责任等内容。同时，美国高中生物课程还注重跨学科整合，将生物学与其他学科如化学、物理、数学等进行有机融合，以提高学生的综合应用能力。

在教学改革方面，美国高中生物教育强调探究学习和合作学习的重要性。教师通常会设计一些具有探究性的问题或项目，引导学生通过独立思考和团队合作，寻找问题的答案或解决方案。此外，美国高中生物教育还注重学生的实践能力和创新能力的培养，通过实验室实践、野外考察、社区服务等活动，让学生亲身体验生物学的魅力和价值。

（二）英国高中生物课程设计与教学改革案例

英国的高中生物课程设计注重培养学生的科学思维和探究能力。英国高中生物课程通常包括生物学的基础理论、实验技能和科学研究方法等内容。同时，英国高中生物课程还强调对生物学前沿领域的介绍和探讨，以拓宽学生的视野和知识面。

在教学改革方面，英国高中生物教育注重学生的主体性和参与性。教师通常会采用小组讨论、角色扮演、案例研究等多样化的教学方法，激发学生的学习兴趣和积极性。此外，英国高中生物教育还注重培养学生的批判性思维和独立思考能力，鼓励他们对科学问题提出自己的观点和见解。

（三）德国高中生物课程设计与教学改革案例

德国的高中生物课程设计强调理论与实践的结合。德国高中生物课程通常包括生物学的基础理论、实验技能和实践活动等内容。同时，德国高中生物课程还注重对学生职业素养的培养，如实验室安全、数据分析和科学伦理等。

在教学改革方面，德国高中生物教育注重培养学生的实践能力和创新能力。教师通常会组织学生进行实验室实践、野外考察等实践活动，让他们亲身感受生物学的实际应用和魅力。此外，德国高中生物教育还鼓励学生参与科学研究项目或科学竞赛等活动，培养他们的创新精神和科研能力。

（四）日本高中生物课程设计与教学改革案例

日本的高中生物课程设计注重培养学生的综合素质和创新能力。日本高中生物课程通常包括生物学的基础理论、实验技能和跨学科整合等内容。同时，日本高中生物课程还注重培养学生的环保意识和社会责任感，通过介绍生物学在环境保护和可持续发展中的应用，引导学生关注社会问题并积极投身其中。

在教学改革方面，日本高中生物教育注重学生的自主学习和合作学习。教师通常会采用问题导向、项目导向等教学方法，引导学生主动探索问题并寻求解决方案。此外，日本高中生物教育还注重培养学生的创新思维和批判性思维，鼓励他们对科学问题提出新的观点和见解。

综上所述，发达国家在高中生物课程设计与教学改革方面积累了丰富的经验和案例。这些案例注重培养学生的科学素养、实践能力和创新能力，强调探究式学习、合作式学习等教学方法的应用，以及跨学科整合和理论与实践的结合。这些经验和做法对我国高中生物教育的改革与发展具有重要的借鉴意义。我们应该借鉴发达国家的成功经验，结合我国的实际情况，探索适合我国高中生物教育的课程设计与教学改革之路。

二、发展中国家案例介绍

在全球教育领域中，发展中国家的教育改革同样值得关注。尤其是在高中生物课程设计与教学改革方面，发展中国家面临着资源有限、教育基础设施薄弱等挑战，但也通过创新和实践，探索出了一些具有特色的改革案例。下文将介绍几个典型发展中国家的高中生物课程设计与教学改革案例，以期为我国的教育改革提供借鉴和启示。

（一）巴西高中生物课程设计与教学改革案例

巴西作为一个发展中大国，在教育领域面临着诸多挑战。然而，巴西的高中生物课程设计与教学改革却取得了一定的成效。巴西的教育部门积极推动课程内容的现代化和实用化，注重将生物学知识与当地生态、经济和社会发展相结合。例如，在生物课程中加入了生物技术在农业、医疗和环保等领域的应用内容，使学生更好地了解生物学知识在实际生活中的应用价值。

在教学改革方面，巴西高中生物教育注重培养学生的实验能力和科学探究精神。虽然实验条件有限，但教师们通过设计富有创意的实验项目，让学生在有限的资源下也能进行科学探究。此外，巴西还积极推动校企合作，为学生提供更多的实践机会，帮助他们将理论知识与实际应用相结合。

（二）印度高中生物课程设计与教学改革案例

印度作为世界上人口最多的国家之一，其教育问题一直备受关注。在高中生物课程设计与教学改革方面，印度也进行了积极的探索。印度教育部门强调生物课程的多样性和包容性，注重将传统生物知识与现代生物技术相结合，以培养学生的跨文化理解和综合应用能力。

在教学改革方面，印度高中生物教育注重培养学生的创新思维和批判性思维。尽管教育资源有限，但印度教师们通过设计富有启发性的问题和讨论，激发学生的学习兴趣和探究欲望。同时，印度还鼓励学生参与科学研究项目和社会实践活动，培养他们的创新能力和社会责任感。

（三）肯尼亚高中生物课程设计与教学改革案例

肯尼亚作为一个非洲国家，其高中生物课程设计与教学改革也具有一定的特色。肯尼亚教育部门强调生物课程与当地生态和经济发展的紧密联系，注重培养学生的环保意识和可持续发展观念，例如，在生物课程中加入了关于当地生态系统、生物多样性保护和可持续利用等内容，使学生更加关注环境问题并积极参与生态保护行动。

在教学改革方面，肯尼亚高中生物教育注重培养学生的实践能力和合作精神。尽管实验条件有限，但肯尼亚教师们通过组织野外考察、社区服务等实践活动，让学生在亲身体验中学习和成长。同时，肯尼亚还鼓励学生参与科学研究项目和学术竞赛等活动，培养他们的科研能力和创新精神。

（四）南非高中生物课程设计与教学改革案例

南非作为一个多元文化国家，在高中生物课程设计与教学改革方面也具有独特的做法。南非教育部门强调生物课程的多元文化和包容性，注重将不同文化背景下的生物学知识融入课程中，以培养学生的跨文化理解和尊重。

在教学改革方面，南非高中生物教育注重培养学生的自主学习和终身学习能力。教师们通过设计富有挑战性的任务和项目，引导学生主动探究和解决问题。同时，南非还积极推动教育信息化发展，利用数字化工具和资源为学生提供更广阔的学习空间和机会。

综上所述，发展中国家在高中生物课程设计与教学改革方面也取得了一些特色成果。尽管面临着教育资源有限、教育基础设施薄弱等挑战，但这些国家通过创新和实践，探索出了一些适合自身国情的教育改革之路。这些案例不仅为我国的教育改革提供了借鉴和启示，也为我们展示了发展中国家在教育领域的潜力。

三、跨文化比较分析

在全球化的今天，教育作为文化交流与传承的重要载体，其跨文化特性日益凸显。高中生物课程设计与教学改革在不同文化背景下呈现出多样化的特点。下文旨在通过跨文化比较分析，探讨不同文化背景下的高中生物课程设计与教学改革案例，以期为我国的教育改革提供借鉴和启示。

（一）课程内容的文化特色

在亚洲国家，如中国和韩国，高中生物课程强调学科的系统性和深度，注重传统生物知识的传承。而在西方国家，如美国和英国，生物课程则更加注重实践性和创新性，强调科学探究和批判性思维的培养。这种差异反映了不同文化对教育的不同理解和期待。

（二）教学方法的跨文化比较

在教学方法上，东方国家往往采用讲授式教学，注重知识的灌输和记忆。而西方国家则更倾向于采用探究式教学，鼓励学生主动思考和解决问题。然而，随着教育改革的推进，东西方国家的教学方法也在相互借鉴和融合。例如，中国近年来也在积极推动探究式教学和实验教学，以培养学生的创新能力和实践能力。

（三）教学评价的跨文化差异

不同文化背景下的教学评价也存在明显的差异。东方国家往往注重终结性评价，即考试成绩，而西方国家则更注重过程性评价，关注学生在学习过程中的表现和发展。这种差异反映了不同文化对教育的不同理解和追求。然而，随着教育改革的深入，终结性评价和过程性评价也在逐渐融合，以更全面地评价学生的综合素质。

（四）教育资源的跨文化分配

教育资源在不同文化背景下的分配也存在差异。发达国家通常拥有更丰富的教育资源，能够为学生提供更好的学习条件和实践机会。而发展中国家则面临着教育资源有限、基础设施薄弱等挑战。然而，即使在资源有限的情况下，一些发展中国家也通过创新和实践，探索出了具有特色的教育改革之路。

（五）教育改革的社会文化背景

教育改革在不同文化背景下也受到不同的社会文化因素的影响。例如，在一些传统观念较为深厚的国家，教育改革可能面临更多的阻力和挑战。而在一些开放和包容的社会文化环境中，教育改革则更容易得到推广和实施。因此，在推进教育改革时，需要充分考虑社会文化因素的影响，制定符合国情的教育政策。

（六）跨文化视角下的启示与借鉴

通过跨文化比较分析，我们可以得到以下启示和借鉴。

（1）尊重文化差异：不同文化背景下的教育有其独特的优势和价值，应该相互尊重和学习。推进教育改革需要充分考虑文化差异的影响，避免一刀切的做法。

（2）融合创新：不同文化背景下的教育也有其共通性，可以通过融合创新来推动教育改革的深入发展。例如，教学方法可以借鉴西方国家的探究式教学和实验式教学，同时结合东方国家的讲授式教学，形成更具特色的教学方法体系。

（3）关注学生发展：无论在哪个文化背景下，教育的最终目标都是促进学生的全面发展。因此，在推进教育改革时，需要关注学生的需求和发展，为他们提供更好的学习条件和实践机会。

（4）加强国际合作与交流：在全球化的今天，加强国际合作与交流是推动教育改革的重要途径。通过与国际先进教育理念和模式的交流与学习，为我们提供更广阔的视野和更丰富的资源，推动教育改革的深入发展。

综上所述，跨文化比较分析，我们可以更深入地了解不同文化背景下的高中生物课程设计与教学改革案例，并从中汲取启示和借鉴。在未来的教育改革中，我们应该尊重文化差异、融合创新、关注学生发展、加强国际合作与交流，以推动教育事业的持续发展和进步。

第三节 案例的启示与借鉴意义

一、案例对课程设计的启示

在当前教育背景下，高中生物课程设计与教学改革显得尤为重要。通过对不同案例的分析，我们可以从中汲取宝贵的启示，为未来的课程设计提供有力的指导。下文将从高中生物课程设计的角度出发，深入探讨教学改革案例所带来的启示。

（一）注重课程内容与现实生活的联系

许多成功的生物课程改革案例都强调课程内容与现实生活的紧密联系。例如，引入环保、生物技术等现代议题，让学生在学习生物学知识的同时，也能够关注社会现实问题。这种课程设计思路启示我们，高中生物课程不应仅仅局限于传统的知识体系，而应积极与现实世界相结合，培养学生的应用能力和社会责任感。

（二）强化实验与实践教学

实验教学是生物课程中不可或缺的一部分。通过对改革案例的分析，我们发现成功的课程设计往往注重实验与实践教学的强化。例如，教师通过设计具有探究性和创新性的实验项目，让学生在实践中发现问题、解决问题，从而培养他们的科学探究能力和实践能力。这启示我们，在未来的课程设计中，应进一步加大实验与实践教学的比重，为学生提供更多的动手实践机会。

（三）注重培养学生的批判性思维和创新能力

随着时代的发展，社会对人才的需求也在不断变化。传统的知识传授已经无法满足现代社会的需求，而批判性思维和创新能力则成了人才培养的重点。因此，在生物课程设计中，我们应注重培养学生的批判性思维和创新能力。例如，通过设置开放性的问题、引导学生进行小组讨论和辩论等方式，培养学生的批判性思维；通过设计创新性的实验项目、鼓励学生参与科学研究等方式，培养学生的创新能力。这样的课程设计不仅有助于提高学生的综合素质，也有助于培养符合社会需求的人才。

（四）注重课程内容的更新与优化

科学在发展，技术在进步，生物领域的新知识和新技术层出不穷。因此，高中生物课程设计必须注重课程内容的更新与优化。通过对改革案例的分析，我们发现成功的课程设计往往能够紧跟时代步伐，及时将最新的科研成果和前沿技术引入课堂。这启示我们，在未来的课程设计中，应加强对课程内容的更新与优化工作，确保学生能够学习到最新、最前沿的生物学知识。

（五）注重跨学科整合

在当前的教育背景下，跨学科整合已经成了一种趋势。通过对改革案例的分析，我们发现成功的课程设计往往注重跨学科整合，例如，将生物学知识与化学、物理等其他学科进行整合，让学生在学习过程中能够形成完整的知识体系。这种课程设计思路启示我们，在未来的生物课程设计中，应注重跨学科整合，培养学生的综合素质和跨学科思维能力。

（六）关注学生的个性化需求

每个学生都是独一无二的个体，他们有着不同的兴趣爱好和学习需求。因此，在高中生物课程设计中，我们应关注学生的个性化需求。例如，通过设置选修课程、开展个性化辅导等方式，满足学生的不同需求。这样的课程设计不仅能够激发学生的学习兴趣和动力，也有助于培养学生的个性和特长。

（七）加强课程评价与反馈

课程评价是课程设计的重要环节之一。通过对改革案例的分析，我们发现成功的课程设计往往注重课程评价与反馈。例如，通过定期的测试、问卷调查等方式收集学生的反馈意见，对课程设计进行持续改进和优化。这启示我们，在未来的生物课程设计中，应加强课程评价与反馈工作，及时了解学生的学习情况和需求，为课程设计的改进和优化提供有力支持。

综上所述，高中生物课程设计与教学改革案例为我们提供了宝贵的启示。在未来的课程设计中，我们应注重课程内容与现实生活的联系、强化实验与实践教学、培养学生的批判性思维和创新能力、注重课程内容的更新与优化、注重跨学科整合、关注学生的个性化需求，以及加强课程评价与反馈等方面的工作。只有这样，我们才能设计出更加符合时代需求、更加贴近学生实际的高中生物课程。

二、案例对教学改革的启示

随着教育理念的更新和科技的发展，高中生物课程设计与教学改革成了教育领域关注的焦点。通过对具体的改革案例进行深入分析，我们可以获得对教学改革的重要启示，进而推动高中生物教学的创新与发展。

（一）教学方法的创新与多元化

在教学改革案例中，教学方法的创新与多元化是一个显著的特点。传统的讲授式教学已经不能满足现代教育的需求，学生更加需要主动参与、探究与实践的学习方式。例如，通过引入“翻转课堂”模式，让学生在课前预习知识，课堂上则通过讨论、实验等方式深化理解，这种教学方法能够有效激发学生的学习兴趣和主动性。此外，项目式学习、合作式学习等教学方法也在高中生物课堂上得到了广泛应用。这些案例启示我们，在教学改革中，应该积极探索和创新教学方法，以满足不同学生的学习需求和风格。

（二）技术整合与数字化教学的探索

随着信息技术的发展，数字化教学成了教学改革的重要方向。许多改革案例都涉及了技术整合与数字化教学的探索。例如，利用在线平台进行远程教学、利用虚拟现实技术进行生物实验模拟等。这些技术的应用不仅丰富了教学手段，也提高了教学效果。同时，数字化教学还有助于实现个性化教学和自主学习，满足学生的个性化需求。这些案例启示我们，在教学改革中，应该积极探索技术整合与数字化教学的可能性，为学生提供更加多样化、高效的学习体验。

（三）以学生为中心的教学理念的落实

教学改革案例中，以学生为中心的教学理念得到了充分体现。这种理念强调在教学过程中注重学生的主动学习和参与，例如，设置开放性问题、引导学生进行自主探究等方式，让学生在学习过程中发挥主体作用。这种教学理念有助于提高学生的学习兴趣和动力，培养学生的自主学习能力和创新精神。这些案例启示我们，在教学改革中，应该始终坚持以学生为中心的教学理念，关注学生的学习需求和兴趣，为学生创造更加自主、探究的学习环境。

（四）评价与反馈机制的完善

评价与反馈机制是教学改革中不可或缺的一环。通过对改革案例的分析，我们发现成功的教学改革往往注重评价与反馈机制的完善，例如，采用多元化的评价方式，包括自我评价、同伴评价、教师评价等，以全面了解学生的学习情况和进步，同时，及时反馈评价结果，帮助学生发现问题并进行改进。这些案例启示我们，在教学改革中，应该建立完善的评价与反馈机制，确保评价的准确性和及时性，以便对教学过程进行持续改进和优化。

（五）教师专业发展与培训的重要性

教学改革案例的成功实施往往与教师的专业发展和培训密切相关。随着教育理念的不断更新和教学技术的不断发展，教师需要不断更新自己的知识和技能以适应新的教学需求，例如，参加专业培训、参与教学研究、分享教学经验等都是教师专业发展的重要途径。这些案例启示我们，在教学改革中，应该重视教师的专业发展和培训，为教师提供持续的学习和支持，以确保教学改革的顺利实施和持续发展。

（六）注重课程内容的连贯性与深度

改革案例通常强调课程内容的连贯性与深度。这意味着高中生物课程不仅需要覆盖基础知识点，还应确保这些知识点之间的逻辑连贯性，并适当拓展深度，让学生能够深入理解生物学原理和应用。例如，在介绍某一生物过程时，教师可以从分子层面到生态系统层面逐步深入，帮助学生构建完整的知识体系。

（七）强化实践与应用导向

许多改革案例都强调了生物学的实践性和应用导向。教师通过组织实验、野外考察、科研项目等活动，使学生能够亲身体验生物学的魅力并应用所学知识解决实际问题。这种实践导向的教学方式有助于培养学生的实验技能和科学探究精神。

综上所述，高中生物课程设计与教学改革案例对教学改革提供了宝贵的启示。在教学改革中，我们应该关注教学方法的创新与多元化、技术整合与数字化教学的探索、以学生为中心的教学理念的落实、评价与反馈机制的完善、教师专业发展与培训的重要性，以及课程内容的连贯性与深度等方面的工作。通过不断探索和实践，我们可以推动高中生物教学的创新与发展，为学生的全面发展和社会进步做出更大的贡献。

三、案例对国际合作的启示

在全球化的背景下，教育领域的国际合作与交流日益频繁，成了推动教育创新和提高教育质量的重要途径。高中生物课程设计与教学改革案例不仅为国内教育改革提供了宝贵的经验，同时也对国际合作产生了深远的启示。这些案例展示了如何在全球化背景下加强国际合作，共同推进高中生物教育的进步。

（一）共享优质教育资源，促进教育公平

高中生物课程设计与教学改革案例表明，通过国际合作，可以共享优质教育资源，实现教育资源的优化配置和共享。在国际合作中，各国可以相互学习、借鉴先进的课程设计理念和教学方法，共同开发优质的教育资源，并将其应用于教学实践中。这种合作方式有助于缩小教育差距，促进教育公平，让更多的学生受益。

（二）加强学术交流与合作，推动科研创新

在改革案例中，许多成功的经验都来自深入的学术交流和科研合作。通过国际合作，各国可以共同开展生物学研究，分享最新的科研成果和技术进展，推动科研创新的步伐。同时，学术交流和合作还可以促进教育理念的更新和教学方法的创新，为高中生物课程设计与教学改革提供源源不断的动力。

（三）推动教育标准与评价体系的国际化

国际合作有助于推动教育标准与评价体系的国际化。通过参与国际教育组织和项目，各国可以共同研究和制定教育标准与评价体系，使标准 与评价休系更加符合国际化和全球化的需求。这种国际化的标准与评价体系有助于提高学生的综合素质和竞争力，促进各国教育的共同发展。

（四）促进教师交流与合作，提升教师素质

在国际合作中，教师之间的交流与合作是非常重要的一个方面。各国可以组织教师互访、学术研讨、研修培训等活动，促进教师之间的交流与合作，提高教师的专业素质和教学能力。这种交流与合作有助于推动高中生物课程设计与教学改革的深入发展，提高教育质量。

（五）建立国际合作平台与机制，推动教育交流与合作常态化

高中生物课程设计与教学改革案例的成功实践表明，建立国际合作平台与机制对于推动教育交流与合作至关重要。各国可以共同建立国际教育合作项目，搭建在线教育平台，开展远程教学、资源共享等活动，推动教育交流与合作的常态化。这种平台与机制的建设有助于加强各国之间的教育联系与沟通，促进教育资源的共享和互补，共同推动高中生物教育的进步。

（六）关注学生的全面发展，培养具有国际视野的人才

国际合作还应该关注学生的全面发展，培养具有国际视野的人才。在高中生物课程设计与教学改革中，应该注重培养学生的跨文化交流能力和国际竞争力，让他们能够在全球化背景下更好地适应和融入国际社会。通过国际合作，各国可以共同开发具有国际特色的课程项目，为学生提供更加广阔的发展空间和机会。

（七）促进政策对话与协调，为教育改革提供有力支持

在国际合作中，政策对话与协作也是非常重要的一个方面。各国可以加强政策对话，共同研究和制定教育政策，为高中生物课程设计与教学改革提供有力的政策支持和保障。同时，各国还可以通过协调各自的教育政策和实践，共同推动全球教育的发展和进步。

综上所述，高中生物课程设计与教学改革案例对国际合作产生了深远的启示。通过共享优质教育资源、加强学术交流与合作、推动教育标准与评价体系的国际化、促进教师交流与合作、建立国际合作平台与机制、关注学生的全面发展以及促进政策对话与协调等方式，各国可以共同推进高中生物教育的进步和发展。这种国际合作与交流不仅有助于提高教育质量和教育公平，还有助于培养具有国际视野的人才，为全球化背景下的人才培养和社会发展做出重要贡献。

第八章　高中生物课程设计与教学改革的政策与实践

第一节　教育政策对课程改革的影响分析

一、教育政策对课程设计的指导作用

教育政策是国家或地区为了达成一定的教育目标而制定的行动准则和指导方针。对于高中生物课程设计而言，教育政策起到了至关重要的指导作用。下文将从教育政策的角度出发，探讨其对高中生物课程设计的具体影响和指导作用。

（一）明确教育目标和理念

教育政策首先为高中生物课程设计提供了明确的教育目标和理念。这些目标和理念往往与国家的长远发展规划、人才培养需求以及社会经济发展的趋势紧密相连。例如，近年来我国的教育政策强调培养学生的创新精神和实践能力，注重科学素养和人文素养的融合发展。在这样的政策导向下，高中生物课程设计需要充分体现这些目标和理念，注重培养学生的科学探究能力、实验操作能力、创新思维以及生物伦理意识等。

（二）规定课程内容和标准

教育政策还对高中生物课程的内容和标准进行了明确规定。这些规定通常包括课程的知识体系，教学重点、难点，课时分配等。例如，我国的高中生物课程标准明确规定了生物学的核心概念、基本原理以及实验技能等，为课程设计提供了明确的指导和依据。同时，教育政策还会根据时代发展的需要，不断调整和完善课程内容，以确保高中生物课程与时俱进、满足社会和科技的发展

需求。

（三）引导教学方法和手段的创新

教育政策不仅关注课程内容和标准，还注重教学方法和手段的创新。随着科技的进步和教育理念的发展，传统的教学方法已经无法满足现代教育的需求。因此，教育政策鼓励高中生物课程设计采用多样化的教学方法和手段，如探究式学习、合作学习、情境教学等，以激发学生的学习兴趣和积极性，提高教学效果。同时，教育政策还提倡利用现代科技手段，如信息技术、人工智能等，来辅助生物教学，使教学更加生动、形象、有趣。

（四）强调课程评价的科学性和公正性

教育政策对高中生物课程的评价也提出了明确要求。课程评价是检验课程设计是否达到预期目标的重要手段，也是改进课程设计的重要依据。教育政策要求高中生物课程评价要科学、公正、全面，注重将过程评价和结果评价相结合。在评价过程中，不仅要关注学生的知识掌握情况，还要关注学生的能力发展、情感态度和价值观等方面的表现。同时，教育政策还强调评价的反馈作用，要求根据评价结果及时调整和完善课程设计，以提高教学质量。

（五）促进教师专业发展和队伍建设

教育政策对高中生物教师的专业发展和队伍建设也提出了明确要求。教师是课程设计的执行者和实施者，他们的专业素养和教学能力直接影响到课程设计的质量和效果。因此，教育政策鼓励高中生物教师不断更新知识结构，提高教学技能，积极参与课程设计和改革。同时，教育政策还提倡加强教师队伍建设，通过培训、交流、研讨等方式，提高教师的整体素质和水平，为高中生物课程设计提供有力的人才保障。

（六）保障课程资源的充足和有效利用

教育政策还关注高中生物课程资源的建设和利用。课程资源是课程设计的重要支撑和保障，包括教材、教具、实验室、网络资源等。教育政策要求各级教育部门和学校要重视课程资源的建设和投入，确保课程资源的充足和有效利用。同时，教育政策还鼓励创新课程资源的开发和利用，如开发校本教材、利用网络资源等，以此为高中生物课程设计提供丰富多样的资源支持。

综上所述，高中生物课程设计教育政策在明确教育目标和理念、规定课程内容和标准、引导教学方法和手段的创新、强调课程评价的科学性和公正性、促进教师专业发展和队伍建设，以及保障课程资源的充足和有效利用等方面都发挥了重要的指导作用。在未来的高中生物课程设计中，我们需要继续深入贯彻落实教育政策的要求和精神，不断创新和完善课程设计理念和方法手段，为我国高中生物教育事业的发展做出更大的贡献。

二、教育政策对教学改革的影响分析

随着社会的不断发展和科技的快速进步，教育改革成为教育领域的重要议题。高中生物课程设计教育政策作为教育改革的重要组成部分，对高中生物课程教学改革产生了深远的影响。下文将从多个方面分析高中生物课程设计教育政策对教学改革的影响。

（一）推动教学理念更新

教育政策往往代表着国家和社会对教育的新理念和新要求。高中生物课程设计教育政策的出台，往往能够推动教学理念的更新。例如，政策可能强调以学生为中心的教学理念，注重学生的主动学习和实践能力培养。这种理念的更新将促使教师改变传统的教学方式，更加注重学生的主体性和参与性，激发学生的学习兴趣和积极性。

（二）引导课程内容优化

高中生物课程设计教育政策对课程内容的优化起到了重要的引导作用。政策可能会强调课程内容的科学性、系统性和前瞻性，要求课程内容紧密结合科技发展和社会需求。这将促使教师不断更新课程内容，将最新的科研成果和社会热点融入教学中，使课程内容更加贴近实际、更加具有时代性。

（三）促进教学方法创新

教育政策往往鼓励教学方法的创新和改革。高中生物课程设计教育政策也不例外，它可能会提倡采用探究式学习、合作式学习等现代教学方法，以激发学生的学习兴趣和主动性。这将促使教师积极探索和实践新的教学方法，改变传统的教学模式，使教学更加生动、有趣、有效。

（四）加强实验教学和实践能力培养

生物科学是一门实验性很强的科学，实验教学是培养学生实践能力和科学素养的重要途径。高中生物课程设计教育政策往往强调实验教学的重要性，要求加强实验教学的比重和质量。这将促使学校加大对实验教学的投入，改善实验教学条件，提高实验教学的效果。同时，政策还能鼓励开展各种实践活动，如生物科技创新大赛、生物实验设计等，以培养学生的实践能力和创新精神。

（五）促进教师专业发展

教师是教学改革的执行者和推动者，他们的专业素养和教学能力直接影响到教学改革的效果。高中生物课程设计教育政策往往强调教师的专业发展，要求教师不断更新知识结构，提高教学技能，适应新的教学要求。这将促使教师积极参加各种培训和研讨活动，提高自己的专业素养和教学能力。同时，政策还可能鼓励教师开展教学研究，探索新的教学方法和手段，为教学改革提供有力的支持。

（六）完善评价体系和激励机制

教育政策往往关注教学评价体系和激励机制是否完善。高中生物课程设计教育政策也不例外，它可能会强调评价的多元化和科学性，注重将过程评价和结果评价相结合。同时，政策还可能提倡建立激励机制，鼓励教师和学生积极参与教学改革和实践活动。这将有助于激发教师的教学热情和学生的学习动力，推动教学改革的深入发展。

（七）促进教育公平和资源共享

教育政策还关注教育公平和资源共享问题。高中生物课程设计教育政策可能会强调城乡之间、学校之间的教育资源共享和公平性，要求加大对薄弱学校的扶持力度，缩小教育差距。这将有助于实现教育公平，提高整体教育质量，为教学改革创造良好的环境。

综上所述，高中生物课程设计教育政策对教学改革产生了深远的影响。它不仅推动了教学理念的更新、课程内容的优化和教学方法的创新，还加强了实验教学和实践能力培养、促进了教师专业发展、完善了评价体系和激励机制、促进了教育公平和资源共享。在未来的高中生物课程教学改革中，我们需要继续深入贯彻落实教育政策的要求和精神，不断创新和完善教学改革措施和方法手段，为我国高中生物教育事业的发展做出更大的贡献。

三、教育政策与课程改革的互动关系

随着社会的快速发展和科技的日新月异，教育改革成为教育领域的重要议题。作为教育改革的核心环节之一，课程改革自然受到了广泛关注。高中生物课程设计教育政策作为课程改革的重要组成部分，与课程改革之间存在着密切的互动关系。下文将从多个方面探讨高中生物课程设计教育政策与课程改革的互动关系。

（一）政策引领课程改革方向

高中生物课程设计教育政策往往由政府或教育部门制定，其目的在于指导和规范高中生物课程的教学实践。这些政策通常明确提出了课程改革的方向和目标，为课程改革提供了明确的指导和方向。例如，政策可能会强调对学生实践能力和创新精神的培养，这将促使课程改革更加注重实验教学和活动实践，改变传统的以知识灌输为主的教学模式。

（二）课程改革推动政策更新

课程改革是一个持续不断的过程，随着教学实践的深入和教育理念的更新，课程改革的内容和目标也会发生变化。这些变化往往需要得到教育政策的支持和保障。因此，课程改革可以推动教育政策的更新和完善。例如，当课程改革中出现新的问题和挑战时，教育部门可能需要出台新的政策来应对和解决这些问题，以满足教学实践的需求。

（三）政策与课程改革相互促进

高中生物课程设计教育政策与课程改革之间存在着相互促进的关系。一方面，政策为课程改革提供了指导和保障，推动课程改革向着更加科学、系统和有效的方向发展；另一方面，课程改革也为政策的制定和更新提供了实践基础和理论依据。例如，课程改革中积累的经验和教训可以为政策的制定提供参考和借鉴，同时，课程改革中涌现出的新理念和新模式也可以为政策的更新提供动力和支持。

（四）政策与课程改革共同推动教育质量提升

高中生物课程设计教育政策与课程改革的最终目标都是提升教育质量，培养出更多具有创新精神和实践能力的人才。因此，政策与课程改革在推动教学质量提升方面发挥着共同的作用。政策通过规范和引导教学实践，为教育质量的提升提供了有力的保障；课程改革则通过改变教学内容和方法，使教育实践更加符合学生的实际需求和社会发展的要求，从而推动教育质量的不断提升。

（五）政策与课程改革共同应对教育挑战

随着社会的快速发展和科技的不断进步，教育领域面临着越来越多的挑战和问题。高中生物课程设计教育政策与课程改革需要共同应对这些挑战和问题，以满足教育的可持续发展需求。例如，面对全球范围内的科技创新和人才培养竞争，政策可能需要加强对学生创新精神和实践能力的培养；课程改革则需要探索更加符合时代需求的教学内容和方法，以满足学生全面发展的需求。

（六）政策与课程改革共同促进教师专业发展

教师是课程改革的主要执行者和推动者，他们的专业素养和教学能力直接影响到课程改革的效果。高中生物课程设计教育政策与课程改革共同关注教师的专业发展问题。政策可能提出加强教师培训、提高教师待遇等措施，以激发教师的教学热情和创新能力；课程改革则需要教师不断更新知识结构、提高教学技能，以适应新的教学要求。这种关注教师专业发展的态度有助于提升教师的整体素质和教学水平，为课程改革的深入发展提供有力的支持。

综上所述，高中生物课程设计教育政策与课程改革之间存在着密切的互动关系。政策引领课程改革方向，推动政策更新，且两者相互促进，共同推动教育质量提升，共同应对教育挑战，以及共同促进教师专业发展。在未来的教育改革中，我们需要深入理解和把握这种互动关系，充分发挥政策与课程改革的作用和优势，为我国高中生物教育事业的持续健康发展做出更大的贡献。

第二节 教学改革实践的典型案例分析

一、成功的教学改革案例介绍

随着教育理念的不断更新和科技的发展，高中生物课程设计也经历了许多教学改革。这些改革旨在提高教育质量，激发学生的学习兴趣，培养他们的实践能力和创新精神。在众多教学改革案例中，有几个成功案例值得特别关注。

（一）基于问题解决的学习（PBL）模式的应用

PBL 模式是一种以问题为导向的教学方法，它强调学生在解决实际问题中学习和掌握知识。在高中生物课程设计中，PBL 模式的应用取得了显著成效。例如，在某高中生物课程中，教师设计了一个关于基因工程的实际问题，让学生分组合作，学生通过查找资料、设计实验、分析数据等方式，最终提出解决方案。这种教学方式不仅激发了学生的学习兴趣，还培养了他们的团队合作和问题解决能力。

（二）实验教学的创新与实践

实验教学是高中生物课程的重要组成部分，也是培养学生实践能力和创新精神的重要手段。某高中生物课程在实验教学方面进行了大胆创新。他们不仅增加了实验课时，还引入了先进的实验设备和技术，如基因编辑技术、显微成像技术等。同时，教师还鼓励学生自主设计实验，培养他们的创新思维和实践能力。这些改革措施极大地提高了实验教学的质量，也为学生提供了更多实践和探索的机会。

（三）跨学科融合教学

在当今社会，跨学科融合已成为教育发展的重要趋势。高中生物课程也积极尝试与其他学科进行融合教学。例如，在某高中生物课程中，教师将生物学知识与环境科学、化学等学科相结合，设计了一系列综合性的教学活动。这些活动不仅让学生更深入地理解了生物学知识，还拓宽了他们的视野，增强了他们的综合素质。

（四）信息技术在生物教学中的应用

随着信息技术的快速发展，其在教育领域的应用也越来越广泛。在高中生物课程设计中，信息技术也被广泛应用于教学实践中。例如，某高中生物课程利用虚拟现实技术，为学生创建了一个仿真的生物实验环境。学生可以在这个环境中进行各种实验操作，如细胞观察、基因编辑等。这种教学方式不仅提高了学生的参与度，还增强了他们对生物学知识的理解和记忆。

（五）基于项目的学习（PBL）模式的推广

基于项目的学习是一种以学生为中心的教学方法，它鼓励学生通过完成项目来学习和掌握知识。在高中生物课程设计中，PBL 模式的推广也取得了显著成效。教师会为学生设计一系列与现实生活紧密相关的项目，如环境污染治理、生物多样性保护等。学生需要综合运用所学的生物学知识和其他学科知识，通过调查研究、数据分析等方式完成项目。这种教学方式不仅培养了学生的实践能力和创新精神，还增强了他们的社会责任感和使命感。

（六）教师角色的转变与专业发展

在成功的教学改革案例中，教师的角色也发生了重要转变。他们不再是单一的知识传授者，而是成了学生学习过程中的引导者和支持者。教师需要不断更新自己的知识结构，提高教学技能，以适应新的教学要求。同时，学校也为教师提供了更多的专业发展机会，如参加培训、参与研究等。这些措施有助于提升教师的整体素质和教学水平，为教学改革的深入推进提供了有力支持。

这些成功案例表明，高中生物课程设计的教学改革需要紧密结合时代背景和学生需求，注重培养学生的实践能力和创新精神。同时，教学改革也需要教师、学校和社会的共同努力和支持。只有这样，我们才能推动高中生物教育事业的持续健康发展，培养出更多具有创新精神和实践能力的人才。

二、改革实践中的挑战与应对策略

随着教育改革的不断深化，高中生物课程设计也面临着一系列的挑战。这些挑战来自教育理念、教学资源、教师素质等多个方面。为了应对这些挑战，我们需要深入分析其背后的原因，并提出相应的解决策略。

（一）挑战分析

（1）教育理念更新：传统的高中生物课程教学往往注重知识的灌输，而忽视了学生的主体地位和创新精神的培养。这种教育理念已经不能适应现代社会的需求，需要更新为更加注重学生主动学习和实践创新的教育理念。

（2）教学资源不足：高中生物课程设计需要大量的实验和实践教学资源，但一些学校由于经费、设备等原因，无法满足这些需求。这导致了教学内容的单一和教学方法的落后，影响了学生的学习效果。

（3）教师素质参差不齐：高中生物教师需要具备扎实的生物学知识和丰富的教学经验，但现实中，一些教师的素质并不尽如人意。他们的教学方法陈旧，缺乏创新精神，难以激发学生的学习兴趣。

（4）学生需求多样化：每个学生的学习需求和能力都不尽相同，但传统的高中生物课程设计往往忽视这一点，采用“一刀切”的教学方式。这导致了部分学生无法适应教学进度，产生了学习困难和厌学情绪。

（二）应对策略

（1）更新教育理念：首先，我们需要更新教育理念，注重学生的主体地位和对创新精神的培养。在教学中，我们应该鼓励学生主动探索、自主学习，培养他们的创新思维和实践能力。同时，我们还需要关注学生的全面发展，注重培养他们的综合素质。

（2）优化教学资源配置：针对教学资源不足的问题，我们需要优化教学资源的配置。一方面，政府和教育部门应该加大对教育的投入，提高学校的经费和设备水平；另一方面，学校也应该充分利用现有资源，创新教学方法，提高教学效果。例如，可以利用信息技术手段，如网络教学平台、虚拟实验室等，来弥补实验和实践教学资源的不足。

（3）提升教师素质：教师的素质是影响教学效果的关键因素之一。因此，学校需要采取措施提升教师的素质。一方面，可以通过培训、研修等方式，提高教师的专业知识和技能水平；另一方面，可以引入竞争机制，鼓励教师之间进行交流和合作，激发他们的创新精神和教学热情。同时，还需要建立完善的教师评价体系，对教师的教学质量和成果进行客观评价，激励他们不断提高自身素质。

（4）关注学生需求差异：为了应对学生需求多样化的挑战，我们需要关注每个学生的需求和差异。在教学中，我们可以采用分层教学、个性化教学等方式，根据学生的不同需求和能力水平，制定不同的教学计划和教学策略。同时，我们还需要建立多元化的评价体系，注重评价学生的综合素质和创新能力，以激发他们的学习兴趣和动力。

高中生物课程设计改革实践中的挑战是多方面的，但只要我们深入分析问题原因，提出有效的应对策略，就能够逐步克服这些挑战，推动高中生物教育的健康发展。未来，随着教育理念的不断更新和科技的不断进步，我们相信高中生物课程设计会更加完善、更加符合时代的需求。同时，我们也期待着更多的教育工作者参与到这一改革实践中来，共同推动高中生物教育的创新与发展。

三、改革实践的成效评估与反思

随着教育改革的不断深化，高中生物课程设计改革实践已经取得了一定的成效。然而，评估改革的成效并不仅仅是简单的总结成绩，更需要深入反思存在的问题和不足，以便进一步完善课程设计，提高教育质量。下文将对高中生物课程设计改革实践的成效进行评估，并在此基础上进行反思。

（一）成效评估

（1）学生综合素质提升：经过课程设计改革实践，学生的综合素质得到了显著提升。学生们不仅在生物学知识掌握上更加扎实，而且在创新能力、实践能力和团队协作精神等方面也得到了很好的锻炼。这表明改革实践在促进学生全面发展方面取得了积极成效。

（2）教学方法多样化：改革实践推动了教学方法的多样化。传统的灌输式教学逐渐被互动式、探究式教学所取代，学生们在课堂上更加活跃，参与度高。这种多样化的教学方法不仅激发了学生的学习兴趣，也提高了他们的学习效果。

（3）教学资源优化配置：在改革实践中，学校积极优化教学资源配置，充分利用信息技术手段，如网络教学平台、虚拟实验室等，来弥补实验和实践教学资源的不足。这种优化配置使得教学内容更加丰富、教学方法更加灵活，有效提高了教学效果。

（4）教师素质提升：改革实践也对教师素质提出了更高的要求。教师们通过参加培训、研修等活动，不断更新教育理念，提高专业知识和技能水平。这种素质提升使得教师们在教学中更加得心应手，能够更好地满足学生的需求。

（二）反思与不足

（1）教育理念仍需深入更新：虽然改革实践已经取得了一定成效，但教育理念仍需更新。部分教师仍然受到传统教育理念的影响，注重知识灌输而忽视学生主体地位和对创新精神的培养。因此，需要继续加强教育理念的学习和宣传，确保每一位教师都能深入理解并践行新的教育理念。

（2）教学资源配置不均：虽然学校在优化教学资源配置方面做出了努力，但仍存在资源配置不均的问题。一些学校的生物实验设备、网络教学平台等条件相对较好，而另一些学校则相对薄弱。这种不均衡的资源配置可能导致教学质量的不稳定。因此，需要政府和教育部门加大对教育的投入，确保所有学校都能获得充足的教学资源。

（3）教师培训机制需完善：虽然教师培训是提高教师素质的重要途径，但现有的教师培训机制仍有待完善。一些培训活动过于形式化，缺乏针对性和实效性。因此，需要建立更加完善的教师培训机制，确保培训内容与教师的实际需求紧密结合，增强培训效果。

（4）评价体系需进一步完善：现有的评价体系虽然注重学生的综合素质和创新能力，但仍存在一些问题。例如，过于强调分数和成绩排名可能导致学生过分追求分数而忽视其他能力的培养；过于注重终结性评价而忽视过程性评价可能导致学生缺乏学习动力。因此，需要进一步完善评价体系，注重多元评价、过程性评价和表现性评价，更加全面地反映学生的学习成果和综合素质。

（三）展望与建议

针对以上反思与不足，我们提出以下建议与展望。

（1）持续深化教育理念更新：学校通过定期举办教育理念研讨会、经验交流会等活动，促进教师对新的教育理念的深入理解和实践应用，同时，鼓励教师在教学中大胆尝试新的教学方法和手段，激发学生的创新精神和学习兴趣。

（2）加大教学资源投入与均衡分配：政府和教育部门应进一步加大对教育

的投入力度，确保所有学校都能获得充足的教学资源，同时，建立教学资源共享机制，促进学校之间的资源交流和合作，实现资源的均衡分配和有效利用。

（3）完善教师培训机制与评价体系：学校建立更加完善的教师培训机制，确保培训内容与教师的实际需求紧密结合，增强培训效果，同时，完善评价体系，注重多元评价、过程性评价和表现性评价，更加全面地反映学生的学习成果和综合素质。通过这些措施的实施，我们可以期待高中生物课程设计改革实践在未来取得更加显著的成效，为学生的全面发展提供更加有力的支持。

第三节　政策与实践的互动关系探讨

一、政策与实践的契合度分析

在教育改革的大背景下，高中生物课程设计改革政策与实践的契合度成为评估改革成功与否的关键指标。政策制定者期望通过一系列的政策措施来引导实践，而实践者则需要在实践中不断探索和创新，以实现政策目标。下文将对高中生物课程设计改革政策与实践的契合度进行深入分析，探讨两者之间的相互作用和影响。

（一）政策制定与实践需求

高中生物课程设计改革政策的制定，通常基于国家教育发展的宏观战略和对当前教育状况的深入分析。这些政策旨在提高学生的综合素质、培养创新精神和实践能力，以适应社会发展和科技进步的需要。然而，政策的制定往往难以完全覆盖实践的多样性和复杂性。实践中的具体需求、学生的实际情况、教育资源的配置等因素，都可能对政策的实施产生影响。

（二）政策引导与实践创新

政策在引导实践方面起着重要作用。例如，政策可能强调实验教学的重要性，鼓励学校增加实验设备的投入，提高实验教学的质量。在实践中，学校可能会根据政策的引导，积极开展实验教学，探索新的教学方法和手段，以满足政策的要求。同时，实践者也会在实践中不断创新，发现新的问题和需求，为政策的完善和发展提供反馈和建议。

（三）政策实施与实践挑战

政策实施过程中往往会遇到各种挑战。例如，政策可能要求提高生物课程的实践性和探究性，但在实际教学中，由于教学资源有限、教师素质参差不齐等原因，这一目标的实现可能会遇到困难。此外，政策与实践之间也可能存在时间滞后性，即政策制定时未能充分考虑未来的发展趋势和实践需求，导致政策与实践之间出现脱节。

（四）政策调整与实践适应

面对实践中的挑战和问题，政策制定者需要及时调整政策，以适应实践的需求。例如，针对教学资源不足的问题，政策可以调整投入策略，加大对薄弱学校的支持力度；针对教师素质参差不齐的问题，政策可以加强教师培训，提高教师的专业水平和教学能力。同时，实践者也需要积极适应政策调整，根据新的政策要求调整教学方法和手段，以实现政策目标。

（五）政策与实践的相互促进

虽然政策与实践之间存在一定的契合度问题，但两者也可以相互促进、共同发展。一方面，政策的制定和实施可以推动实践的创新和发展，为实践提供指导和支持；另一方面，实践的反馈和建议也可以为政策的完善和发展提供重要参考。这种相互促进的关系有助于推动高中生物课程设计改革不断深入发展。

（六）结论与展望

综上所述，高中生物课程设计改革政策与实践的契合度是一个复杂而重要的问题。政策制定者需要充分考虑实践的需求和挑战，制定具有针对性和实效性的政策措施；实践者也需要积极适应政策调整，不断探索和创新教学方法和手段。同时，两者之间的相互促进和共同发展也是推动高中生物课程设计改革不断深入发展的关键。

展望未来，我们期待政策制定者能够更加注重实践的需求和反馈，制定更加符合实际、具有可操作性的政策，同时，我们也期待实践者能够在实践中不断探索和创新，为政策的完善和发展提供有力支持。通过政策与实践的共同努力和相互促进，我们相信高中生物课程设计改革将取得更加显著的成效，高中生物课程设计将为学生的全面发展提供更加有力的支持。

二、政策与实践的互动模式与机制

随着教育改革的深入，高中生物课程设计改革政策与实践之间的互动模式与机制成为教育领域关注的焦点。这种互动不仅关系到政策的有效实施，更直接关系到高中生物教育的质量和效果。下文旨在深入探讨高中生物课程设计的改革政策与实践之间的互动模式与机制，以期为教育改革提供有益的参考。

（一）政策与实践的相互影响

高中生物课程设计改革政策与实践之间存在着相互影响的关系。政策制定者根据教育发展的需要和社会对人才的需求，制定出一系列改革政策。这些政策旨在引导实践、推动高中生物教育的创新与发展。同时，实践者在教学过程中，会根据实际情况对政策进行解读和实施，这种实施过程又会对政策产生反馈和影响，为政策的完善和调整提供依据。

（二）政策引导实践的模式

政策引导实践的模式主要体现在以下几个方面。首先，政策通过明确教学目标和教学内容，为实践提供了明确的方向和指导。其次，政策通过提供教学资源和教学支持，为实践创造了良好的条件和环境。再次，政策通过评价和激励机制，鼓励实践者积极探索和创新教学方法和手段。这些模式的实施，有助于推动高中生物课程设计改革实践的深入开展。

（三）实践对政策的反馈机制

实践对政策的反馈机制是政策与实践互动的重要环节。实践者在教学过程中，会遇到各种问题和挑战，这些问题和挑战往往能够为政策的完善和调整提供有益的参考。例如，实践者可能会发现某些政策在实际操作中存在困难或不合理之处，这些反馈可以为政策制定者提供修改和完善政策的依据。同时，实践者也会在实践中探索出一些新的教学方法和手段，这些创新成果也可以为政策的制定提供有益的参考。

（四）政策与实践的互动机制

政策与实践的互动机制是确保改革成功的关键。这种互动机制包括政策制定者与实践者之间的沟通与协作、政策实施过程中的监督与评估，以及政策调整与完善的过程。首先，政策制定者需要与实践者保持密切的沟通与协作，了解实践中的需求和问题，为政策的制定提供实际依据。其次，政策实施需要建立有效的监督与评估机制，确保政策得到有效执行并取得预期效果。最后，根据实践中的反馈和评估结果，政策制定者需要及时调整和完善政策，以适应实践的需要，并推动改革的深入发展。

（五）互动模式与机制的优势与挑战

政策与实践的互动模式与机制具有明显的优势，如提高政策的针对性和实效性、推动实践的创新与发展、促进教育质量的提升等。然而，这种互动模式与机制也面临着一些挑战，如政策与实践之间的时间滞后性、资源分配不均等问题，以及政策执行过程中的困难和挑战等。为了克服这些挑战，需要政策制定者与实践者共同努力，加强沟通与协作，不断完善政策和实践策略。

（六）结论与展望

高中生物课程设计改革政策与实践之间的互动模式与机制，对于推动教育改革和提高教育质量具有重要意义。通过深入分析和探讨这种互动模式与机制，可以为教育改革提供有益的参考和启示。展望未来，我们期待政策制定者能够更加注重实践的需求和反馈，制定更加符合实际、具有可操作性的政策，同时，我们也期待实践者能够在实践中不断探索和创新，为政策的完善和发展提供有力支持。通过政策与实践的共同努力和相互促进，相信高中生物课程设计改革将取得更加显著的成效，为学生的全面发展提供更加有力的支持。

三、政策与实践关系的优化策略

在当前教育背景下，高中生物课程设计改革政策与实践之间的关系显得尤为重要。优化这两者之间的关系，不仅有助于提升高中生物教学的质量，还能更好地培养出符合时代需求的人才。下文将从多个方面探讨如何优化高中生物课程设计改革政策与实践的关系，以期为教育改革提供有益的参考。

（一）加强政策与实践的沟通协作

首先，要优化政策与实践的关系，双方必须加强沟通与协作。政策制定者需要深入了解实践中的需求和问题，确保政策能够贴近实际、具有可操作性。

同时，实践者也应积极参与政策的制定过程，为政策提供实际依据和建议。双向沟通可以确保政策与实践之间的顺畅衔接，减少政策执行过程中的摩擦和阻力。

（二）完善政策制定与评估机制

政策制定者需要建立完善的政策制定与评估机制。在制定政策时，要充分考虑实践中的需求和反馈，确保政策的针对性和实效性。同时，政策执行过程中要建立有效的评估机制，对政策的执行情况进行定期评估和调整。这样可以及时发现政策执行中的问题和不足，为政策的完善和调整提供依据。

（三）提升实践者的专业素养

实践者是高中生物课程设计改革政策的重要执行者。因此，提升实践者的专业素养是优化政策与实践关系的关键。教育部门应加强对实践者的培训和指导，提高他们的政策理解能力和教学水平。同时，实践者也应自觉学习新知识、新技能，不断提升自己的专业素养和教学能力。

（四）强化政策执行的监督与激励

政策执行过程中的监督和激励是确保政策有效实施的重要手段。教育部门应建立健全的监督机制，对政策执行情况进行定期检查和督导，确保政策得到有效执行。同时，还应建立激励机制，对在政策执行中表现优秀的实践者给予表彰和奖励，以激发他们的工作积极性和创新精神。

（五）推动政策与实践的创新发展

优化政策与实践的关系，还需要推动政策与实践的创新发展。政策制定者应鼓励实践者积极探索新的教学方法和手段，为高中生物课程设计改革注入新的活力。同时，实践者也应敢于尝试、勇于创新，不断总结实践经验，为政策的完善和发展提供有益的建议。

（六）促进资源共享与协同发展

资源共享与协同发展是优化政策与实践关系的重要途径。教育部门应加强对高中生物教学资源的整合和优化，确保资源能够得到有效利用。同时，还应推动不同地区、不同学校之间的协同发展，加强交流与合作，共同推动高中生物课程设计改革的深入发展。

（七）构建良好的教育生态环境

优化政策与实践的关系，还需要构建良好的教育生态环境。这包括营造积极向上的教育氛围、加强师德师风建设、完善教育评价体系等。只有在一个良好的教育生态环境中，政策与实践才能相互促进、共同发展。

第九章 高中生物课程设计与教学改革的教师角色与专业发展

第一节 教师角色在新课改中的定位与转变

一、教师在新课改中的定位

随着新课程改革的深入推进，高中生物课程设计与教学也面临着前所未有的挑战与机遇。在这一背景下，教师的角色定位显得尤为重要。他们不仅是知识的传授者，更是课程改革的推动者、学生发展的引导者和教育创新的实践者。下文将从多个维度探讨教师在高中生物课程设计与教学改革中的新定位。

（一）课程设计的参与者与贡献者

在新课改的框架下，教师不再是课程设计的被动接受者，而是课程设计的重要参与者和贡献者。他们需要根据学生的实际情况、教学资源和教育目标，积极参与课程内容的选择、组织与实施。这意味着教师需要具备课程开发的意识和能力，能够结合教学实践，对课程内容进行创新和优化，以满足学生个性化、多样化的学习需求。

（二）教学改革的推动者与实施者

随着教育理念的更新和教学方法的变革，教师需要成为教学改革的积极推动者和实施者。他们应勇于突破传统的教学模式，尝试新的教学方法和手段，如探究式教学、合作学习、项目式学习等，以激发学生的学习兴趣和主动性。同时，教师还需要关注学生的学习过程，注重培养学生的批判性思维、创新能力和实践能力，推动学生全面发展。

（三）学生发展的引导者与促进者

在新课改背景下，教师的角色应从单一的知识传授者转变为学生发展的引导者和促进者。教师需要关注学生的个体差异和潜能发展，为他们提供个性化的学习支持和指导。同时，教师还需要创设积极的学习氛围，激发学生的学习兴趣和动力，帮助他们建立正确的学习态度和价值观，促进他们全面而有个性地发展。

（四）教育创新的实践者与探索者

面对新课改的挑战，教师需要成为教育创新的实践者与探索者。他们应关注教育领域的最新动态和研究成果，积极学习新的教育理念和技术手段，将其应用于教学实践中。同时，教师还需要敢于尝试新的教育模式和方法，勇于面对失败和挫折，不断总结经验教训，推动教育创新的深入发展。

（五）专业素养的提升者与自我实现者

新课改对教师的专业素养提出了更高的要求。教师需要不断更新自己的知识体系和教学技能，提升自己的专业素养和教学能力。同时，教师还需要注重自我反思和自我完善，实现个人价值和职业发展的统一。通过参与课程设计与教学改革，教师可以不断提升自己的专业素养和实践能力，实现自我超越和自我实现。

（六）团队协作的倡导者与践行者

在新课改背景下，教师需要倡导并践行团队协作的精神。他们应与其他教师、学科专家和教育管理者等建立良好的合作关系，共同参与课程设计与教学改革的过程。通过团队协作，教师可以共享资源和经验，互相学习和借鉴，共同提升教学水平和教育质量。

（七）社会责任的承担者与传播者

作为教育工作者，教师还需要承担社会责任，传播正能量和正确的价值观念。他们应通过课程设计与教学改革，引导学生关注社会问题、培养社会责任感和公民意识。同时，教师还应积极参与社会公益活动和教育普及工作，为提升全民族的教育水平和文化素养贡献自己的力量。

综上所述，教师在高中生物课程设计与教学改革中扮演着多重角色。他们不仅是课程设计的参与者和贡献者、教学改革的推动者和实施者、学生发展的引导者和促进者、教育创新的实践者和探索者，还是专业素养的提升者和自我实现者、团队协作的倡导者和践行者以及社会责任的承担者和传播者。这些角色定位要求教师在新课改背景下不断提升自己的专业素养和实践能力，以适应教育改革的需求和学生发展的要求。同时，也需要教育部门和社会各界给予教师更多的支持和关注，为他们创造更好的发展环境和条件。

二、教师角色的转变及其影响

随着高中生物课程设计与教学改革的深入推进，教师的角色发生了显著转变。这些转变不仅影响了教师的教学行为和策略，更对学生的学习方式和效果产生了深远影响。下文将从多个维度探讨教师在高中生物课程设计与教学改革中的角色转变及其所带来的影响。

（一）从知识传授者到学习引导者的转变

传统的生物教学中，教师往往扮演着知识传授者的角色，将知识单向灌输给学生。然而，随着课程设计的更新和教学改革的推进，教师的角色逐渐转变为学习引导者。他们不再仅仅是知识的传递者，而是成为学生学习过程中的引导者和支持者。教师需要引导学生主动探索问题、发现问题、解决问题，激发他们的学习兴趣和动力。这种转变不仅提高了学生的自主学习能力，还培养了他们的批判性思维和创新能力。

（二）从课堂主导者到合作伙伴的转变

过去，教师往往在课堂上占据主导地位，学生处于被动接受的地位。然而，在新的课程设计与教学改革中，教师的角色转变为学生的合作伙伴。教师需要与学生建立平等、民主的关系，共同参与课堂讨论、实验和研究活动。这种转变不仅增强了师生之间的互动和沟通，还培养了学生的合作精神和团队协作能力。

（三）从教学执行者到课程开发者的转变

在过去，教师往往只是教学计划的执行者，按照教材和教学大纲进行教学。然而，随着课程设计的多样化和教学改革的深入，教师的角色转变为课程开发者。教师需要参与课程的设计和开发，根据学生的需求和兴趣、社会的发展和科技的进步来调整和更新课程内容。这种转变不仅使课程更加贴近学生的实际生活和未来发展，还提高了教师的课程意识和创新能力。

（四）从单一评价者到多元评价者的转变

在传统的生物教学中，教师往往是唯一的评价者，通过考试和测验来评价学生的学习成果。然而，在新的课程设计与教学改革中，教师的角色转变为多元评价者。教师需要采用多种评价方式和手段，如观察、记录、调查、自我评价等，来全面评价学生的学习过程和成果。这种转变不仅使评价更加客观、公正和全面，还培养了学生的自我评价和反思能力。

（五）从知识权威到学习共同体的成员

传统教育中，教师往往被视为知识的权威和专家。但在新的教学改革中，教师的角色转变为学习共同体的成员。这意味着教师需要与其他教师、学生、家长和社区成员等建立合作关系，共同分享知识、经验和资源。这种转变不仅促进了教育资源的共享和优化配置，还加强了学校与社会的联系和合作。

（六）对教师自身发展的要求与挑战

随着教师角色的转变，也对教师的专业素养和综合能力提出了更高的要求。教师需要不断更新自己的知识体系和教学技能，适应新的教学理念和方法。同时，教师还需要具备创新精神和批判性思维，能够独立思考和解决教学问题。这种挑战不仅促进了教师的专业成长和发展，也提高了教师的职业认同感和成就感。

（七）对学生学习方式和效果的影响

教师角色的转变也对学生的学习方式和效果产生了深远影响。在教师的引导下，学生更加主动地参与学习过程，发现问题、解决问题。学生在合作和探究中培养了团队合作精神和创新能力。同时，多元化的评价方式也使学生更加注重学习过程和个人发展，而非仅仅追求分数和成绩。这些转变不仅提高了学生的学习兴趣和动力，也培养了他们的综合素质和未来发展能力。

综上所述，教师在高中生物课程设计与教学改革中的角色转变带来了深远的影响。这些转变不仅促进了教师的专业成长和发展，也提高了学生的学习兴趣和效果。未来，随着教育改革的深入推进，教师的角色还将继续发生转变，以适应时代的发展和学生的需求。因此，教师需要不断更新自己的教育理念和教学方法，为学生的全面发展贡献自己的力量。

三、教师角色转变的挑战与机遇

随着高中生物课程设计与教学改革的不断深化，教师的角色也在经历着前所未有的转变。这种转变既带来了诸多挑战，也孕育了丰富的机遇。下文旨在深入探讨这些挑战与机遇，以期为高中生物教师更好地适应角色转变提供参考。

（一）挑战

1. 教学理念更新的挑战

传统的生物教学理念注重知识的灌输，而新的教学改革则强调学生的主动探究和合作学习。这要求教师转变固有的教学理念，从知识的传授者转变为学习的引导者和促进者。这种转变需要教师重新审视自己的教学行为，积极学习新的教学理念和方法。

2. 教学技能提升的挑战

随着信息技术的快速发展，新的教学技术和工具不断涌现。为了适应这种变化，教师需要不断提升自己的教学技能，包括掌握新的教学技术、运用多元化的教学手段等。这需要教师不断学习和实践，提高自己的教学能力和水平。

3. 应对学生多元化需求的挑战

随着社会的发展和教育的普及，学生的需求也日益多元化。教师需要关注学生的个体差异，满足他们的不同需求。这要求教师具备更高的教学敏感性和灵活性，能够根据学生的实际情况调整教学策略和内容。

4. 评价体系改革的挑战

新的教学改革强调过程性评价和多元评价，这对教师的评价体系提出了更高的要求。教师需要转变传统的以分数为主的评价方式，采用更加全面、客观、科学的评价方式。这要求教师具备较高的评价素养和创新能力，能够设计出符合改革要求的评价方案。

（二）机遇

1. 提升专业素养的机遇

角色转变的过程也是教师自我提升的过程。为了适应新的教学要求，教师需要不断学习新知识、新技能，这有助于提升教师的专业素养和综合能力。同时，新的教学改革也为教师提供了更多的学习机会和资源，如参加培训、研讨、交流等，这些都有助于教师提升自己的专业素养。

2. 创新教学方法的机遇

新的教学改革鼓励教师创新教学方法和手段，这为教师提供了广阔的舞台和机遇。教师可以根据学生的需求和特点，设计出更加生动、有趣、有效的教学活动，激发学生的学习兴趣和动力。同时，新的教学改革也为教师提供了更多的教学资源和工具，如数字教材、在线课程、虚拟实验等，这些都有助于教师创新教学方法和手段。

3. 促进学生全面发展的机遇

新的教学改革强调学生的全面发展，这为教师提供了更加全面、深入的教育机会。教师可以关注学生的知识、技能、情感、态度等多个方面的发展，促进学生的全面成长。同时，新的教学改革也强调学生的合作、探究、创新等能力的培养，这为教师提供了更多的教育资源和手段，有助于教师更好地促进学生的全面发展。

4. 提升教育质量的机遇

角色转变的最终目的是提高教育质量，培养更多优秀的人才。新的教学改革为教师提供了更加科学、全面、客观的评价体系，有助于教师更加准确地了解学生的学习情况和自己的教学效果。同时，新的教学改革也鼓励教师之间进行合作、交流、分享等，这有助于教师之间相互学习、相互借鉴、相互提高，共同提升教育质量。

综上所述，高中生物课程设计与教学改革中教师角色的转变既带来了挑战也孕育了机遇。面对挑战，教师需要积极应对、不断学习、提升自己；面对机遇，教师需要勇于创新、积极实践、把握机会。只有这样，教师才能更好地适应角色转变的要求，为学生的全面发展和教育质量的提升贡献自己的力量。

第二节　教师专业发展的需求与路径分析

一、教师专业发展的内涵与意义

在现代教育的时代背景下，教师的专业发展成为教育领域关注的核心议题之一。尤其对于高中生物教师而言，其专业发展的内涵与意义更是深远而重大。下文旨在深入探讨高中生物教师专业发展的内涵及其在教育实践中的重要意义。

（一）高中生物教师专业发展的内涵

1. 知识结构的更新与优化

随着生物学领域的快速发展，新的研究成果和理论不断涌现。高中生物教师作为知识的传递者和引导者，必须不断更新和优化自己的知识结构，确保传授给学生的信息是前沿的、准确的。这包括基础生物学知识、教育心理学知识、教育教学方法与策略等多个方面。

2. 教育教学能力的提升

教育教学能力是教师的核心素质。高中生物教师需要不断提升自己的教学设计能力、课堂管理能力、学生评价能力等，以确保教学效果的最优化。同时，随着教育技术的不断发展，教师还需要掌握现代化的教学手段和工具，如多媒体教学、网络教学等。

3. 教育科研的参与与实践

教育科研是推动教育发展的重要力量。高中生物教师不仅需要关注教学实践，还需要积极参与教育科研活动，通过科学研究来指导教学实践，提升教学效果。同时，教育科研也是教师自我提升的重要途径，有助于教师形成自己的教育思想和教学风格。

4. 专业素养的全面发展

除了专业知识和技能的提升外，高中生物教师还需要注重自身专业素养的全面发展。这包括教师的职业道德、教育理念、人文素养等多个方面。一个优秀的生物教师不仅需要具备扎实的专业知识，还需要具备高尚的道德品质和深厚的人文情怀。

（二）高中生物教师专业发展的意义

1. 提高教育质量

教师的专业发展直接关系到教育质量的高低。高中生物教师通过不断更新知识结构、提升教育教学能力、参与教育科研等方式，可以为学生提供更加优质、高效的教育服务，从而提高学生的学业成绩和综合素质。

2. 促进学生全面发展

高中生物教师的专业发展不仅关注学生的知识掌握，还关注学生的情感、态度、价值观等多个方面的发展。教师通过优化教学方法、关注学生的个体差异、提供个性化的教育支持等方式，可以促进学生的全面发展，培养学生的创新精神和实践能力。

3. 推动教育改革与发展

教师是教育改革的主体和推动者。高中生物教师的专业发展有助于推动教育改革的深入进行，为教育的创新和发展提供源源不断的动力。同时，教师的专业发展也有助于形成积极向上的教育文化，为教育事业的可持续发展奠定坚实的基础。

4. 提升教师自身的职业幸福感与成就感

教师的专业发展不仅是教育事业的需要，也是教师个人成长的需要。通过专业发展，高中生物教师可以不断提升自己的专业素养和综合能力，实现个人价值的最大化。同时，随着专业水平的提高，教师也会获得更多的职业幸福感和成就感，从而更加热爱教育事业，投入更多的热情和精力。

综上所述，高中生物教师专业发展的内涵与意义是多方面的、深远的。它不仅关系到教育质量的提高和学生的全面发展，也关系到教育改革、发展和教师自身的职业幸福感与成就感。因此，我们应该高度重视高中生物教师的专业发展问题，为教师的成长和发展提供有力的支持和保障。同时，高中生物教师也应该自觉地追求专业发展，不断提升自己的专业素养和综合能力，为教育事业的发展贡献自己的力量。

二、教师专业发展的需求分析

在现代教育背景下，高中生物教师的专业发展成为教育领域的关键议题。为了满足教育的需求，培养更多具备科学素养和创新精神的学生，高中生物教师需要不断提升自己的专业素养和综合能力。下文将对高中生物教师专业发展的需求进行深入分析。

（一）知识更新与拓展的需求

生物学是一门快速发展的学科，新的研究成果和理论不断涌现。作为高中生物教师，需要时刻关注生物学领域的前沿动态，不断更新自己的知识储备。这包括基础生物学知识、遗传学、生态学、分子生物学等各个方面的知识更新与拓展。只有掌握了最新的科学知识和理论，教师才能够更好地引导学生探索科学奥秘，培养他们的创新思维和实践能力。

（二）教育教学技能的提升需求

教育教学技能是教师职业的核心素养之一。高中生物教师需要不断提升自己的教学设计能力、课堂管理能力、学生评价能力等，以确保教学效果的最优化。随着教育改革的不断深入，新的教育理念和教学方法不断涌现，教师需要不断学习和掌握新的教学技能，以适应教育发展的需要。同时，随着信息技术的快速发展，教师还需要掌握现代化的教学手段和工具，如多媒体教学、网络教学等，以提高教学效果和效率。

（三）教育科研能力的培养需求

教育科研是推动教育发展的重要力量。高中生物教师需要具备一定的教育科研能力，通过科学研究来指导教学实践，提升教学效果。教育科研能力的培养不仅有助于教师形成自己的教育思想和教学风格，还能够提高教师的专业素养和综合能力。通过参与教育科研活动，教师可以不断积累科研经验，提升自己的科研能力，为教育事业的发展做出更大的贡献。

（四）跨学科融合与创新能力的需求

在现代教育背景下，跨学科融合与创新能力成为教师必备的能力之一。高中生物教师需要具备跨学科的知识储备和整合能力，能够将生物学知识与其他学科进行有机融合，为学生提供更加全面、深入的学习体验。同时，教师还需要具备创新能力，不断探索新的教学方法和手段，以满足学生的个性化需求和多样化的学习风格。这种对跨学科融合与创新能力的培养将有助于提升教师的教学质量和学生的学习效果。

（五）继续教育与专业发展的需求

随着教育改革的不断深入和生物学领域的快速发展，高中生物教师需要不断参加继续教育和专业发展活动，以保持与时俱进的教学理念和教学方法。这包括参加学术研讨会、进修课程、教师培训等活动，以拓宽视野、更新知识、提升技能。通过继续教育和专业发展，教师可以不断提升自己的专业素养和综合能力，为培养更多具备科学素养和创新精神的学生做出更大的贡献。

（六）关注学生个性化与全面发展的需求

现代教育强调关注学生的个体差异和全面发展。高中生物教师需要具备敏锐的观察力和理解力，能够关注学生的个性化需求和发展特点，提供个性化的教育支持。同时，教师还需要注重学生的全面发展，关注学生的情感、态度、价值观等多个方面的发展。这需要教师具备丰富的教育教学经验和深厚的专业素养，以满足学生个性化与全面发展的需求。

综上所述，高中生物教师对专业发展的需求是多方面的、复杂的。为了满足这些需求，教师需要不断学习和提升自己的专业素养和综合能力。同时，学校和教育部门也应该为教师提供必要的支持和保障，如提供继续教育和专业发展机会、营造良好的教育教学环境等。只有这样，才能够推动高中生物教师的专业发展，为培养更多具备科学素养和创新精神的学生做出更大的贡献。

三、教师专业发展的路径与策略

随着科技的不断进步和教育的深化改革，高中生物教师的专业发展成为提升教育质量、培养未来创新人才的关键。为了实现这一目标，教师需要探索和实践有效的专业发展路径与策略。下文将从多个方面探讨高中生物教师专业发展的路径与策略。

（一）持续学习与知识更新

（1）参加专业培训和研讨会：教师应积极参与各类生物学专业培训和研讨会，了解最新的科研动态和教育理念。这些活动不仅能够为教师提供与同行交流的机会，还能够拓宽教师的知识视野。

（2）阅读专业文献：定期阅读生物学领域的专业文献，了解最新的研究成果和理论进展。这有助于教师保持与时俱进的知识储备，为课堂教学提供丰富的素材。

（二）教学技能的提升与实践

（1）探索创新教学方法：教师应不断尝试新的教学方法，如项目式学习、翻转课堂等，以激发学生的学习兴趣和积极性。同时，教师还应根据学生的实际情况，调整教学策略，确保教学效果的最优化。

（2）反思与总结教学经验：教师应定期对自己的教学进行反思和总结，分析教学过程中的成功与不足，以便在今后的教学中不断改进和提升。

（三）参与教育科研与学术交流

（1）开展课题研究：教师应结合教学实践，开展课题研究，将科研成果转化为教学资源，为教学提供有力支撑。

（2）参与学术交流：通过参与学术会议、发表论文等方式，教师与同行进行学术交流，分享自己的研究成果和教学经验。这有助于提升教师的学术影响力，促进教师的专业发展。

（四）跨学科合作与资源整合

（1）跨学科合作：教师应主动与其他学科的教师进行合作，共同开展跨学科的教学和研究项目。这有助于拓宽教师的教学视野，培养学生的综合素质和创新能力。

（2）资源整合：教师充分利用网络资源和学校资源，整合各类教学资源，为学生提供丰富多样的学习材料和实践机会。

（五）教学团队建设与协同发展

（1）建立教学团队：教师应与同事建立紧密的教学团队，共同研讨教学方法，分享教学经验，解决教学中的问题。利用团队的力量提升整个团队的教学水平和创新能力。

（2）协同发展：团队成员之间协同发展，通过互听互评、共同备课等方式，促进教师之间的优势互补和资源共享，同时，通过参加团队培训、研讨会等活动，提升整个团队的专业素养和综合能力。

（六）个人发展规划与目标设定

（1）明确个人发展目标：教师应根据自身的实际情况和职业发展需求，制定明确的个人发展目标。这些目标应具有可操作性和可衡量性，以便教师能够有针对性地进行专业发展。

（2）制订实施计划：为实现个人发展目标，教师应制订具体的实施计划。这些计划应包括学习计划、教学计划、科研计划等各个方面，以确保专业发展目标的实现。

高中生物教师的专业发展是一个持续不断的过程，需要教师在多个方面进行努力和实践。通过对持续学习与知识更新、教学技能的提升与实践、参与教育科研与学术交流、跨学科合作与资源整合、教学团队建设与协同发展以及个人发展规划与目标设定等路径与策略的探索和实践，高中生物教师可以不断提升自己的专业素养和综合能力，为培养更多具备科学素养和创新精神的学生做出更大的贡献。

展望未来，随着科技的不断进步和教育的深化改革，高中生物教师的专业发展将面临更多的机遇和挑战。因此，教师需要不断更新自己的教育理念和教学方法，积极适应教育发展的新趋势和新要求。同时，学校和教育部门也应为教师提供更多的专业发展机会和支持，共同推动高中生物教师专业发展水平的提升。

第三节　教师培训与实践中的问题与对策研究

一、教师培训的现状与问题

随着教育改革的不断深化和生物科技的飞速发展，对高中生物教师的培训显得至关重要。然而，当前高中生物教师培训的现状并不容乐观，存在着一系列亟待解决的问题。下文将详细分析高中生物教师培训的现状，并探讨其中存在的问题。

（一）培训资源的不均衡分配

首先，高中生物教师培训资源在不同地区和不同学校之间存在明显的不均衡分配。一些发达地区的重点学校往往能够获得更多的培训机会和资源，而一些偏远地区或薄弱学校则往往面临培训资源匮乏的困境。这种不均衡分配导致了教师之间在专业素养和教学能力上的差距进一步拉大，不利于教育的公平和均衡发展。

（二）培训内容与实际需求脱节

其次，当前高中生物教师培训的内容往往与实际教学需求脱节。一些培训课程过于注重理论知识的传授，而缺乏对实际教学问题的深入探讨和解决方案。同时，培训内容也缺乏针对性和实用性，无法真正满足教师的实际需求。这种脱节现象导致了培训效果不佳，教师在培训后难以将所学知识应用于实际教学。

（三）培训方式单一，缺乏创新

此外，当前高中生物教师培训的方式也相对单一，缺乏创新。大多数培训仍然采用传统的讲座式教学，缺乏互动性和参与性。这种培训方式不仅难以激发教师的学习兴趣和积极性，也无法有效提升教师的教学能力。因此，需要探索更加多样化和创新性的培训方式，如案例分析、教学观摩、小组讨论等，以激发教师的学习动力并提升培训效果。

（四）培训评估机制不完善

另外，当前高中生物教师培训的评估机制也存在不完善的问题。一方面，培训过程中的评估和反馈机制不健全，无法及时了解教师的教学情况和培训效果。另一方面，培训后的跟踪评估也缺乏力度，无法对教师的教学能力进行持续性的监测和提升。这种不完善的评估机制导致了培训效果难以量化和评估，也影响了教师参与培训的积极性。

（五）教师参与培训的动力不足

最后，高中生物教师参与培训的动力不足也是一个亟待解决的问题。一些教师认为培训对于自己的职业发展和教学能力提升帮助不大，因此，缺乏参与培训的积极性。同时，一些教师面临着繁重的教学任务和工作压力，难以抽出时间和精力参加培训。这种动力不足的现象不仅影响了培训的效果和参与度，也制约了高中生物教师队伍的整体素质提升。

综上所述，当前高中生物教师培训存在着资源不均衡、内容与实际需求脱节、培训方式单一、评估机制不完善以及教师参与动力不足等问题。为了解决这些问题，教育部门需要加强对培训资源的统筹和分配，确保不同地区和学校之间能够公平地获得培训机会和资源，同时，还需要根据教师的实际需求调整培训内容，探索多样化和创新性的培训方式，此外，还需要完善培训评估机制，建立持续性的监测和提升机制，最后，还需要激发教师参与培训的动力，提升他们对培训的认识和重视程度。只有这样，才能真正实现高中生物教师培训的目标，提升教师的专业素养和教学能力，为培养更多具备科学素养和创新精神的学生做出更大的贡献。

二、教师实践中遇到的问题与挑战

高中生物教师在教学实践中面临着诸多问题和挑战，这些问题不仅涉及教学内容和方法，还与教师自身的专业成长、学校环境、教育资源等多个方面密切相关。下文将详细探讨高中生物教师在实践中遇到的主要问题与挑战。

（一）教学内容与方法的挑战

随着生物科技的快速发展，高中生物教学内容不断更新和扩展，这对教师的知识储备和教学能力提出了更高的要求。教师需要不断更新自己的知识体系，掌握最新的科研成果和教育理念，才能满足学生的学习需求。同时，传统的教学方法已经难以适应现代教学的需求，教师需要探索更加有效的教学方法，如问题导向学习、探究式学习等，以激发学生的学习兴趣和积极性。

（二）学生差异化与个性化需求的挑战

高中生物作为一门重要的学科，对学生的基础知识和思维能力要求较高。然而，由于学生的背景、兴趣、学习能力等方面存在差异，教师在实践中需要面对如何满足学生个性化需求的挑战，如何针对不同学生的特点制定个性化的教学方案，如何激发学生的学习兴趣和动力，如何帮助学生克服学习困难等问题，这些都是教师需要思考和解决的问题。

（三）教育资源与实验条件的限制

高中生物教学需要大量的实验和实践操作，这对学校的实验条件和教育资源提出了更高的要求。然而，在一些学校，尤其是偏远地区或薄弱学校，实验条件和教育资源有限，难以满足教学的需求。教师需要充分利用有限的资源，创新教学方式，如利用虚拟实验、模拟软件等手段弥补实验条件的不足。同时，教师还需要积极争取学校和社会的支持，争取更多的教育资源和投入。

（四）教师专业成长的挑战

作为一名高中生物教师，不仅需要具备扎实的专业知识和教学技能，还需要不断学习和成长，适应教育改革和发展的需求。然而，在实际工作中，由于教学任务繁重、工作压力大等原因，教师往往难以抽出时间和精力进行专业学习和成长。此外，一些教师还面临着职业倦怠和缺乏动力的问题，这也影响了他们的专业成长和发展。因此，教师需要积极调整自己的心态和状态，制订个人成长计划，不断提升自己的专业素养和教学能力。

（五）教育政策与考试要求的变化

教育政策和考试要求的变化也是高中生物教师需要面对的挑战之一。随着教育改革的不断深化，高中生物课程的设置、教学内容和考试要求都在不断调整和优化。教师需要密切关注政策变化和调整要求，及时调整自己的教学计划和教学策略，以适应新的教育形势和考试要求。同时，教师还需要积极参与教育研究和学术交流活动，了解最新的教育理念和教学方法，为自己的教学实践提供指导和支持。

（六）社会环境与家庭教育的影响

社会环境的变化和家庭教育的影响也对高中生物教师的教学实践带来了挑战。随着社会的快速发展和信息技术的普及，学生的思想观念和行为习惯也在不断变化。教师需要关注学生的社会背景和家庭教育情况，了解他们的成长经历和心理需求，以便更好地指导他们的学习和成长。同时，教师还需要加强与家长的沟通和合作，共同关注学生的全面发展和健康成长。

综上所述，高中生物教师在实践中面临着诸多问题和挑战，这些问题不仅涉及教学内容和方法、学生差异与个性化需求、教育资源与实验条件等方面，还与教师专业成长、教育政策与考试要求的变化以及社会环境与家庭教育的影响等多个方面密切相关。为了应对这些挑战，教师需要不断更新自己的知识体系和教学理念，探索更加有效的教学方法和手段，还需要关注学生的个性化需求和成长背景，积极争取学校和社会的支持，最后要加强自身的专业成长和学习动力，不断提升自己的专业素养和教学能力。只有这样，才能更好地适应教育改革和发展的需求，为学生的全面发展和健康成长做出更大的贡献。

三、教师培训与实践中问题的对策研究

随着教育改革的不断深入，高中生物教师培训与实践成为提升教育质量的关键环节。然而，在实际的培训与实践中，教师往往面临着诸多问题，如培训内容与实际教学脱节、培训方法单一、实践机会不足等。为了有效解决这些问题，下文将从培训内容、培训方法、实践机会以及评价体系等方面提出相应的对策。

（一）优化培训内容，确保与教学实践紧密结合

针对培训内容与实际教学脱节的问题，教育部门首先需要优化培训内容，确保其与教学实践紧密结合。培训内容应涵盖最新的生物科研成果、教育理念、教学方法等，同时，结合高中生物课程的实际需求，应具有针对性和实用性。此外，培训内容还应注重教师的实际需求和困惑的课程。通过问卷调查、座谈会等方式了解教师的实际需求，根据反馈结果调整培训内容，确保培训内容与教学实践的高度契合。

（二）采用多元化的培训方法，增强培训效果

传统的培训方法往往以讲座和理论讲解为主，缺乏互动性和实践性，难以激发教师的学习兴趣和积极性。因此，应采用多元化的培训方法，如案例分析、小组讨论、角色扮演等，以增强培训效果。案例分析可以帮助教师深入了解实际教学中的问题，并通过讨论找到解决方案；小组讨论可以促进教师之间的交流与合作，共同探讨教学中的困惑和挑战；角色扮演则可以让教师模拟实际教学场景，锻炼教学技能和应变能力。这些多元化的培训方法可以激发教师的学习热情，增强培训效果。

（三）增加实践机会，提升教师的实践能力

实践是检验真理的唯一标准。对于高中生物教师而言，实践能力的提升是培训与实践中不可或缺的一部分。因此，学校应增加教师的实践机会，让他们

在实际教学中不断锻炼和提升实践能力，可以通过组织教学观摩、教学实习、教学研讨等活动，为教师提供更多的实践平台。在这些活动中，教师可以观摩其他优秀教师的教学过程，学习他们的教学技巧和经验，同时，也可以将自己的教学实践与其他教师分享，接受他们的评价和建议，从而不断完善自己的教学方法和策略。

（四）完善评价体系，激励教师持续发展

评价与反馈是培训与实践的重要环节。为了激励教师的持续发展，学校需要完善评价体系，确保评价结果的客观性和公正性。评价体系应涵盖教学内容、教学方法、教学效果等多个方面，同时结合学生的反馈和家长的评价，形成全面的评价结果。在评价过程中，学校应注重过程性评价和结果性评价的结合，既关注教师的教学过程和方法，也关注学生的学习成果和进步。对于评价结果优秀的教师，学校应给予相应的奖励和激励，如提供进修机会、晋升职称等；对于评价结果不佳的教师，则应给予指导和帮助，帮助他们找到问题所在并制订改进计划。

（五）加强教师培训的组织与管理

教师培训的组织与管理无疑是提升培训效果和教师实践能力的关键所在。一个健全和完善的教师培训制度，不仅为培训活动提供了明确的指导和规范，还能够确保培训的有序开展和高效实施。这一制度应涵盖培训内容、培训方式、培训时间、培训人员等多个方面，确保每一个细节都得到精心的规划和执行。

除了建立制度，对培训过程的监督和评估同样重要。有效的监督可以及时发现培训中存在的问题和不足，从而迅速进行调整和改进。评估则能够量化培训的效果，为未来的培训活动提供宝贵的参考和依据。这样的监督和评估机制，不仅有助于提升培训质量，还能够确保培训资源得到最大化地利用。

此外，对教师培训成果的跟踪和反馈也是至关重要的。通过跟踪，学校可以了解教师在培训后的实际应用情况，发现他们的进步和成长。反馈则能够让教师了解自己的优点和不足，从而有针对性地进行改进和提升。这种跟踪和反馈机制，不仅有助于教师的个人发展，还能够为整个教育团队的提升提供有力的支持。

综上所述，针对高中生物教师培训与实践中存在的问题，教育部门应从优化培训内容、采用多元化的培训方法、增加实践机会、完善评价体系以及加强教师培训的组织与管理等方面提出相应的对策。这些对策的实施将有助于提升教师的专业素养和实践能力，推动高中生物教育的质量提升和持续发展。

第十章　高中生物课程设计与教学改革的课程资源开发与利用

第一节　课程资源的分类与特点

一、课程资源的定义与分类

在高中生物教育中，课程资源是支撑教学活动顺利进行的重要基础。它不仅包括传统的教材、教具，还涉及了广泛的现代教育技术和多元化的教育资源。对课程资源的合理定义和分类，有助于教师更好地利用和开发课程资源，提升教学质量，同时也为学生的全面发展提供了有力保障。

（一）高中生物课程资源的定义

高中生物课程资源，是指在高中生物教育教学过程中，可以被教育者利用的各种要素和条件的总和。这些要素和条件不仅包括物质层面的资源，如教材、教具、实验室设备等，还包括非物质层面的资源，如网络教育资源、教师经验、学生经验、社区资源等。这些资源共同构成了高中生物课程的支撑体系，为教学活动的顺利开展提供了必要的保障。

具体而言，高中生物课程资源应具备以下几个特点。

（1）针对性：资源应与高中生物课程内容紧密相关，能够满足教育教学的需求。

（2）多样性：资源类型应丰富多样，包括文字、图片、视频、音频等多种形式。

（3）实用性：资源应具有实际应用价值，能够为教师的教和学生的学提供有效支持。

（4）可获取性：资源应易于获取和使用，方便教师和学生在需要时能够快速找到所需的资源。

（二）高中生物课程资源的分类

高中生物课程资源可以按照不同的标准进行分类，常见的分类方式有以下几种。

1. 按照资源的形式分类

文字资源：包括教材、教学辅导书、学术期刊等。这些资源是高中生物教学的基础，为教师提供了基本的教学内容和教学指导。

图片资源：包括生物图片、图表、示意图等。这些资源能够直观地展示生物现象和生物结构，帮助学生更好地理解和掌握生物知识。

视频资源：包括生物实验录像、生物纪录片、科普视频等。这些资源能够生动地展示生物过程和生物现象，激发学生的学习兴趣和好奇心。

音频资源：包括生物讲座、生物声音素材等。这些资源能够为学生提供更多的听觉信息，帮助他们更全面地了解生物世界。

2. 按照资源的来源分类

学校内部资源：包括教材、教具、实验室设备、教师经验等。这些资源是学校内部现成的资源，为教师提供了基本的教学支持。

社区资源：包括博物馆、动物园、植物园、科研机构等。这些资源位于学校周边社区，为学生提供了实地参观和学习的机会。

网络资源：包括在线数据库、电子图书、教学平台等。这些资源通过互联网获取，具有丰富性和便捷性，为教师和学生提供了广阔的学习空间。

3. 按照资源的利用方式分类

传统资源：如纸质教材、挂图、模型等。这些资源在教学过程中长期使用，具有稳定性和可靠性。

现代资源：如多媒体教学软件、网络教育资源、虚拟现实技术等。这些资源具有先进的技术支持和互动性强的特点，能够为学生提供更加丰富的学习体验。

（三）高中生物课程资源的开发与利用

对于高中生物课程资源的开发与利用，需要做到以下几点。

（1）充分挖掘现有资源：教师应充分利用学校内部的资源，如教材、教具、实验室设备等，发挥它们的最大效用。同时，还应关注社区资源和网络资源，将这些资源有机地融入教学过程中。

（2）注重资源的整合与优化：对于不同类型的资源，教师应进行有效的整合和优化，使其能够更好地服务于教学，例如，可以将文字资源与图片资源相结合，形成图文并茂的教学材料；将视频资源与实验教学相结合，帮助学生更直观地了解生物过程。

（3）鼓励学生参与资源开发：学生是教学活动的重要参与者，也是资源开发的重要力量。教师应鼓励学生积极参与资源开发，如收集生物标本、制作生物模型、参与生物实验等。这样不仅能够增强学生的实践能力，还能够培养他们的创新精神和合作意识。

（4）加强教师培训与指导：教师是课程资源开发与利用的关键人物。因此，学校应加强教师的培训与指导，提升他们的资源开发能力和教学应用能力。通过培训，教师可以更好地掌握现代教育技术和资源开发方法，为高中生物教学的质量提升提供有力保障。

综上所述，高中生物课程资源是支撑教学活动顺利进行的重要基础。对课程资源的合理定义和分类，以及有效的开发与利用，可以为高中生物教学的质量提升和学生的全面发展提供有力保障。

二、不同类型课程资源的特点

在高中生物教育教学过程中，课程资源作为重要的支撑，其多样性和丰富性对于提高教学质量至关重要。不同类型的课程资源具有各自独特的特点，这些特点不仅影响了资源的使用方式，还决定了它们在高中生物教学中的价值和作用。以下将详细探讨高中生物课程中几种主要类型的课程资源及其特点。

（一）文字资源

文字资源是高中生物教学中最基本、最传统的一类资源，主要包括教材、教辅书、学术期刊等。这些资源以文字为主要载体，通过系统的知识体系和详细的解释说明，为学生提供了基础的理论知识和学习指导。文字资源的特点包括如下。

（1）系统性：文字资源通常按照特定的知识体系和结构进行编排，能够帮助学生系统地掌握生物学的基本概念和原理。

（2）准确性：文字资源经过严格的编写和审核，具有较高的准确性和权威性，是学生学习生物学的可靠依据。

（3）灵活性：文字资源可以方便地携带和查阅，不受时间和地点的限制，学生可以随时随地进行学习。

（二）图片资源

图片资源是高中生物教学中常用的一类资源，包括生物图片、图表、示意图等。这些资源以视觉形式呈现生物现象和生物结构，具有直观性和形象性。图片资源的特点包括。

（1）直观性：图片资源能够直观地展示生物现象和生物结构，帮助学生更好地理解和掌握生物学知识。

（2）形象性：通过图片，学生可以更加形象地感知生物世界的多样性和复杂性，增强学习的兴趣和好奇心。

（3）补充性：图片资源可以作为文字资源的补充和拓展，提供更多的信息和细节，帮助学生更全面地了解生物学知识。

（三）视频资源

视频资源是高中生物教学中新兴的一类资源，包括生物实验录像、生物纪录片、科普视频等。这些资源以动态影像的形式呈现生物过程和生物现象，具有生动性和趣味性。视频资源的特点包括如下。

（1）生动性：视频资源能够生动地展示生物过程和生物现象，让学生感受到生物学的魅力和趣味性，激发学习的兴趣和动力。

（2）实时性：视频资源可以展示生物学领域的最新研究成果和进展，让学生及时了解到最新的科学信息和技术发展。

（3）互动性：视频资源通常配备有互动功能，如暂停、回放、注释等，方便学生进行自主学习和探究学习，提高学习效果。

（四）音频资源

音频资源在高中生物教学中也具有一定的应用价值，包括生物讲座、生物声音素材等。这些资源以声音为主要载体，通过听觉形式传递生物学信息，具有便携性和伴随性。音频资源的特点包括如下。

（1）便携性：音频资源通常以小文件的形式存在，可以方便地下载和传输，适合学生在移动设备上进行学习。

（2）伴随性：音频资源可以在学生进行其他活动时播放，如听讲座时做笔记或进行复习，提高学习效率和效果。

（3）补充性：音频资源可以作为文字资源和视频资源的补充，为学生提供更多的听觉信息和学习途径。

（五）网络资源

网络资源是高中生物教学中最为丰富和多样的一类资源，包括在线数据库、电子图书、教学平台等。这些资源以互联网为依托，具有便捷性、实时性和互动性。网络资源的特点包括如下。

（1）便捷性：网络资源可以随时随地通过互联网进行访问和使用，不受时间和地点的限制，为学生提供了便捷的学习途径。

（2）实时性：网络资源可以实时更新和发布最新的生物学信息和研究成果，让学生及时了解到最新的科学动态和技术进展。

（3）互动性：网络资源通常配备有互动功能，如在线讨论、作业提交、评价反馈等，方便学生与教师进行交流和互动，提高学习效果和学习动力。

综上所述，不同类型的课程资源在高中生物教学中各具特点，这些特点决定了它们在教学中的价值和作用。文字资源具有系统性和准确性，是学生学习生物学的基础；图片资源具有直观性和形象性，能够帮助学生更好地理解和掌握生物学知识；视频资源具有生动性和趣味性，能够激发学生的学习兴趣和好奇心；音频资源具有便携性和伴随性，适合学生进行自主学习和补充学习；网络资源具有便捷性、实时性和互动性，为学生提供了广阔的学习空间和丰富的学习资源。因此，在高中生物教学中，教师应根据教学需求和学生特点，合理选择和利用不同类型的课程资源，以提高教学质量和学生的学习效果。

三、课程资源在教学中的作用与意义

在高中生物教学中，课程资源扮演着至关重要的角色。这些资源不仅为教学活动提供了丰富的素材和工具，还为学生提供了多元化的学习途径和体验。课程资源的合理利用，不仅可以激发学生的学习兴趣和动力，还能提升教学质量，促进学生的全面发展。以下将详细探讨高中生物课程资源在教学中的作用与意义。

（一）激发学生的学习兴趣和动力

高中生物课程资源通常包括实验器材、生物标本、多媒体课件等，这些资源以直观、生动的方式展示了生物学的奥秘和魅力。通过亲手操作实验器材，观察生物标本，学生可以更加深入地了解生物学的知识，感受到生物学的趣味性和实用性。这种亲身体验的学习方式，能够激发学生的学习兴趣和好奇心，使他们更加主动地参与到学习活动中来。

（二）促进学生对知识的理解和掌握

高中生物课程资源中的文字资料、图片资料、视频资料等，能够以多种形式呈现生物学知识，帮助学生从多个角度理解和掌握知识。这些资源通常具有直观性、形象性、生动性等特点，能够将抽象的生物学知识具体化、形象化，降低学习难度，提高学生的学习效率。同时，课程资源还能够提供大量的实例和案例，帮助学生将理论知识与实际生活联系起来，加深对知识的理解和记忆。

（三）培养学生的实验能力和科学探究精神

高中生物课程资源中的实验器材和实验课程，为学生提供了进行科学探究和实践的机会。通过亲手操作实验，学生可以锻炼自己的实验能力，掌握实验技能和方法。同时，实验过程也是培养学生科学探究精神的重要途径。在实验过程中，学生需要设计实验方案、进行实验操作、分析实验结果等，这些活动能够培养学生的观察力、思考力、创新力和合作精神，为他们的未来发展打下坚实的基础。

（四）拓展学生的知识视野和思维方式

高中生物课程资源中的网络资源和图书资源等，为学生提供了丰富的学习素材和参考资料。这些资源不仅包含了生物学的基础知识，还涉及生物学的前沿领域和最新研究成果。通过阅读这些资源，学生可以拓展自己的知识视野，了解到生物学的最新动态和发展趋势。同时，这些资源还能够帮助学生跳出传统的思维模式，拓展自己的思维方式和思考角度，提高他们的综合素质和创新能力。

（五）促进教师的教学水平和专业发展

高中生物课程资源不仅对学生有着重要的影响，也对教师的教学水平和专业发展有着积极的推动作用。一方面，课程资源为教师提供了丰富的教学素材和工具，帮助教师更好地设计和实施教学活动，提高教学效果。另一方面，课程资源中的新理念、新方法、新技术等，也能够促进教师的专业成长和发展。通过学习和利用这些资源，教师可以不断更新自己的教育观念和教学方法，提高自己的教学水平和专业素养。

（六）推动高中生物教学的改革与创新

随着科技的进步和教育理念的不断更新，高中生物课程资源也在不断发展和完善。新的课程资源不断涌现，为高中生物教学带来了更多的可能性和机遇。这些新的课程资源不仅丰富了教学内容和形式，还为教学改革和创新提供了有力的支撑。通过利用这些新的课程资源，教师可以尝试新的教学模式和方法，推动高中生物教学的改革与创新，为学生的全面发展创造更好的条件。

综上所述，高中生物课程资源在教学中的作用与意义是多方面的。这些资源不仅能够激发学生的学习兴趣和动力，促进学生对知识的理解和掌握，还能够培养学生的实验能力和科学探究精神，拓展学生的知识视野和思维方式。同时，课程资源还能够促进教师的教学水平和专业发展，推动高中生物教学的改革与创新。因此，在高中生物教学中，我们应充分重视和利用课程资源的作用和价值，为学生的全面发展提供有力的支持和保障。

第二节　课程资源开发的原则与途径

一、课程资源开发的原则

高中生物课程资源的开发对于丰富教学内容、提升教学质量、促进学生全面发展具有重要意义。然而，课程资源的开发并非随意而为，而是需要遵循一定的原则，确保资源的科学性、有效性、实用性和适应性。以下是高中生物课程资源开发应遵循的几个主要原则。

（一）科学性原则

科学性是课程资源开发的首要原则。高中生物课程资源开发必须基于生物学的基本原理和规律，确保所开发的内容准确无误，符合科学认知。这要求开发者在选择、整理、设计课程资源时，要有扎实的生物学理论基础，避免传递错误或误导性的信息。同时，课程资源的设计要符合学生的认知发展规律，有助于培养学生的科学思维和探究能力。

（二）适应性原则

适应性原则指的是课程资源应与学生的实际需求、学习特点和地方特色相适应。不同地区、不同学校、不同学生的实际情况各不相同，因此课程资源开发应具有针对性，能够满足不同学生的学习需求。开发者需要对目标学生群体进行深入了解，分析他们的学习风格、兴趣爱好、知识背景等，开发出符合他们需求的课程资源。同时，课程资源还应与当地的生物资源和环境特点相结合，体现地方特色，增强学生的实践能力和社会责任感。

（三）系统性原则

系统性原则要求课程资源开发要全面、系统地考虑生物学的知识体系和教学目标。开发者需要对高中生物课程标准和教材进行深入研究，确保所开发的课程资源能够覆盖课程标准要求的知识点和技能点。同时，课程资源之间应形成有机联系，构成一个完整的知识体系，帮助学生系统地掌握生物学知识。此外，课程资源还应与学生的学习进度和认知发展规律相匹配，形成一个循序渐进的学习路径。

（四）实用性原则

实用性原则强调课程资源应具有实际应用价值，能够真正服务于教学和学习。开发者在开发课程资源时，应充分考虑其在实际教学中的可操作性、易用性和效果。课程资源应便于教师使用，能够方便地融入日常教学中，同时，也应便于学生学习，能够激发他们的学习兴趣和积极性。此外，课程资源还应具有一定的可重复利用性，能够在不同教学场景下发挥作用。

（五）创新性原则

创新性原则鼓励开发者在课程资源开发中勇于尝试新的理念、新的方法和新的技术。随着科技的进步和教育理念的不断更新，课程资源开发也应与时俱进，不断创新。开发者可以借鉴其他学科或领域的成功经验，引入新的教学模式、教学方法或技术手段，为高中生物教学带来新的活力和可能性。同时，课程资源开发还应注重培养学生的创新精神和实践能力，为他们提供足够的探究空间和实践机会。

（六）合作与共享原则

合作与共享原则强调课程资源开发应加强合作与交流，实现资源共享。高中生物课程资源开发是一项复杂而庞大的工程，需要多方面的合作与支持。开发者可以与同行、专家、学生、家长等各方进行广泛的合作与交流，共同开发和优化课程资源。同时，课程资源应具有一定的开放性和共享性，方便其他教师和教育机构使用和改进。合作与共享可以促进课程资源的不断优化和完善，提高教学质量和效益。

综上所述，高中生物课程资源开发应遵循科学性、适应性、系统性、实用性、创新性以及合作与共享等原则。这些原则相互关联、相互促进，共同构成了课程资源开发的基本框架和指导思想。遵循这些原则进行课程资源开发，可以确保所开发的资源具有科学性、有效性、实用性和适应性，为高中生物教学的改进和创新提供有力支持。

二、课程资源开发的途径与方法

高中生物课程资源开发是提升教学质量、培养学生科学素养和创新精神的关键环节。为了有效地进行课程资源开发，教师需要探索多种途径并采用科学的方法。以下是高中生物课程资源开发的几种主要途径和方法。

（一）教材资源的深度挖掘

教材是教学的基本资源，对教材的深度挖掘是课程资源开发的基础。教师可以通过对教材内容的深入研究，发掘其中的知识点、技能点以及情感态度价值观等方面的内容，为课堂教学提供丰富的素材。同时，教师还可以结合学生的实际情况，对教材进行适当的拓展和延伸，引导学生进行深入思考和探究。

（二）利用现代信息技术手段

随着信息技术的发展，网络资源、多媒体教学软件、在线学习平台等现代信息技术手段为课程资源开发提供了广阔的空间。教师可以利用这些手段，搜集和整理网络上的优质资源，如生物科学前沿进展、实验教学视频、生物现象解析等，将其融入课堂教学中。同时，教师还可以利用信息技术手段创新教学方式，如开展在线讨论、互动教学等，提高学生的学习兴趣和参与度。

（三）开展实验教学和实践活动

生物学是一门实验性很强的学科，实验教学和实践活动是课程资源开发的重要组成部分。通过设计和实施各种生物实验和实践活动，如观察实验、操作实验、探究实验、社会实践等，可以帮助学生直观地理解生物学知识，提高他们的实践能力和创新精神。同时，实验教学和实践活动还可以培养学生的科学态度和方法论意识，促进他们全面发展。

（四）开发利用社区和自然资源

社区和自然资源是课程资源开发的重要来源。教师可以结合当地的生物资源和环境特点，组织学生进行实地考察、生态调查、环境监测等活动，让学生在实际操作中感受生物学的魅力。同时，教师还可以利用社区资源，如邀请生物学家、环保人士等举办讲座或辅导，为学生提供更广阔的视野和更丰富的知识。

（五）鼓励学生参与课程资源开发

学生是课程资源开发的重要参与者。教师可以通过组织兴趣小组、研究性学习等方式，鼓励学生自主开展生物学的探究和学习活动。学生可以通过查阅资料、进行实验、撰写报告等方式，参与到课程资源开发的过程中来。这不仅可以激发学生的学习兴趣和积极性，还可以培养他们的自主学习能力和创新精神。

（六）加强与其他学科的交叉融合

生物学与其他学科之间存在紧密的联系和交叉融合的可能性。教师可以加强与其他学科教师的合作与交流，共同开发和利用课程资源，例如，可以与物理、化学等学科合作，开展跨学科的实验和探究活动；可以与地理、环境科学等学科合作，开展生态和环境方面的调查和研究。这种交叉融合的方式可以帮助学生更全面地理解生物学知识，培养他们的综合素质和跨学科思维能力。

（七）注重课程资源的评价与更新

课程资源开发是一个持续不断的过程，需要不断地进行评价和更新。教师可以通过收集学生的反馈意见、观察学生的学习效果等方式，对课程资源进行评价和反思。同时，随着科学技术的不断发展和教育理念的更新，课程资源也需要不断地进行更新和完善。教师可以关注最新的研究成果和教育理念，及时将新的内容和方法融入课程资源中。

综上所述，高中生物课程资源开发的途径与方法多种多样，包括深度挖掘教材资源，利用现代信息技术手段，开展实验教学和实践活动，开发利用社区和自然资源，鼓励学生参与课程资源开发，加强与其他学科的交叉融合以及注重课程资源的评价与更新等。这些途径和方法相互补充、相互促进，可以为高中生物课程资源开发提供有力的支持和保障。开发科学有效的课程资源，可以提高高中生物课程教学的质量和效益，培养学生的科学素养和创新精神，为他们的全面发展奠定坚实的基础。

三、课程资源开发的实践案例分析

在高中生物教学中，课程资源开发是一项重要而富有挑战性的任务。为了深入理解课程资源开发在实际教学中的应用，下文将通过几个具体的实践案例来进行分析。这些案例展示了如何结合学校、社区、学生等多元资源，创新高中生物教学，提高学生的学习效果和兴趣。

（一）案例一：利用校园生物资源开展实践教学

某高中校园内有一片生态园，种植了多种植物并养殖了一些小动物。生物教师利用这一得天独厚的资源，组织学生进行了一系列的实践教学活动。例如，他们结合生态学知识，开展了“校园生态多样性调查”项目。学生们分组进行，观察记录校园内的植物种类、动物分布以及生态环境等，通过数据分析，了解校园生态的多样性及其特点。这样的活动不仅增强了学生的实践能力，还培养了他们的环保意识和科学探究精神。

（二）案例二：利用社区资源开展生物科普活动

某高中生物教师与当地生物科学馆合作，利用周末时间组织学生参观科学馆，并邀请科学馆的专家为学生们进行生物科普讲座。通过这些活动，学生们得以近距离接触生物科学的前沿知识，了解生物学在实际生活中的应用。此外，教师还鼓励学生参与科学馆的互动实验项目，如 DNA 提取、微生物观察等，让学生在亲身体验中感受生物学的魅力。这些社区资源的有效利用，不仅丰富了生物课程的内容，也拓宽了学生的视野。

（三）案例三：学生主导的生物研究项目

为了培养学生的自主学习能力和创新精神，某高中生物教师鼓励学生自主发起生物研究项目。学生们在教师的指导下，结合自身的兴趣和好奇心，设计了各种有趣的生物实验项目。例如，有的学生研究了不同光照条件下植物的生长情况，有的学生探究了酵母菌在不同糖溶液中的发酵效果等。这些项目不仅激发了学生的学习热情，也让他们在实践中深刻理解了生物学的原理和方法。同时，通过项目的实施和成果的展示，学生们的科学素养和表达能力都得到了显著的提升。

（四）案例四：跨学科整合的生物课程设计

为了加强生物学与其他学科的交叉融合，某高中生物教师与物理、化学等学科的教师合作，共同设计了一门跨学科的生物课程。在这门课程中，学生们不仅学习了生物学的基本知识，还通过物理和化学的视角，深入探究生物现象的本质。例如，在探讨光合作用的过程中，学生们不仅学习了光合作用的生物学原理，还通过化学实验来验证光合作用的产物，并通过物理实验来探究光合作用的能量转换过程。这种跨学科的教学设计，不仅提高了学生的学习兴趣和综合素质，也让他们在实践中体验到了科学探究的乐趣。

（五）案例五：利用信息技术手段创新教学方式

随着信息技术的发展，某高中生物教师开始尝试利用信息技术手段来创新教学方式。例如，他利用网络平台为学生们建立了在线学习社区，鼓励学生在社区中分享学习心得、提问解答。此外，教师还利用虚拟现实技术为学生们创建了虚拟实验室，让他们可以在虚拟环境中进行各种生物实验。这些信息技术手段的运用，不仅提高了学生的学习效率和参与度，也让他们在学习中体验到了更多的乐趣和成就感。

这些实践案例展示了高中生物课程资源开发的多种可能性和效果。教师通过充分利用校园、社区、学生等多元资源，结合现代信息技术手段，创新教学方式和内容，可以有效地提高高中生物课程教学的质量和效益。同时，这些案例也为我们提供了宝贵的经验和启示，为未来的高中生物课程资源开发提供了有益的参考和借鉴。

第三节　信息技术在课程资源开发中的应用与实践

一、信息技术在课程资源开发中的优势与作用

随着信息技术的迅猛发展，其在教育领域的应用日益广泛。生物学作为一门涉及生命现象、生命活动规律及其应用的自然科学，与信息技术的结合具有得天独厚的优势。下文将深入探讨信息技术在高中生物课程资源开发中的优势与作用，以期为提高高中生物教学质量和效果提供参考。

（一）信息技术在高中生物课程资源开发中的优势

（1）资源丰富性：信息技术能够提供海量的生物课程资源，包括文本、图片、音频、视频、动画等多种形式。这些资源不仅涵盖了生物学的各个领域，而且具有高度的时效性和动态性，能够帮助学生及时了解生物学的前沿进展和实际应用。

（2）交互性强：信息技术能够实现师生之间、学生之间的实时互动和交流。通过在线学习平台、社交媒体等工具，教师可以及时解答学生的疑问，学生可以相互分享学习心得和经验，形成积极的学习氛围。

（3）个性化学习：信息技术能够根据学生的学习需求和兴趣，提供个性化的学习资源和学习路径。通过智能推荐、定制化学习等方式，学生可以根据自己的实际情况进行有针对性的学习，提高学习效果。

（4）虚拟实验环境：信息技术能够模拟真实的生物实验环境，提供虚拟实验平台。学生可以在虚拟环境中进行各种生物实验，不仅能够加深学生对生物学原理的理解，而且能够培养学生的实验能力和科学探究精神。

（二）信息技术在高中生物课程资源开发中的作用

（1）拓展课程资源：信息技术能够将传统的纸质教材转化为电子教材，同时整合网络上的各种生物课程资源，为学生提供更加丰富多样的学习材料。这些资源不仅可以帮助学生更好地理解生物学知识，而且能够激发学生的学习兴趣和好奇心。

（2）优化教学方法：信息技术能够创新教学方式和方法，使高中生物教学更加生动、形象、有趣。例如，教师可以利用多媒体课件、动画演示等方式，将抽象的生物学原理变得直观易懂；可以利用在线学习平台、移动学习应用等工具，实现线上线下相结合的教学模式，提高学生的学习参与度和自主性。

（3）促进师生互动：信息技术能够为师生之间的交流和互动提供更加便捷和高效的渠道。通过在线学习平台、社交媒体等工具，教师可以及时发布学习资源、布置作业、解答疑问；学生可以随时提问、分享心得、参与讨论，形成积极的学习氛围，并培养合作精神。

（4）提高学习效果：信息技术能够通过智能化的学习推荐、定制化的学习路径等方式，帮助学生更加高效地学习生物学知识。同时，虚拟实验平台等信息技术手段也能够让学生在实践中加深对生物学原理的理解和应用，提高学习效果和实践能力。

信息技术在高中生物课程资源开发中具有得天独厚的优势和重要作用。通过整合网络资源、创建虚拟实验环境、优化教学方法等手段，信息技术能够有效地提高高中生物教学的质量和效果，激发学生的学习兴趣和好奇心，培养学生的自主学习能力和科学探究精神。同时，信息技术也能够为师生之间的交流和互动提供更加便捷和高效的渠道，促进教学相长和学习共同体的形成。因此，高中生物课程的资源开发，应充分利用信息技术的优势和作用，为高中生物教学的创新和发展注入新的活力和动力。

二、信息技术在课程资源开发中的实践案例分析

随着信息技术的快速发展，科学技术在教育领域的应用愈发广泛。高中生物作为一门重要的自然科学课程，其课程资源开发也受到了信息技术的深刻影响。下文将通过几个实践案例，分析信息技术在高中生物课程资源开发中的具体应用及其效果。

（一）利用网络资源构建生物学习平台

某高中引入了在线教育平台，将传统的教学资源进行了数字化改造。生物教师将课件、教学视频、实验演示等内容上传到平台，供学生随时随地学习。学生可以通过电脑或手机访问平台，自主学习或复习生物知识。同时，平台还提供了在线测试、作业提交、师生互动等功能，方便教师及时了解学生的学习情况并给予指导。

这个案例展示了信息技术在整合和优化教学资源方面的优势。通过在线教育平台，学生可以获得更加丰富多样的学习资源，实现个性化的学习路径。同时，平台的互动功能也促进了师生之间的交流和互动，提高了学习效果。

（二）虚拟实验在高中生物教学中的应用

另一所高中引入了虚拟实验软件，让学生在计算机上模拟生物实验。这些虚拟实验软件高度还原了真实的实验环境和操作步骤，学生可以在虚拟环境中进行各种实验，观察实验结果并得出结论。通过这种方式，学生不仅可以在没有实际实验条件的情况下进行实验操作，还可以在反复尝试中加深对生物学原理的理解。

这个案例体现了信息技术在创新教学方式方法方面的作用。通过虚拟实验软件，学生可以在安全、可控的环境中进行实验操作，培养实验能力和科学探究精神。同时，虚拟实验还具有高度的灵活性和可重复性，方便学生进行自主

学习和巩固知识。

（三）社交媒体在生物课堂讨论中的应用

还有一所高中利用社交媒体平台（如微信群、QQ 群等）开展生物课堂讨论。教师在课前将讨论主题发布到社交媒体平台，鼓励学生提前查阅资料、思考问题。在课堂上，学生可以在平台上发表自己的观点和看法，与其他同学进行交流和讨论。课后，教师还可以将课堂讨论的精华内容进行整理和总结，供学生复习和参考。

这个案例展示了信息技术在促进师生互动和生生互动方面的作用。通过社交媒体平台，学生可以更加便捷地参与课堂讨论，表达自己的观点和看法。同时，平台上的互动功能也可以激发学生的学习兴趣和好奇心，形成积极的学习氛围。

（四）智能推荐系统在个性化学习中的应用

某高中生物课程引入了智能推荐系统，根据学生的学习成绩、兴趣爱好等数据，为其推荐个性化的学习资源和学习路径。系统会根据学生的实际情况，推荐适合的学习资料和练习题，帮助学生巩固知识点、提高学习效果。同时，系统还会根据学生的反馈和表现，不断调整推荐策略，实现更加精准的个性化学习。

这个案例体现了信息技术在个性化学习方面的优势。通过智能推荐系统，学生可以获得更加符合自己需求和兴趣的学习资源和学习路径，提高学习效率和效果。同时，系统还能够根据学生的反馈和表现进行智能调整，实现更加精准的学习推荐。

以上几个案例展示了信息技术在高中生物课程资源开发中的实践应用及其效果。这些案例表明，信息技术在教育领域的应用具有广阔的前景和巨大的潜力。通过整合网络资源、应用虚拟实验软件、利用社交媒体平台以及引入智能推荐系统等手段，信息技术可以有效地提高高中生物教学的质量和效果，激发学生的学习兴趣和好奇心，培养学生的自主学习能力和科学探究精神。

同时，这些案例也给我们带来了启示。首先，高中生物课程资源开发应充分利用信息技术的优势和作用，不断创新教学方式和方法；其次，教师应积极学习和掌握信息技术知识，将其融入日常教学中；最后，学校应加大对信息技术在教育领域的投入和支持力度，为师生提供更加优质的教学资源和学习环境。

三、信息技术在课程资源开发中的挑战与展望

随着信息技术的迅猛发展和广泛应用，其在教育领域中的作用日益突显。高中生物作为一门重要的科学课程，其课程资源开发对于提高教学效果、培养学生的科学素养具有重要意义。然而，在高中生物课程资源开发过程中，信息技术应用面临着诸多挑战。下文将对这些挑战进行深入分析，并展望信息技术在高中生物课程资源开发中的未来发展趋势。

（一）信息技术在高中生物课程资源开发中的挑战

1. 技术应用门槛高

高中生物教师往往不具备专业的信息技术背景，对于复杂的信息技术应用往往感到力不从心。例如，教师可能需要使用多媒体制作软件、在线学习平台等技术工具来开发课程资源，但这些工具的操作难度较高，需要一定的学习和实践才能掌握。此外，随着技术的不断更新换代，教师需要不断适应新的工具和方法，这无疑增加了技术应用的难度。

2. 资源整合难度大

在开发高中生物课程资源时，教师需要从海量的网络资源中筛选出适合的教学内容。然而，网络上的资源质量参差不齐，有的内容可能存在科学性、准确性等方面的问题。因此，教师需要花费大量的时间和精力来整合这些资源，以确保课程资源的质量和效果。

3. 技术更新迅速

信息技术领域的发展日新月异，新的技术和工具不断涌现。这就要求高中生物教师必须保持对新技术的学习和掌握，以便将其应用于课程资源开发中。然而，由于教师的时间和精力有限，很难及时跟进学习新技术或使用工具。因此，如何在有限的时间内掌握和应用新技术，成为一个亟待解决的问题。

4. 学生技能差异大

在高中生物课程资源开发过程中，教师还需要考虑学生的信息技术应用能力差异。有的学生可能已经具备了较高的信息技术素养，能够熟练使用各种技

术工具进行学习，而有的学生则可能在这方面存在较大的困难。因此，如何开发出适合不同学生技能水平的课程资源，也是信息技术在高中生物课程资源开发中所面临的挑战之一。

（二）信息技术在高中生物课程资源开发中的展望

1. 技术应用门槛降低

随着信息技术的不断发展和普及，未来的技术应用门槛将逐渐降低。各种简单易用、功能强大的技术工具和平台将不断涌现，使得非专业背景的教师也能够轻松掌握和应用信息技术来开发课程资源。这将为高中生物课程资源开发带来更加广阔的空间和可能性。

2. 资源整合更加高效

未来的信息技术将更加注重资源的整合和优化。通过智能算法和大数据分析等技术手段，可以实现对海量网络资源的自动筛选和整合，为教师提供更加优质、高效的课程资源。这将大大减轻教师在资源整合方面的负担，提高课程资源开发的效率和质量。

3. 个性化学习路径设计

未来的信息技术将更加注重个性化学习路径的设计。通过对学生的学习行为、兴趣爱好、能力水平等多方面进行数据分析，信息技术可以为每个学生设计出更加符合其特点和需求的学习路径和资源。这将使得每个学生都能够得到个性化的学习体验和支持，从而提高学习效果和兴趣。

4. 教师专业素养提升

未来的教育将更加注重教师的专业素养和信息技术的应用能力。各种培训、研修、实践可以帮助教师不断提高自己的信息技术素养和应用能力，使其能够更好地将信息技术应用于课程资源开发中。同时，学校和教育部门也将加大对教师信息技术应用能力的考核和评价力度，以推动教师专业素养的全面提升。

第十一章 高中生物课程设计与教学改革的学科融合与创新

第一节 学科融合的必要性与意义

一、学科融合的定义与背景

随着社会的快速发展和科技的进步，教育领域的变革也日益明显。其中，学科融合作为一种新型的教育模式，逐渐受到广泛关注。它不仅体现了教育创新的理念，更是对传统教育方式的挑战与超越。那么，什么是学科融合？它又是如何产生并发展的呢？

（一）学科融合的定义

学科融合，顾名思义，是指将不同学科的知识、方法、技能等进行有机融合，形成一个跨学科的知识体系或教学方法。这种融合不是简单的学科叠加，而是在深入理解各学科本质和内在联系的基础上，进行有机融合和重新构建。它旨在打破学科之间的壁垒，使学生能够从一个更加全面、综合的视角来认识和理解世界。

学科融合可以发生在不同的层面。在课程设置上，教师可以通过开设综合性课程，将多个学科的知识融合在一起进行教学。在教学方法上，教师可以运用跨学科的教学方法，如项目式学习、问题式学习等，让学生在解决问题的过程中，综合运用多学科的知识和技能。在学习评价上，教师也可以采用跨学科的评价方式，以更加全面、客观地评价学生的学习成果。

（二）学科融合的背景

1. 社会发展的需要

随着科技的快速发展和全球化的推进，现代社会对人才的需求发生了巨大变化。传统的单一学科人才已经难以满足社会的多元化需求。相反，具备跨学科知识、能够解决复杂问题的人才越来越受到青睐。因此，教育需要培养具有跨学科素养的人才，以适应社会的发展需要。

2. 教育改革的推动

教育改革一直是教育领域的重要议题。近年来，随着新课程改革的深入推进，教育领域对于培养学生的综合素质和创新能力的要求越来越高。学科融合作为一种新型的教育模式，有助于培养学生的综合素质和创新能力，因此受到了教育改革的积极推动。

3. 信息技术的支持

信息技术的发展为学科融合提供了有力的支持。通过信息技术手段，教师可以更加方便地实现跨学科知识的整合和呈现。同时，信息技术也为跨学科教学提供了新的教学方法和手段，如在线学习、虚拟实验等，使得学科融合更加容易实现。

4. 学生认知特点的变化

随着时代的变迁和社会的发展，学生的认知特点也在发生变化。现代学生更加注重个性化和多元化的发展，对于单一、枯燥的学习方式已经失去兴趣。学科融合作为一种新型的学习方式，可以为学生提供更加多样化、有趣的学习内容和方法，激发学生的学习兴趣和积极性。

（三）学科融合的意义

学科融合对于教育和学生都具有重要的意义。首先，学科融合有助于培养学生的综合素质和创新能力。通过跨学科的学习和实践，学生可以更加全面地认识和理解世界，提高解决问题的能力。其次，学科融合有助于增强学生的跨学科素养和团队合作能力。在跨学科的学习和项目中，学生需要与他人合作、交流、分享知识，这有助于培养学生的团队合作能力和沟通能力。最后，学科融合有助于推动教育的创新和发展。通过不断探索和实践，新的教学方法和手段可以促进教育的创新和发展，为培养更多优秀人才作出贡献。

综上所述，学科融合作为一种新型的教育模式，具有深远的意义和广阔的发展前景。它不仅适应了社会发展的需要和教育改革的要求，也符合学生的认知特点和学习需求。未来，随着教育领域的不断变革和创新，学科融合将会得到更加广泛的应用和推广，为学生的全面发展和社会的进步做出更大的贡献。

二、学科融合的必要性与重要性

在 21 世纪的今天，知识的边界正在变得越来越模糊，单一学科的知识已经无法满足社会快速变化的需求。这种情境下，学科融合成为了教育领域的一个重要议题。它不仅是一种教育理念，更是一种教育实践，旨在培养具有全面视野和创新能力的人才。学科融合的必要性与重要性，可以从多个维度进行深入探讨。

（一）学科融合的必要性

1. 适应复杂多变的社会环境

在信息化、全球化、知识经济等时代背景下，社会问题的复杂性不断增加。这些问题的解决往往需要融合多个学科的知识和方法。例如，环境问题涉及生态学、经济学、政治学等多个领域；公共卫生问题则涉及医学、社会学、统计学等多个学科。因此，学科融合是适应复杂多变社会环境的必然要求。

2. 促进知识的深度整合与创新

传统的学科划分方式往往导致知识之间的割裂和碎片化。学科融合可以打破这种局面，促进不同学科之间的交流和融合，实现知识的深度整合。这种整合不仅有助于深化对某一领域的理解，还可以产生新的知识和创新点，推动学科的发展。

3. 培养学生的综合素质和创新能力

现代社会对人才的需求已经从单一的专业技的需求能转向对综合素质和创新能力的需求。学科融合的教育模式可以为学生提供更加全面、系统的知识体系，培养他们的跨学科素养和创新能力。这种教育模式有助于学生在未来的职业生涯中更好地适应变化，解决复杂问题。

4. 推动教育体制的改革与发展

学科融合不仅是教育内容的变革，也是教育体制的改革。它要求教育者在课程设计、教学方法、评价体系等方面进行全面的创新和改革。这种改革有助于推动教育体制的发展和完善，为培养更多优秀人才提供有力保障。

（二）学科融合的重要性

1. 提高教育质量和效果

学科融合的教育模式可以使学生从多个角度、多个层面去认识和理解问题，从而提高教育质量和效果。这种教育模式可以激发学生的学习兴趣和积极性，使他们在学习过程中更加主动、深入地思考和探索。

2. 培养跨学科人才

随着科技的进步和社会的发展，跨学科人才的需求越来越大。学科融合的教育模式可以为学生提供更加全面、系统的知识体系，培养他们的跨学科素养和创新能力，从而满足社会对跨学科人才的需求。

3. 促进学科交叉与创新

学科融合可以促进不同学科之间的交流和融合，产生新的知识和创新点。这种交叉和创新不仅可以推动学科的发展，还可以为社会带来更多的科技成果和创新产品。

4. 增强学生的综合竞争力

在现代社会，具备跨学科素养和创新能力的人才更具竞争力。学科融合的教育模式可以使学生更加全面地发展自己的能力和素质，提高自己的综合竞争力，从而更好地适应社会的需求和变化。

5. 促进教育公平与普及

学科融合有助于打破传统教育中学科之间的壁垒和限制，使得更多的学生有机会接触到多元化的知识和文化。这有助于促进教育的公平和普及，提高整个社会的教育水平。

综上所述，学科融合的必要性与重要性不言而喻。它不仅适应了社会发展的需求和教育改革的趋势，也是培养学生综合素质和创新能力的重要途径。未来，随着教育领域的不断变革和创新，学科融合将会得到更加广泛的应用和推广，为培养更多优秀人才、推动社会进步做出更大的贡献。同时，我们也需要清醒地认识到，学科融合是一个长期而复杂的过程，需要教育者、学者、政策制定者等多方面的共同努力和协作。

三、学科融合对教学改革的影响与意义

在当今的教育背景下，学科融合已经成为一种趋势，它强调不同学科之间的交叉与整合，旨在培养学生的综合能力和创新思维。高中生物课程教学作为培养学生科学素养的重要环节，其改革与发展受到了广泛关注。学科融合对高中生物课程教学改革产生了深远的影响，不仅改变了传统的教学模式，还为学生提供了更加广阔的学习空间和发展机会。

（一）学科融合对高中生物课程教学改革的影响

1. 教学内容的综合化

学科融合使得高中生物课程教学内容不再局限于单一的生物学知识，而是与其他学科如化学、物理、数学等进行有机融合。这种综合性的教学内容有助于学生从多个角度理解和应用生物学知识，提高他们的问题解决能力。

2. 教学方法的多样化

在学科融合的背景下，高中生物课程教学方法也呈现出多样化的特点，除了传统的讲授式教学外，还引入了探究式教学、实验式教学、项目式教学等多种教学方法。这些方法的运用不仅激发了学生的学习兴趣，还培养了他们的实践能力和创新思维。

3. 教学评价的多元化

学科融合要求高中生物课程教学评价不再仅仅依赖于单一的考试成绩，而是更加注重学生的综合素质和能力发展。因此，教学评价内容也呈现出多元化的特点，包括课堂表现、实验操作能力、项目完成情况等多个方面。这种多元化的评价方式有助于全面评估学生的发展状况，为他们的个性化发展提供有力支持。

4. 教师专业素养的提升

学科融合对教师的专业素养提出了更高的要求。教师需要具备跨学科的知识结构和教学能力，能够灵活运用多种教学方法和手段，引导学生进行跨学科的学习和研究。这种专业素养的提升有助于教师更好地适应学科融合的教学需求，提高教学效果。

（二）学科融合对高中生物教学改革的意义

1. 培养学生的综合素养

学科融合有助于培养学生的综合素养，使他们具备跨学科的知识结构和能力。这种综合素养的培养不仅有助于学生在高中阶段取得更好的学业成绩，还为他们未来的职业生涯和终身学习奠定了坚实的基础。

2. 增强学生的创新能力

学科融合鼓励学生进行跨学科的学习和研究，有助于培养他们的创新思维和创新能力。通过将生物学知识与其他学科相结合，学生可以发现新的问题和解决方案，推动科学的进步和社会的发展。

3. 适应未来社会的需求

随着科技的进步和社会的发展，学生未来的职业领域将更加注重跨学科的知识和能力。学科融合有助于高中生物教学适应这种职业需求，培养出更多具备跨学科素养和创新能力的人才，为社会的持续发展提供有力支持。

4. 促进教育现代化

学科融合是教育现代化的重要体现之一。通过推动高中生物教学的改革与发展，学科融合有助于促进整个教育体系的现代化进程，提高教育质量和效益。

综上所述，学科融合对高中生物课程教学改革产生了深远的影响和积极的意义。它推动了教学内容的综合化、教学方法的多样化、教学评价的多元化以及教师专业素养的提升。同时，学科融合还有助于培养学生的综合素养、增强创新能力、适应未来社会需求以及促进教育现代化。因此，我们应该积极推动学科融合在高中生物课程教学中的应用与实践，为学生的全面发展和社会的进步做出更大的贡献。当然，我们也需要认识到学科融合实施过程中可能遇到的困难和挑战，如教师资源的整合、教学资源的配置等，这些问题需要我们共同努力去解决和完善。

第二节　学科融合的实践案例与经验分享

一、学科融合的实践案例分析

随着教育改革的不断深化，学科融合已经成为高中生物课程教学的重要趋势。这种教学模式旨在打破学科壁垒，通过不同学科之间的交叉与整合，培养学生的综合素养和创新能力。下文将以几个具体的实践案例为基础，探讨高中生物教学学科融合的实践情况。

（一）案例一：生态科学与环境科学的融合

在某高中生物课堂上，教师将生态学与环境科学的内容进行融合，设计了一个以“本地生态环境调查与保护”为主题的项目式学习活动。学生们首先通过生物学知识了解生态系统的基本结构和功能，然后运用环境科学的方法对校园或周边的生态环境进行调查和分析。在这个过程中，学生们不仅学习了生态学和环境科学的相关知识，还培养了实践能力和环保意识。

这种融合教学的实践案例，不仅让学生们在实践中深化了对生物学知识的理解，还让他们意识到生物学知识在环境保护中的重要作用。同时，通过项目式学习的方式，学生们的合作精神和创新能力也得到了锻炼和提升。

（二）案例二：遗传学与医学的融合

在某高中生物课堂上，教师将遗传学与医学的内容进行融合，组织了一次以“基因遗传与疾病”为主题的讨论活动。学生们通过查阅相关资料和文献，了解了基因遗传的基本原理和常见遗传性疾病的成因。在讨论中，学生们积极发言、互相交流，深入探讨了基因遗传与疾病的关系以及未来医学的发展方向。

这种融合教学的实践案例，不仅让学生们对遗传学和医学有了更加深入的了解，还激发了他们对生命科学研究的兴趣和热情。同时，通过讨论活动的方式，学生们的批判性思维和沟通能力也得到了锻炼和提升。

（三）案例三：生物学与信息技术的融合

在某高中生物课堂上，教师将生物学与信息技术的内容进行融合，设计了一个以“生物信息学初步”为主题的探究性学习活动。学生们利用生物信息学软件和分析工具，对基因序列进行比对和分析，探索基因的结构和功能。在这个过程中，学生们不仅学习了生物信息学的基本知识和方法，还培养了计算机操作和数据处理能力。

这种融合教学的实践案例，让学生们深刻体会到生物学与信息技术的紧密联系。通过亲身实践，学生们对生物信息学产生了浓厚的兴趣，并意识到信息技术在生物学研究中的重要作用。同时，这种融合教学也为学生们提供了更加广阔的学习空间和发展机会，有助于培养他们的创新能力和综合素质。

（四）案例四：生物学与艺术的融合

在某高中生物课堂上，教师将生物学与艺术的内容进行融合，开展了一次以“生物艺术创作”为主题的创作活动。学生们利用生物学知识创作出具有创新性和艺术性的作品，如利用 DNA 双螺旋结构制作的模型、以生物为主题的绘画和摄影作品等。在这个过程中，学生们不仅发挥了自己的想象力和创造力，还深入理解了生物学知识在艺术创作中的应用。

这种融合教学的实践案例，为学生们提供了一个全新的学习视角，让他们意识到生物学与艺术之间的紧密联系。通过创作活动，学生们的审美能力和创新思维得到了锻炼和提升，同时也培养了他们的跨学科素养和综合能力。

通过以上 4 个实践案例的分析，我们可以看到学科融合在高中生物教学中的重要作用。它不仅丰富了教学内容和方法，还为学生提供了更加广阔的学习空间和发展机会。同时，学科融合也有助于培养学生的综合素养和创新能力，适应未来社会的需求。

然而，在实施学科融合教学时，我们也需要注意以下几点：首先，要合理选择融合的内容和方式，确保学生能够充分理解和应用；其次，要注重对学生的实践能力和创新思维的培养，避免过度强调知识灌输；最后，要加强跨学科教师的合作与交流，共同推动学科融合教学的深入发展。

总之，高中生物教学学科融合的实践案例为我们提供了宝贵的经验和启示。我们应该积极探索和实践这种教学模式，为学生的全面发展和社会的进步做出更大的贡献。

二、学科融合的经验分享与反思

随着教育改革的深入，高中生物教学逐渐摒弃了传统的单一学科教学模式，开始尝试与其他学科进行融合。这种教学模式的转变不仅丰富了教学内容和方法，还为学生提供了更加广阔的学习视野。在实践过程中，我们积累了一些经验，也遇到了一些问题。下面，我们将结合具体的实践案例，分享一些高中生物教学学科融合的经验，并进行反思。

（一）经验分享

1. 合理选择融合学科

在生物教学中，我们选择与生物学紧密相关的学科进行融合，如环境科学、医学、信息技术等。这些学科与生物学有着天然的联系，能够相互补充，使学生更加全面地理解生物学知识。例如，在教授生态系统时，我们可以引入环境科学的知识，让学生了解生态系统的结构、功能和保护；在教授遗传学时，我们可以融入医学知识，让学生了解基因遗传与疾病的关系。

2. 创新教学方法和手段

学科融合需要我们打破传统的教学方法，采用更加灵活多样的教学手段。我们尝试使用项目式学习、探究性学习等教学方法，让学生在实践中探索、发现和解决问题。同时，我们也运用多媒体、网络技术等现代教学手段，为学生提供丰富的学习资源和学习平台。这些创新的教学方法和手段能够激发学生的学习兴趣，提高他们的学习效果。

3. 注重培养学生的综合能力

学科融合教学不仅关注学生的学科知识掌握情况，还注重培养学生的综合能力。我们在教学过程中注重培养学生的批判性思维、创新能力、沟通合作能力等。组织讨论、实验、调查等活动让学生在实践中锻炼能力，提升素养。

4. 加强跨学科教师的合作与交流

学科融合教学需要不同学科教师之间的紧密合作与交流。我们通过定期的教学研讨、课程设计等活动，加强跨学科教师的沟通与合作，共同探索学科融合教学的有效方法。这种合作与交流不仅有助于提升教师的教学水平，还能够为学生提供更加优质的教学资源。

（二）反思

1. 融合度的问题

在实践过程中，我们发现学科融合有时容易出现“形式大于内容”的问题。有时为了融合而融合，导致教学内容过于牵强附会，反而影响了学生的学习效果。因此，在融合过程中，我们需要更加注重教学内容的内在逻辑和连贯性，确保融合的自然和有效。

2. 教学难度的把握

学科融合教学往往涉及多个学科的知识，教学难度相对较大。如何把握教学难度，确保学生能够顺利掌握相关知识，是我们需要思考的问题。我们认为，在设计教学内容时，应该充分考虑学生的实际情况和认知水平，合理安排教学进度和难度梯度，避免过于复杂或过于简单。

3. 教学资源的整合

学科融合教学需要整合多个学科的教学资源，包括教材、教具、实验设备等。然而，在实际操作中，我们往往发现教学资源的整合存在一定的困难。有时不同学科之间的教学资源难以协调，导致教学效果不佳。因此，我们需要加大教学资源的整合力度，建立跨学科的教学资源库，提高教学资源的使用效率。

4. 学生适应性的问题

学科融合教学对学生来说是一种全新的学习体验。在实践中，我们发现部分学生在面对跨学科的知识时存在一定的适应性问题。他们可能难以快速适应新的教学方法和手段，导致学习效果不佳。因此，我们需要关注学生的适应性问题，采取有效的措施帮助他们顺利过渡到新的学习模式中。例如，我们可以通过开展辅导、答疑等活动，为学生提供更多的学习支持和帮助。

高中生物课程的学科融合是一种有益的教学尝试，它不仅能够丰富教学内容和方法，还能够培养学生的综合素养和创新能力。在实践过程中，我们积累了一些经验，也遇到了一些问题。未来，我们将继续探索和实践学科融合教学的有效方法，不断提升教学质量和效果。同时，我们也希望与更多的教育工作者分享和交流经验，共同推动高中生物教学学科融合的发展。

三、学科融合的未来发展趋势与展望

随着科技的不断进步和社会需求的日益多元化，学科融合已成为教育领域的一大发展趋势。传统的学科界限正在逐渐模糊，跨学科的研究和教学逐渐成为主流。这不仅体现了知识本身的内在联系，也反映了现代社会对复合型人才的需求。下文将从多个方面探讨学科融合的未来发展趋势，并展望其可能带来的深远影响。

（一）学科融合的深化与拓展

未来，学科融合将呈现出更加深入和广泛的趋势。一方面，现有的学科交叉点将进一步深化，产生更多新的研究领域和方向。例如，生物学与信息科学的结合将催生生物信息学、生物医学工程等新兴学科；物理学与数学的融合将推动理论物理、量子计算等领域的发展。另一方面，学科融合的范围也将进一步扩大，不仅限于自然科学领域，还将拓展到社会科学、人文科学等多个领域。这种跨学科的研究将有助于我们更加全面地认识世界，解决复杂的社会问题。

（二）教学方法与手段的创新

随着学科融合的深化，传统的教学方法和手段将面临挑战。未来的教学将更加注重学生的主体性和实践性，采用更多元化、个性化的教学方法。例如，项目式学习、反转课堂等教学模式将更加普及，学生将通过实际操作、合作学习等方式深入探索跨学科知识。同时，随着技术的发展，虚拟现实、人工智能等现代教学手段也将被广泛应用于学科融合教学，为学生提供更加丰富、生动的学习体验。

（三）跨学科研究团队的崛起

学科融合将促进跨学科研究团队的崛起。未来的科研团队将不再局限于选用单一学科背景的研究人员，而是由来自不同学科领域的专家组成。这种跨学科的研究团队将具有更强的创新能力和解决问题的能力，能够应对更加复杂、综合的研究课题。同时，跨学科研究团队也将有助于推动学科之间的交流与融合，促进知识的创新与发展。

（四）复合型人才的培养与需求

随着学科融合的推进，社会对复合型人才的需求将日益强烈。未来的教育领域将更加注重跨学科人才的培养，通过课程设置、实践教学等方式提升学生的综合素质和创新能力。同时，企业和社会也将更加青睐具备跨学科背景和能力的复合型人才，这种人才将能够更好地适应复杂多变的社会环境，解决跨领域的问题。

（五）挑战与应对

虽然学科融合带来了诸多机遇和可能性，但也面临着一些挑战。例如，如何平衡不同学科之间的知识结构和教学方法，如何确保跨学科研究的质量和深度，如何培养学生的跨学科思维和能力等。为了应对这些挑战，我们需要加强跨学科教师的培训和交流，完善跨学科课程体系和教学方法，建立跨学科的评价和激励机制等。

展望未来，学科融合将成为教育领域的重要发展方向。随着技术的不断进步和社会需求的不断变化，学科融合将更加深入和广泛。我们期待看到更多跨学科的研究成果和创新应用，为社会的发展和进步做出更大的贡献。同时，我们也期待教育领域能够不断探索和创新，为培养更多具备跨学科背景和能力的优秀人才创造更好的条件和环境。

第三节　创新教育的理念与实践策略

一、创新教育的定义与内涵

在当今快速发展的社会中，创新已成为推动社会进步的核心动力。作为培养未来社会栋梁的教育领域，创新教育的重要性日益凸显。然而，对于创新教育的定义与内涵，人们或许存在不同的理解和认识。下文将从多个方面深入探讨创新教育的定义与内涵，以期为我们更好地理解和实施创新教育提供有益的参考。

（一）创新教育的定义

创新教育，顾名思义，是一种注重培养学生创新精神和创新能力的教育模式。它强调在教育过程中，不仅要传授给学生基础知识和技能，更要激发学生的创新精神，培养学生的创新思维和创新能力。具体而言，创新教育致力于构建一种开放、包容、多元的教育环境，让学生在这样的环境中自由探索、尝试和创新，从而成为具有创新精神和创新能力的新时代人才。

（二）创新教育的内涵

1. 创新思维的培养

创新教育的核心在于培养学生的创新思维。创新思维是指个体在面对问题时，能够运用独特的思考方式和方法，提出新颖、有价值的解决方案。在创新教育中，教育者需要注重培养学生的观察力、想象力、批判性思维等，让学生能够从不同角度审视问题，发现问题的本质和内在联系，从而提出具有创新性的解决方案。

2. 创新实践的机会

创新教育不仅注重培养学生的创新思维，还需要为学生提供丰富的创新实践机会。通过参与各种实践活动，如科学实验、社会调查、项目设计等，学生能够将在课堂上学到的理论知识应用到实际中，亲身体验创新的过程，锻炼自己的创新能力。同时，创新实践还能够帮助学生更好地理解社会需求和问题，为未来的创新活动奠定坚实的基础。

3. 跨学科知识的融合

在创新教育中，跨学科知识的融合也是非常重要的。传统的教育模式往往将知识划分为不同的学科领域，导致学生难以将所学知识进行整合和应用。而创新教育则强调跨学科知识的融合，鼓励学生在不同的学科之间进行交流和合作，打破学科之间的壁垒。这样不仅有助于培养学生的综合素质和视野，还能够让学生在跨学科的知识融合中发现新的创新点。

4. 创新文化的营造

创新文化的营造也是创新教育中不可或缺的一部分。创新文化是指一种鼓励创新、宽容失败、重视探索和实践的文化氛围。在这样的文化氛围中，学生能够自由地表达自己的观点和想法，尝试新的方法和思路，即使失败了也不会受到过多的指责和批评。这样的文化氛围有助于激发学生的创新热情和创新精神，促进创新教育的深入发展。

5. 教师角色的转变

在创新教育中，教师的角色也发生了转变。传统的教育模式中，教师往往是知识的传递者和管理者。在创新教育中，教师则更多地扮演着引导者和促进者的角色。他们需要引导学生发现问题、分析问题、解决问题，促进学生的自主学习和探究。同时，教师还需要不断更新自己的知识和观念，适应创新教育的新要求和新挑战。

综上所述，创新教育的定义与内涵是丰富而深刻的。它不仅关注学生基础知识和技能的培养，更强调学生创新精神和创新能力的培养；不仅注重课堂知识的传授，更注重实践活动的锻炼和跨学科知识的融合；不仅要求教育者具备专业的知识和技能，还要求他们具备引导学生创新的能力和素质。因此，我们需要从多个方面入手，全面推进创新教育的实施和发展，为培养更多具有创新精神和创新能力的新时代人才做出积极的贡献。

二、创新教育的实践策略与方法

随着科技的迅速发展和社会的不断进步，创新能力已成为衡量一个国家综合国力的重要指标。在这一背景下，高中生物课程教学作为培养学生科学素养和创新精神的重要阵地，其创新教育的实践策略与方法显得尤为重要。下文将从教学内容、教学方法、教学评价等方面探讨高中生物课程教学创新教育的实践策略与方法。

（一）教学内容的创新

（1）引入前沿科技内容：高中生物课程教学应紧跟科技发展的步伐，将最新的生物科技成果引入课堂。例如，教师介绍基因编辑技术 CRISPR-Cas9 的原理和应用，让学生了解这一技术在遗传病治疗、农业生物技术等领域的广阔前景。

（2）加强跨学科融合：生物学是一门与其他学科紧密联系的学科，高中生物课程教学应注重与其他学科的融合。例如，在介绍生态系统时，教师可以融入地理学的知识，让学生从更广阔的视角理解生物与环境的关系。

（3）注重实践应用：高中生物课程教学应强调知识的实践应用，教师通过案例分析、问题解决等方式，让学生将所学知识运用到实际生活中，例如，在学习食品安全时，可以组织学生调查市场上的食品安全状况，提出改进建议。

（二）教学方法的创新

（1）启发式教学：启发式教学是一种以学生为中心的教学方法，它通过引导学生主动思考、发现问题、解决问题，培养学生的创新精神和自主学习能力。在高中生物课程教学中，教师可以采用问题导入、小组讨论等方式，激发学生的学习兴趣和探究欲望。

（2）实验教学：生物学是一门实验性很强的学科，实验教学是高中生物教学的重要组成部分。通过实验教学，学生可以亲身参与生物学的探究过程，培养实验设计、操作和分析的能力。同时，实验教学也有助于培养学生的团队合作精神和创新精神。

（3）信息化教学：随着信息技术的快速发展，信息化教学已成为高中生物教学的重要趋势。通过利用多媒体、网络等信息技术手段，教师可以为学生呈现更加生动、形象的教学内容，提高学生的学习兴趣和参与度。同时，信息化教学还可以为学生提供更加便捷的学习方式和更加丰富的学习资源。

（三）教学评价的创新

（1）多元化评价：传统的教学评价往往以考试成绩为主要标准，这种评价方式难以全面反映学生的创新能力和综合素质。因此，高中生物课程教学评价应采用多元化的评价方式，包括课堂表现、实验报告、小组讨论、项目研究等，以全面评价学生的创新能力和综合素质。

（2）重视过程评价：过程评价是一种关注学生学习过程而非结果的评价方式。在高中生物课程教学中，教师应重视学生的学习过程，关注学生在学习过程中的表现、思考和进步，以提高学生的创新精神和自主学习能力。

（3）及时反馈与调整：教学评价不仅是对学生学习成果的检验，更是对教师教学效果的反馈。在高中生物课程教学中，教师应及时收集和分析学生的评价结果，针对存在的问题和不足进行调整和改进，以不断提高教学效果和培养学生的创新能力。

（四）教师角色的转变

在创新教育的实践中，教师的角色也需要发生相应的转变。教师不再是单纯的知识传授者，而是成为学生学习过程中的引导者、促进者和合作者。教师需要不断更新自己的知识和观念，掌握新的教学方法和手段，以适应创新教育的新要求和新挑战。同时，教师还需要关注学生的个体差异和需求，为学生提供个性化的指导和支持。

综上所述，高中生物课程教学创新教育的实践策略与方法涉及教学内容、教学方法、教学评价等多个方面，包括引入前沿科技内容、加强跨学科融合、注重实践应用等方式创新教学内容；启发式教学、实验教学、信息化教学等方式创新教学方法；多元化评价、重视过程评价、及时反馈与调整等方式创新教学评价。同时，教师也需要转变角色，成为学生学习过程中的引导者、促进者和合作者。这些策略与方法的实施将有助于培养学生的创新精神和综合素质，为培养新时代具有创新能力的优秀人才奠定坚实的基础。

三、创新教育在高中生物课程教学中的案例分析

在当前的教育背景下，创新能力的培养已成为教育领域的核心任务之一。生物学作为自然科学的重要分支，对于培养学生的创新精神和实践能力具有不可替代的作用。下文将通过几个具体的案例分析，探讨创新教育在高中生物课程教学中的实际应用及其效果。

（一）案例一：基因工程实验项目

在某高中生物课程中，教师设计了一个基因工程实验项目，旨在让学生亲手操作基因工程的基本技术，如 DNA 提取、PCR 扩增、质粒构建等。学生分组进行实验，从设计实验方案、准备实验材料，到实验操作、数据分析，全程由学生自主完成。教师在实验过程中提供指导和支持，帮助学生解决遇到的问题。

通过这个项目，学生不仅掌握了基因工程的基本技术，更重要的是，他们在实验过程中学会了如何发现问题、解决问题，以及如何与他人合作。这种教学方式不仅培养了学生的实践能力，更激发了他们的创新精神和探究欲望。

（二）案例二：生物科技创新竞赛

某高中生物教师组织学生参加生物科技创新竞赛，要求学生自行设计并制作一个具有创新性的生物科技作品。学生们积极响应，纷纷提出自己的创意和

方案。经过多轮筛选和修改，最终有几个团队的作品成功入围并参加了比赛。

这些作品涵盖了多个领域，如生物传感器、生物农药、生物能源等。在比赛过程中，学生们展示了他们的创新成果，并接受了评委和观众的提问。通过这次竞赛，学生们不仅锻炼了自己的创新能力，还增强了自信心和团队合作精神。

（三）案例三：生态环保实践活动

为了培养学生的环保意识和实践能力，某高中生物教师组织了一次生态环保实践活动。学生们分成若干小组，分别对不同地区的生态环境进行调查和分析，并提出改善建议。

在活动中，学生们通过实地调查、数据采集、样本分析等方式，深入了解了当地生态环境的现状和问题。他们积极运用所学知识，分析问题原因，并提出切实可行的改善方案。这次活动不仅培养了学生的实践能力，还让他们深刻认识到保护生态环境的重要性。

（四）案例四：跨学科合作项目

为了培养学生的跨学科思维和创新能力，某高中生物教师与数学教师合作，设计了一个跨学科合作项目。该项目要求学生利用生物和数学知识，设计一个能够解决实际问题的方案。

学生们在项目中充分发挥了自己的想象力和创造力，他们结合生物和数学知识，提出了多个具有创新性的方案。这些方案涉及生态保护、农业生产、医疗健康等多个领域。通过这次合作项目，学生们不仅提高了自己的跨学科思维能力，还学会了如何整合不同领域的知识来解决实际问题。

案例分析总结：通过以上几个案例的分析，我们可以看到创新教育在高中生物课程教学中的实际应用及其效果。这些案例的共同点在于都注重学生的主体性和实践性，让学生在亲身参与中发现问题、解决问题，从而培养他们的创新精神和实践能力。

首先，这些案例都强调了学生的主体地位，让学生在学习过程中充当主角，积极参与知识的探索和发现。这种教学方式不仅激发了学生的学习兴趣和动力，还培养了他们的自主学习能力和探究精神。

其次，这些案例都注重实践性和应用性。教师通过将理论知识与实际应用相结合，让学生在实践中学习、在应用中提高，有效地提高了学生的实践能力和解决问题的能力。

最后，这些案例都体现了创新教育的核心理念，即培养学生的创新精神和实践能力。创新性的教学方式和实践活动让学生在探索和创新中不断成长和进步。

综上所述，创新教育在高中生物课程教学中的案例表明，通过设计具有创新性和实践性的教学活动和项目，可以有效地培养学生的创新精神和实践能力。这种教学方式不仅符合当前教育改革的趋势和要求，也符合时代发展的需求和学生个体发展的需要。因此，我们应该进一步推广和实施创新教育在高中生物课程教学中的实践策略与方法，为培养更多具有创新精神和实践能力的优秀人才做出贡献力量。

第十二章　高中生物课程设计与教学改革的学生参与与合作探究

第一节　学生参与教学改革的重要性与途径

一、学生参与教学改革的意义与价值

随着教育理念的不断进步和更新，教学改革已成为教育领域的核心议题。在这一背景下，学生参与教学改革不仅是一个新兴的话题，更是一个充满潜力的实践领域。下文将深入探讨学生参与教学改革的意义与价值，从多个维度分析学生参与教学改革的重要性，以期引起广大教育工作者和学生的共鸣。

（一）学生参与教学改革的意义

1. 增强教育的针对性和实效性

学生是教育的主体，他们的学习需求和反馈是教学改革的重要依据。通过学生参与教学改革，教育工作者可以更加准确地了解学生的学习状况和需求，从而调整教学策略和方法，使教育更加贴近学生的实际，增强教育的针对性和实效性。

2. 培养学生的自主学习能力和创新精神

学生参与教学改革，不仅是在接受知识，更是在主动地参与知识的探索和发现。在这一过程中，学生可以锻炼自己的自主学习能力，学会如何独立思考和解决问题。同时，教学改革往往伴随着创新实践，这为学生提供了展示自己创新精神和才能的平台，有助于培养学生的创新意识和实践能力。

3. 促进师生之间的沟通与互动

传统的教育模式往往是教师主导、学生被动接受，师生之间的沟通与互动

有限。学生参与教学改革，可以促进师生之间的交流与互动，使教学过程更加民主、开放。这种互动不仅有助于教学相长，提高教学效果，还有助于建立良好的师生关系，营造和谐的学习氛围。

4. 为未来教育改革提供有力支持

学生是未来的主人，他们的参与和反馈对于教育改革具有重要的参考价值。学生参与教学改革，可以为未来的教育改革提供有力的支持。他们的意见和建议可以帮助教育工作者发现教学中的问题和不足，为改进教学方法和策略提供有益的参考。

（二）学生参与教学改革的价值

1. 提升教育质量和教学效果

学生参与教学改革，可以推动教育质量和教学效果的提升。通过学生的参与和反馈，教育工作者可以更加准确地了解学生的学习需求和困难，从而调整教学策略和方法，使教学更加符合学生的实际需求。这种以学生为中心的教学方式，有助于激发学生的学习兴趣和动力，提高教学效果。

2. 培养学生的社会责任感和公民意识

学生参与教学改革，不仅是学习知识，更是参与社会公共事务的实践。通过参与教学改革，学生可以更加深入地了解社会的需求和问题，培养自己的社会责任感和公民意识。这种责任感和意识将伴随学生的一生，成为他们未来参与社会建设的重要动力。

3. 推动教育民主化和个性化发展

学生参与教学改革，有助于推动教育的民主化和个性化发展。通过学生的参与和反馈，教育过程可以更加民主、开放，尊重学生的个性和差异。这种民主、开放的教育环境有助于培养学生的个性化发展和创新能力，使每个学生都能在自己的兴趣和特长领域得到充分的发展。

4. 为社会培养更多优秀人才

学生参与教学改革，可以为社会培养更多优秀人才。通过参与教学改革，学生可以锻炼自己的实践能力、创新精神和团队协作能力，为未来的职业生涯和社会贡献打下坚实的基础。同时，教学改革也可以为社会提供更多具有创新精神和实践能力的人才，推动社会的进步和发展。

综上所述，学生参与教学改革具有深远的意义和价值。它不仅可以增强教育的针对性和实效性，培养学生的自主学习能力和创新精神，促进师生之间的沟通与互动，为未来教育改革提供有力支持，还可以提升教育质量和教学效果，培养学生的社会责任感和公民意识，推动教育民主化和个性化发展，为社会培养更多优秀人才。因此，我们应该积极鼓励学生参与教学改革，为他们提供展示自己才能和意见的平台，共同推动教育的进步和发展。

二、学生参与教学改革的途径与方法

在现代教育背景下，学生参与教学改革已经成为提升教育质量、培养学生综合素质的重要途径。学生不仅是教育的接受者，更是教育改革的参与者和推动者。那么，学生应该如何参与教学改革呢？下文将详细探讨学生参与教学改革的途径与方法，为学生和教育工作者提供有益的参考。

（一）了解教学改革的基本理念与目标

学生参与教学改革的前提是了解教学改革的基本理念与目标。学生应该积极关注教育改革的动态，了解教学改革的方向和目标，明确自己在其中的角色和责任。同时，学生还应该学习教学改革的相关理论，理解教学改革的重要性和必要性，为参与教学改革奠定理论基础。

（二）积极参与课堂讨论与互动

课堂是教学改革的重要阵地，学生参与课堂讨论与互动是参与教学改革的重要途径。在课堂上，学生应该积极发言、提问，与教师和同学进行深入的交流和讨论。通过课堂讨论，学生可以表达自己的观点和想法，提出自己的疑问和困惑，促进教师对教学方法和策略的改进。同时，学生还可以通过课堂互动，培养自己的批判性思维和沟通能力，为未来的学习和生活打下坚实的基础。

（三）参与课程设计与评价

学生参与课程设计与评价是教学改革的重要环节。在课程设计方面，学生可以根据自己的兴趣和需求，提出课程设计的建议和意见。这些建议和意见可以成为教师改进课程设计的重要依据，使课程更加贴近学生的实际需求。在课程评价方面，学生可以通过填写评价问卷、参与评价讨论等方式，对课程进行全面的评价。这些评价可以为教师提供宝贵的反馈信息，帮助教师了解课程的效果和不足，为改进课程提供依据。

（四）参与课外活动与实践

除了课堂教学之外，学生参与课外活动与实践也是教学改革的重要途径。学生可以参加学校组织的各种社团活动、志愿服务、实习实训等课外活动和实践项目。通过这些活动和实践项目，学生可以锻炼自己的实践能力、创新精神和团队协作能力。同时，这些活动和实践项目也可以为教学改革提供有益的参考和借鉴，推动教学改革向更加深入的方向发展。

（五）建立与教师的良好沟通与合作关系

学生参与教学改革需要与教师建立良好的沟通与合作关系。学生应该尊重教师的教学成果和教学风格，理解教师的教学目标和期望。同时，学生也应该主动与教师进行沟通，表达自己的观点和想法，寻求教师的指导和帮助。通过与教师的良好沟通与合作，学生可以更加深入地了解教学改革的方向和目标，为参与教学改革提供更加有力的支持。

（六）利用现代科技手段参与教学改革

随着现代科技的不断发展，学生参与教学改革也可以利用现代科技手段。例如，学生可以通过网络平台参与在线课程、远程教学等教学活动；可以通过数据分析工具对教学效果进行量化评估；可以通过社交媒体等渠道了解教学改革的最新动态和趋势。这些现代科技手段可以为学生提供更加便捷、高效的参与教学改革的方式和途径。

综上所述，学生参与教学改革的途径与方法多种多样，包括了解教学改革的基本理念与目标、积极参与课堂讨论与互动、参与课程设计与评价、参与课外活动与实践、建立与教师的良好沟通与合作关系以及利用现代科技手段参与教学改革等。学生应该根据自己的兴趣和特长选择适合自己的参与方式和方法，积极参与到教学改革中来，为提升教育质量、培养自己的综合素质做出积极的贡献。同时，学校和教育工作者也应该为学生提供更加广阔的参与空间和机会，激发学生的参与热情和创新精神，共同推动教育改革的不断深化和发展。

三、学生参与教学改革的效果评估与反馈

在当前教育改革的浪潮中，学生的参与被视为提升教育质量、促进教育创新的重要途径。然而，学生参与教学改革的效果如何，是否真正达到了预期的目标，需要进行科学的效果评估与反馈。这不仅关系到教学改革的深入发展，更直接关系到学生的成长与发展。下文将从评估标准、评估方法、反馈机制等方面，探讨学生参与教学改革的效果评估与反馈问题。

（一）明确效果评估的标准

学生参与教学改革的效果评估，首先需要明确评估的标准。这些标准应该既包括学生的学习成果，也包括学生的参与过程、态度、能力等方面。例如，学生的学习成绩、课堂参与度、作业完成情况、团队合作能力、创新能力等都可以成为评估的指标。同时，这些标准应该与教学改革的目标相一致，能够真实反映学生参与教学改革的实际效果。

（二）采用多种评估方法

在明确了评估标准之后，接下来需要采用多种评估方法来全面、客观地评估学生参与教学改革的效果。这些评估方法可以包括问卷调查、访谈、观察、作品集等。问卷调查可以覆盖更多的学生，收集他们的意见和建议；访谈可以深入了解学生的内心想法和体验；观察可以直观地看到学生在课堂上的表现和互动；作品集则可以反映学生的创新能力和实践成果。多种评估方法的综合运用可以更加全面、客观地评估学生参与教学改革的效果。

（三）建立有效的反馈机制

评估学生参与教学改革的效果，不仅是为了了解学生的实际表现，更是为了发现问题、改进教学。因此，建立有效的反馈机制至关重要。一方面，学生应该得到及时的反馈，了解自己的表现和不足之处，以便及时调整自己的学习策略和方法。另一方面，教师和教育管理者也应该得到反馈，了解教学改革的实际效果和问题所在，以便及时调整教学策略和改革方案。这种双向的反馈机制可以确保教学改革的顺利进行和学生的全面发展。

（四）注重效果评估与反馈的持续性

学生参与教学改革的效果评估与反馈不是一次性的活动，而应该是一个持

续的过程。随着教学改革的深入进行，评估标准和方法也应该不断调整和完善，以适应新的教学需求和学生的成长变化。同时，反馈也应该是一个持续的过程，教师和学生应该根据反馈结果不断调整和改进自己的行为和策略。这种持续性的评估与反馈可以确保教学改革的不断深入和学生的持续发展。

（五）关注效果评估与反馈的公正性和准确性

公正性和准确性是学生参与教学改革效果评估与反馈的重要原则。在评估过程中，应该确保评估标准和方法的公正性，避免主观偏见和歧视。同时，也应该确保评估数据的准确性和可靠性，避免因为数据错误或误导而导致评估结果的失真。公正的评估结果和准确的反馈信息可以为学生提供更加客观、真实的评价和指导，促进他们的全面发展。

（六）发挥效果评估与反馈在教学改革中的促进作用

学生参与教学改革的效果评估与反馈不仅是对学生表现的评价和指导，更是对教学改革的促进和推动。通过评估与反馈，教师可以发现教学改革中存在的问题和不足之处，为改进教学提供有力的依据和支持，也可以发现和总结教学改革中的成功经验和做法，为未来的教学改革提供有益的借鉴和参考。因此，我们应该充分发挥效果评估与反馈在教学改革中的促进作用，推动教学改革不断向前发展。

综上所述，学生参与教学改革的效果评估与反馈是一项复杂而重要的工作。通过明确评估标准、采用多种评估方法、建立有效的反馈机制、注重持续性和公正准确性等方式，我们可以全面、客观地评估学生参与教学改革的效果，并为改进教学和推动教学改革提供有力的支持。同时，也应该充分发挥效果评估与反馈在教学改革中的促进作用，推动教育改革不断向前发展，为学生的全面发展和社会的进步做出积极的贡献。

第二节　合作探究学习的设计与实践案例

一、合作探究学习的概念与理论基础

合作探究学习作为一种现代教学方法，强调学生间的合作与互动，旨在通过集体智慧和努力来解决问题、获取知识。这种学习方式不仅有助于培养学生的团队合作精神和沟通能力，还能提高他们的问题解决能力和创新思维。下文将详细阐述合作探究学习的概念及其理论基础，以便更好地理解和应用这一教学方法。

（一）合作探究学习的概念

合作探究学习是一种以学生为中心，通过小组合作的形式进行探究和学习的教学方法。在这种模式下，学生被分成若干小组，每个小组围绕一个共同的任务或问题进行探讨和研究。他们通过分工合作、交流讨论、资源共享等方式，共同寻找问题的答案或解决方案。合作探究学习强调学生的主动性、参与性和合作性，旨在培养他们的团队协作能力和创新精神。

（二）合作探究学习的理论基础

1. 建构主义理论

建构主义理论认为，知识不是客观存在的，而是由个体在与环境的交互作用中主动建构的。在合作探究学习中，学生通过与小组成员的互动和交流，不断调整和完善自己的知识体系。他们在合作过程中相互启发、相互学习，共同建构对知识的理解和应用。

2. 社会互动理论

社会互动理论认为，人的学习和发展是在与他人的互动中实现的。合作探究学习为学生提供了一个相互学习、相互支持的环境，使他们能够在合作中相互启发、相互激励。这种社会互动不仅有助于提高学生的学习效果，还能培养他们的社交能力和情感素质。

3. 合作学习理论

合作学习理论强调学生间的合作与互助，认为通过合作学习可以促进学生的知识掌握和技能发展。在合作探究学习中，学生需要共同完成任务或解决问题，这就需要他们相互协作、相互支持。通过合作学习，学生可以学会如何与他人合作、如何表达自己的观点、如何倾听他人的意见等，这些技能对于他们未来的学习和工作都具有重要意义。

4. 探究学习理论

探究学习理论主张学生通过探究和实践来获取知识和发展能力。在合作探究学习中，学生需要围绕一个任务或问题进行探究和研究，这就需要他们进行独立思考、自主学习和实践探索。通过探究学习，学生可以深入了解问题的本质和规律，提高他们的创新思维和解决问题的能力。

综上所述，合作探究学习的理论基础包括建构主义理论、社会互动理论、合作学习理论和探究学习理论等。这些理论为合作探究学习提供了有力的支持和指导，使其成为一种科学、有效的教学方法。

（三）合作探究学习的实践意义

合作探究学习不仅有助于提高学生的学习效果和能力水平，还具有以下实践意义。

1. 培养学生的团队合作精神和沟通能力

合作探究学习强调学生间的合作与互动，需要学生相互协作、相互支持。在这个过程中，学生可以学会如何与他人合作、如何表达自己的观点、如何倾听他人的意见等，从而培养他们的团队合作精神和沟通能力。

2. 提高学生的问题解决能力和创新思维

合作探究学习要求学生围绕一个任务或问题进行探究和研究，需要他们进行独立思考、自主学习和实践探索。这种学习方式可以提高学生的问题解决能力和创新思维，使他们能够更好地适应未来的学习和工作。

3. 促进学生的全面发展

合作探究学习不仅关注学生的知识掌握和技能发展，还注重学生的情感素质、社交能力和道德品质的培养。通过合作探究学习，学生可以全面发展自己的各项能力，为未来的学习和生活奠定坚实的基础。

合作探究学习作为一种现代教学方法，具有重要的实践意义和理论价值。通过对建构主义理论、社会互动理论、合作学习理论和探究学习理论等理论基础的分析，我们可以更好地理解合作探究学习的本质和特点。同时，合作探究学习在实践中也取得了显著的效果，证明了其科学性和有效性。因此，我们应该积极推广和应用合作探究学习这一教学方法，为学生的全面发展和未来的成功打下坚实的基础。

二、合作探究学习的设计与实践案例分析

高中生物课程是培养学生科学素养和生命观念的重要科目。合作探究学习作为一种有效的教学方法，能够激发学生的学习兴趣，提高他们的合作能力和科学探究能力。下文将以高中生物课程为例，探讨合作探究学习的设计与实践，并通过具体案例分析其效果与意义。

（一）合作探究学习的设计原则

在高中生物课程中实施合作探究学习，需要遵循以下几个设计原则。

（1）任务导向：设计具有挑战性和探究性的任务，引导学生主动思考和解决问题。

（2）分组合作：根据学生的兴趣和能力进行合理分组，促进小组成员间的交流与合作。

（3）教师引导：教师在合作探究学习中扮演引导者和支持者的角色，提供必要的指导和帮助。

（4）资源共享：鼓励学生共享资源和信息，促进知识的交流和共享。

（5）多元评价：采用多种评价方式，全面评价学生的知识掌握能力、合作能力和科学探究能力。

（二）合作探究学习的实践案例

1. 案例一：探究植物光合作用的奥秘

任务设计：学生分组，每组选择一种植物进行光合作用实验，观察并记录实验数据，分析光合作用的原理和影响因素。

实践过程：学生首先进行文献查阅，了解光合作用的基本原理和实验方法。

然后，他们设计实验方案，选择合适的植物进行实验。在实验过程中，学生需要合作完成实验操作、数据记录和分析工作。最后，他们整理实验结果，撰写实验报告并进行展示交流。

案例分析：通过合作探究学习，学生不仅深入了解了光合作用的原理和影响因素，还提高了实验操作能力、数据分析能力和合作能力。同时，学生在实验过程中相互支持、相互学习，形成了良好的团队合作精神。

2. 案例二：探索基因工程的奥秘

任务设计：学生分组，每组选择一个基因工程案例进行研究，了解基因工程的基本原理和应用领域，探讨其对社会和环境的影响。

实践过程：学生首先通过文献查阅和网络搜索，收集有关基因工程的案例和资料。然后，他们进行小组讨论和分析，选择一个案例进行深入研究。在研究过程中，学生需要合作完成案例的分析、总结和报告撰写工作。最后，他们进行展示交流，分享研究成果。

案例分析：通过合作探究学习，学生对基因工程的基本原理和应用领域有了更深入的了解。同时，他们在研究过程中提高了自己的信息收集能力、分析能力和表达能力。此外，学生在展示交流过程中，也学会了如何与他人分享自己的研究成果和观点，增强了他们的自信心和沟通能力。

（三）合作探究学习的效果与意义

通过上述案例分析，我们可以看到合作探究学习在高中生物课程中的积极效果和意义。

（1）激发学生的学习兴趣和主动性：合作探究学习以任务为导向，让学生在解决问题和完成任务的过程中体验到学习的乐趣和成就感，从而激发他们的学习兴趣和主动性。

（2）提高学生的合作能力和科学探究能力：合作探究学习强调学生间的合作与交流，让学生在合作中学会倾听、表达和分享，提高他们的合作能力。同时，通过科学探究活动，学生可以培养自己的观察能力、实验操作能力、数据分析能力和解决问题的能力等科学探究能力。

（3）培养学生的科学素养和生命观念：合作探究学习让学生在实践中了解

生物学的基本原理和应用领域，培养他们的科学素养和生命观念。同时，通过探究活动，学生可以更深入地了解生命的奥秘和生物技术的潜力，为未来的学习和工作奠定坚实的基础。

（4）促进学生的全面发展：合作探究学习不仅关注学生的知识掌握和技能发展，还注重学生的情感素质、社交能力和道德品质的培养。通过合作探究学习，学生可以全面发展自己的各项能力，为未来的学习和生活奠定坚实的基础。

合作探究学习在高中生物课程中具有重要的实践意义和理论价值。教师通过设计具有挑战性和探究性的任务，引导学生主动思考和解决问题；通过分组合作和资源共享，促进学生的交流与合作；通过引导和多元评价，提高学生的学习效果和综合能力。因此，我们应该在高中生物课程中积极推广和应用合作探究学习这一教学方法，为学生的全面发展和未来的成功打下坚实的基础。

三、合作探究学习的效果评估与反思

合作探究学习作为一种创新的教学方法，在高中生物课程中得到了广泛应用。它不仅强调学生的主动性，还注重培养学生的合作与探究能力。然而，为了确保这种教学方法的有效性，我们需要对其实施效果进行客观评估与深入反思。下文将结合实践经验，对高中生物合作探究学习的效果评估与反思进行探讨。

（一）评估方法

评估合作探究学习的效果，需要采用多种方法，以全面反映学生的学习成果和能力提升。

（1）观察法：教师通过直接观察学生在合作探究过程中的表现，如参与度、合作态度、解决问题的能力等，来评估学习效果。

（2）作品分析法：教师对学生的实验报告、研究报告、展示内容等进行分析，了解他们知识的掌握程度、分析问题的能力以及合作创新的成果。

（3）测试法：教师通过设计针对合作探究学习内容的测试题目，了解学生对知识的掌握情况。

（4）自我反思与同伴评价：教师引导学生对自己的学习过程进行反思，同时听取同伴的意见和建议，以便更全面地了解自己的学习情况。

（二）评估内容

评估合作探究学习的效果，应关注以下几个方面。

（1）知识掌握：教师评估学生对合作探究学习中涉及的生物学知识点的掌握程度。

（2）技能提升：教师观察学生在实验操作、数据分析、报告撰写等方面的技能是否有所提升。

（3）合作能力：教师评估学生在小组合作中的沟通能力、协作能力、领导能力等方面的表现。

（4）探究能力：教师考查学生是否能够独立思考、发现问题、提出假设并设计实验进行验证。

（5）情感态度：教师了解学生对合作探究学习的态度、兴趣以及在学习过程中形成的积极情感和价值观。

（三）评估结果分析

通过对高中生物合作探究学习的评估，我们可以得到以下结果。

（1）知识掌握程度：大部分学生能够较好地掌握合作探究学习中的生物学知识，但在某些难点知识上仍需加强。

（2）技能提升情况：学生在实验操作、数据分析等方面的技能得到了明显的提升，但在报告撰写和表达能力方面仍有待提高。

（3）合作能力表现：学生在小组合作中表现出了较强的沟通能力和协作能力，但在领导能力和冲突解决能力方面仍需进一步培养。

（4）探究能力发展：学生能够独立思考和发现问题，但在提出假设和设计实验方面仍需加强指导和训练。

（5）情感态度变化：学生对合作探究学习的兴趣和积极性较高，但在面对困难和挑战时仍需加强心理韧性的培养。

（四）反思与改进

根据评估结果，我们可以对高中生物合作探究学习进行以下反思与改进。

（1）加强难点知识的教学：针对学生在知识掌握上的不足，教师可以加强相关难点知识的教学和辅导，确保学生能够全面掌握合作探究学习中的知识点。

（2）提升实验操作和报告撰写能力：教师通过增加实验操作和报告撰写的训练机会，提高学生的实验操作和表达能力。同时，教师可以提供具体的指导和建议，帮助学生改进报告撰写和表达能力。

（3）培养合作与领导能力：在小组合作中，教师可以设置不同的角色和任务，以培养学生的合作与领导能力，同时，可以引入冲突解决和团队协作的培训内容，帮助学生更好地应对合作过程中的挑战和问题。

（4）强化探究性思维训练：教师可以通过设计更具挑战性的探究任务和问题，引导学生进行深入思考和探究，同时，可以提供必要的指导和支持，帮助学生提高提出假设和设计实验的能力。

（5）关注学生情感态度的培养：在教学过程中，教师应关注学生的情感变化和需求，及时给予关心和支持。同时，可以通过开展心理辅导和团队建设活动等方式，帮助学生培养积极的情感态度和心理韧性。

综上所述，高中生物合作探究学习的效果评估与反思是一个持续的过程。通过科学的评估方法和全面的评估内容，我们可以了解学生的学习成果和能力提升情况，进而进行针对性的反思与改进。这将有助于我们不断优化合作探究学习的教学方法和实践策略，为学生的全面发展提供更有力的支持。

第三节　学生创新实践能力的培养与提升

一、学生创新实践能力培养的重要性与途径

在当今快速发展的社会中，创新实践能力已成为衡量一个人综合素质的重要标准。对于学生而言，培养创新实践能力不仅有助于他们在学业上取得更好的成绩，更能够为他们未来的职业生涯奠定坚实的基础。因此，探讨学生创新实践能力培养的重要性与途径具有非常重要的现实意义。

（一）创新实践能力培养的重要性

（1）适应社会发展的需求：随着科技的飞速发展和社会的不断进步，传统的知识传授方式已经无法满足现代社会的需求。创新实践能力成为衡量一个人

是否具备竞争力的重要标志。只有具备创新实践能力的学生，才能在未来的社会中立足并取得成功。

（2）促进学生全面发展：创新实践能力的培养不仅可以提高学生的知识水平和技能，更能够锻炼他们的思维能力、团队合作能力和解决问题的能力。这些能力的提升将有助于学生全面发展，使他们成为具有综合素质的优秀人才。

（3）培养未来社会的创新者：创新是推动社会进步的重要动力。通过培养学生的创新实践能力，我们可以为社会培养出更多的创新者，推动社会的持续发展和进步。

（二）创新实践能力培养的途径

（1）改革教学方法：传统的教学方法往往注重知识的灌输，而忽视了学生的主体性和实践性。因此，我们需要改革教学方法，采用启发式、讨论式、案例式等多种教学方法，激发学生的学习兴趣和主动性，培养他们的创新思维能力。

（2）加强实践教学：实践教学是培养学生创新实践能力的重要途径。教师通过组织实验、实习、社会实践等活动，让学生亲身参与实践，将理论知识与实际操作相结合，提高他们的实践能力和解决问题的能力。

（3）开展科技创新活动：学校可以组织各种科技创新活动，如科技竞赛、创新项目等，为学生提供展示自己才华的平台。通过这些活动，学生可以锻炼自己的创新思维和实践能力，同时也可以增强他们的团队合作精神和竞争意识。

（4）加强师资队伍建设：教师的素质和能力直接影响着学生的创新实践能力培养。因此，学校应该加强师资队伍建设，引进具有创新精神和实践经验的优秀教师，同时加强对现有教师的培训和考核，提高他们的教学水平和创新能力。

（5）营造良好的创新氛围：学校应该积极营造良好的创新氛围，鼓励学生敢于尝试、勇于创新，可以通过举办创新讲座、设立创新基金等方式，为学生提供更多的创新机会和资源。同时，学校还应该加强对学生的创新教育，培养他们的创新意识和创新精神。

（三）实施策略与保障措施

（1）制订具体实施方案：学校应根据自身条件和实际情况，制订具体的创新实践能力培养实施方案。方案应明确目标、任务、措施和时间节点，确保各项工作的有序开展。

（2）加强资源整合：学校应充分利用现有资源，整合校内外资源，为学生提供更多的创新实践平台。同时，加强与企业、科研机构的合作，共同推动学生创新实践活动的开展。

（3）建立激励机制：学校应建立完善的激励机制，对在创新实践活动中表现突出的学生进行表彰和奖励。这不仅可以激发学生的积极性，还可以带动更多学生参与到创新实践活动中来。

（4）加强监督评估：学校应定期对创新实践能力培养工作进行监督评估，了解工作进展和效果，及时发现问题并采取相应措施进行改进。同时，鼓励学生和教师积极参与评估工作，提出宝贵意见和建议。

综上所述，学生创新实践能力的培养对于适应社会发展需求、促进学生全面发展和培养未来社会创新者具有重要意义。通过改革教学方法、加强实践教学、开展科技创新活动、加强师资队伍建设以及营造良好的创新氛围等途径，我们可以有效地培养学生的创新实践能力。同时，实施策略与保障措施的制定和实施也是确保培养工作顺利进行的关键。让我们共同努力，为培养更多具有创新实践能力的学生而奋斗。

二、创新实践能力的内涵与构成要素

创新实践能力是指个体在面对新的问题和挑战时，能够运用已有知识、技能和经验，通过独立思考和实践操作，提出并实施新的解决方案或创造新的产品的能力。它是创新能力与实践能力的有机结合，是现代社会对人才培养的重要要求。下面，我们将详细探讨创新实践能力的内涵与构成要素。

（一）创新实践能力的内涵

创新实践能力是一种综合性的能力，它涵盖了创新思维、实践能力、团队协作和问题解决等多个方面。具体来说，创新实践能力的内涵包括以下几个方面。

（1）创新思维：创新思维是指个体在面对问题时，能够打破常规思维束缚，提出新颖、独特且富有创造性的解决方案。创新思维是创新实践能力的核心，它要求个体具备敏锐的洞察力、丰富的想象力和灵活的思维方式。

（2）实践能力：实践能力是指个体将理论知识转化为实际操作的能力。它要求个体具备扎实的理论基础，同时能够将理论与实践相结合，通过不断的实践操作来积累经验、提升技能。

（3）团队协作：在创新实践过程中，团队协作是不可或缺的。个体需要与他人共同合作，发挥各自的优势，共同解决问题。因此，团队协作能力是创新实践能力的重要组成部分。

（4）问题解决：创新实践往往伴随着各种问题和挑战。个体需要具备敏锐的问题意识，能够及时发现并分析问题，提出有效的解决方案，并在实践中不断优化和完善。

（二）创新实践能力的构成要素

创新实践能力是由多个要素构成的，这些要素相互作用、共同影响个体的创新实践表现。具体来说，创新实践能力的构成要素包括以下几个方面。

（1）知识储备：知识储备是创新实践的基础。个体需要具备广泛而深入的专业知识，了解相关领域的最新动态和发展趋势，以便在面对问题时能够迅速运用相关知识进行分析和解决。

（2）技能掌握：技能掌握是创新实践的关键。个体需要掌握一定的技能和方法，如实验设计、数据分析、项目管理等，以便在实践操作中能够熟练运用这些技能来解决问题。

（3）创新思维训练：创新思维训练是提升创新实践能力的重要途径。通过参加创新课程、参与科研项目、参加创新竞赛等活动，个体可以不断锻炼自己的创新思维，提高自己的创新意识和创新能力。

（4）实践经验积累：实践经验是创新实践的源泉。个体需要通过不断的实践操作来积累经验，提高自己的实践能力和解决问题的能力。同时，通过反思和总结实践经验，个体可以不断完善自己的创新实践方法和策略。

（5）团队协作与沟通：团队协作与沟通是创新实践过程中不可或缺的能力。

个体需要学会与他人合作、协调资源、分工合作、解决问题。同时，良好的沟通能力可以帮助个体更好地理解他人的需求和想法，促进团队之间的有效合作。

（6）心理素质与毅力：创新实践往往伴随着挑战和困难。个体需要具备坚韧不拔的毅力和良好的心理素质，以应对挫折和失败。同时，积极的心态和乐观的情绪可以帮助个体保持持续的创新动力和热情。

三、创新实践能力在高中生物课程教学中的培养策略与实践案例

在当前的教育体系中，培养学生的创新实践能力已成为核心目标之一。生物学作为自然科学的重要组成部分，对于培养学生的创新实践能力具有得天独厚的优势。下文将探讨在高中生物课程教学中如何培养学生的创新实践能力，并通过实践案例加以说明。

（一）创新实践能力在生物教学中的培养策略

1. 激发学生的好奇心与探究欲

生物教学中，教师可以通过设计富有启发性的问题、展示生动的生物现象或组织有趣的实验活动，来激发学生的好奇心和探究欲。这种内在的动力将促使学生主动思考、积极探索，为创新实践能力的培养奠定基础。

2. 强化理论与实践的结合

生物是一门实验性很强的学科。在教学过程中，教师应注重理论与实践的结合，让学生亲身参与实验操作和数据分析，从实践中发现问题、解决问题。这种“做中学”的方式有助于培养学生的实践能力和创新思维。

3. 培养学生的批判性思维

批判性思维是创新实践能力的重要组成部分。在生物教学中，教师可以通过组织讨论、引导学生分析案例、鼓励学生对已有观点提出质疑等方式，培养学生的批判性思维。这将有助于学生形成独立思考、勇于挑战权威的良好习惯，为创新实践提供源源不断的动力。

4. 开展跨学科学习

生物学与其他学科如物理、化学、数学等有着密切的联系。在高中生物课程教学中，教师可以引导学生开展跨学科学习，将生物学知识与其他学科知识相结合，以更广阔的视野审视问题。这种跨学科的思维方式有助于培养学生的

创新思维和解决问题的能力。

5. 提供创新实践的机会

学校应为学生提供丰富的创新实践机会，如科研项目、创新实验、科技竞赛等。这些活动可以让学生亲身参与创新实践的全过程，从问题提出、方案设计、实验操作到结果分析，全面锻炼学生的创新实践能力。

（二）实践案例

1. 案例一：基于项目式学习的生物实验设计

在某高中生物教学中，教师组织了一次基于项目式学习的生物实验设计活动。学生被分成若干小组，每组选择一个感兴趣的生物课题进行研究，并设计相应的实验方案。在实验过程中，学生们自主查阅资料、设计实验步骤、记录数据并分析结果。最终，每个小组都成功完成了实验，并撰写了详细的实验报告。这次活动不仅锻炼了学生的实验操作能力，还培养了他们的团队协作精神和创新能力。

2. 案例二：跨学科研究项目

一所学校的生物教师与物理教师合作，开展了一项跨学科研究项目。学生们在教师的指导下，利用生物学和物理学知识，研究植物在光合作用过程中光能转化为化学能的机制。通过设计和制作简易的光合作用实验装置，学生们亲身感受到了光能与化学能之间的转换过程。这一项目不仅加深了学生对生物学和物理学知识的理解，还培养了他们的跨学科思维能力和创新能力。

3. 案例三：生物科技竞赛

某地区举办了一场生物科技竞赛，吸引了众多中学生参与。竞赛要求参赛者围绕一个生物科技主题进行创新设计或发明。在竞赛过程中，学生们充分发挥自己的想象力和创造力，设计出了各种富有创意的作品，如智能植物养护系统、环保生物材料等。这次竞赛不仅展示了学生的创新实践能力，还激发了他们对生物科技的热情和兴趣。

第十三章　高中生物课程设计与教学改革的家庭教育与社会支持

第一节　家庭教育对教学改革的影响分析

一、家庭教育观念与教学改革的关系

在当前的教育背景下，家庭教育观念与教学改革的关系愈发紧密。家庭教育作为教育体系的重要组成部分，其观念直接影响着孩子的成长和学校教育的效果。教学改革则旨在优化教育环境，提高教育质量。下文将从多个方面探讨家庭教育观念与教学改革的关系，分析二者如何相互影响，以及如何在实践中实现二者的和谐共生。

（一）家庭教育观念对教学改革的影响

1. 个性化教育需求

随着时代的发展，家庭教育观念逐渐转向个性化教育。家长对孩子的教育期望不再仅仅局限于学业成绩，而是更加注重孩子的全面发展、兴趣培养和个性塑造。这种变化对教学改革产生了深远的影响。学校需要更加注重学生的个体差异，开展多样化的教学活动，以满足不同学生的需求。

2. 教育资源的利用

家庭教育观念的变化也影响着教育资源的利用。现代家庭教育更加注重亲子互动、家庭教育环境的营造等，这要求学校在与家庭合作时，需要更加注重教育资源的共享和整合。学校可以通过家长会、家长学校等形式，与家长共同探讨教育资源的合理利用，促进家庭教育与学校教育的有效衔接。

3. 教育评价体系的改革

家庭教育观念对教育评价体系也产生了影响。传统的以学业成绩为主的评价方式已经无法满足现代家庭教育的需求。家长更加注重孩子的综合素质和能力发展，这要求学校在教育评价体系中更加注重过程性评价、表现性评价等，以更全面地反映学生的发展状况。

（二）教学改革对家庭教育观念的影响

1. 促进家庭教育观念的更新

教学改革的推进，使学校教育更加注重学生的全面发展、个性塑造和能力培养，这也在一定程度上促进了家庭教育观念的更新。家长在参与孩子的学习过程中，会更加注重孩子的兴趣、特长和综合素质的培养，而不是过分追求学业成绩。

2. 提高家庭教育质量

教学改革为学校提供了更加科学、先进的教育理念和方法，这些理念和方法也可以为家庭教育所借鉴和利用。家长可以通过参与学校的教育活动、了解教学改革的内容，不断提高自己的家庭教育水平，为孩子的成长提供更加良好的家庭环境。

3. 加强家庭与学校的合作

教学改革强调学校与家庭的合作，要求学校更加注重与家长的沟通和交流。这种合作不仅有助于学校更好地了解学生的家庭背景和教育需求，也有助于家长更好地了解学校的教育理念和方法，从而形成教育合力，共同促进孩子的成长。

（三）家庭教育观念与教学改革的实践策略

1. 建立家校共育机制

学校和家庭应该建立起一种共育机制，通过定期的家长会、家长学校等活动，加强双方之间的沟通和交流。学校可以向家长介绍教学改革的内容和目标，引导家长更新教育观念；家长也可以向学校反馈孩子的家庭教育情况，为学校的教学改革提供参考。

2. 开展多样化的教学活动

学校应该根据家庭教育观念的变化，开展多样化的教学活动，满足学生的个性化需求，例如，可以通过开设选修课、兴趣班等方式，为学生提供更多的选择和发展空间，也可以通过开展亲子活动、社会实践等方式，加强家庭与学校之间的联系和合作。

3. 完善教育评价体系

学校应该建立起一个更加科学、全面的教育评价体系，注重过程性评价和表现性评价，以更全面地反映学生的发展状况。同时，也应该引导家长正确看待孩子的学业成绩和综合素质发展，避免过分追求学业成绩而忽略孩子的其他需求和能力发展。

综上所述，家庭教育观念与教学改革之间存在着密切的关系。二者相互影响、相互促进，共同推动着教育的进步和发展。在未来的教育改革中，我们应该更加注重家庭与学校之间的合作和沟通，建立起一个更加和谐、科学的教育体系，为孩子的全面发展提供更加良好的环境和条件。

二、家庭教育环境对教学改革的影响

在探讨教育改革时，我们不能忽视家庭教育环境这一关键因素。家庭教育环境不仅塑造孩子的性格、价值观和行为习惯，而且为学校教育提供了背景和补充。随着社会的变迁和教育理念的更新，家庭教育环境对教学改革的影响愈发显著。下文将深入分析家庭教育环境是如何影响教学改革的，并探讨如何在这两者之间找到最佳的平衡点。

（一）家庭教育环境的多样性对教学改革的影响

每个家庭都有其独特的教育环境，这种多样性为教学改革带来了挑战和机遇。

1. 对课程内容的补充

家庭教育环境往往能为学生提供学校课程之外的知识和技能。例如，一些家庭可能注重音乐、艺术或体育等方面的培养，而这些往往不是学校课程的重点。这要求学校在教学改革中更加注重课程的多样性和包容性，以适应不同家庭教育背景的学生。

2. 对教学方法的挑战

家庭教育环境的多样性意味着学生有着不同的学习习惯和风格。一些学生可能习惯于家庭的互动式教学，而另一些学生则可能更喜欢传统的讲授式教学。这要求学校在教学改革中更加注重教学方法的多样性和灵活性，以满足不同学生的需求。

（二）家庭教育环境的变迁对教学改革的影响

随着社会的变迁，家庭教育环境也在不断变化，这对教学改革产生了深远的影响。

1. 技术的影响

随着科技的发展，家庭教育环境越来越数字化。学生可以通过互联网、电子设备等获取大量信息，这对学校的教学内容和方法提出了新的挑战。教学改革需要更加注重数字技术的整合，以适应这一变化。

2. 社会价值观的变化

社会价值观的变化也影响着家庭教育环境。例如，对性别平等、多元文化的重视等都在家庭教育中得到体现。这要求学校在教学改革中更加注重社会价值观的融合，以培养学生的社会责任感和全球视野。

（三）家庭教育环境对教学改革的促进作用

尽管家庭教育环境给教学改革带来了挑战，但它也为教学改革提供了重要的促进作用。

1. 增强教育的个性化

家庭教育环境往往更加关注孩子的个性化需求和发展。这促使学校在教学改革中更加注重个性化教育，以满足不同学生的需求。

2. 加强家校合作

家庭教育环境的不同要求学校与家长建立更加紧密的合作关系。这种合作可以帮助学校更好地了解学生的家庭教育背景和需求，从而更加有针对性地进行教学改革。

（四）优化家庭教育环境以促进教学改革的策略

为了充分发挥家庭教育环境对教学改革的积极作用，我们需要采取以下策略。

1. 增强家校沟通

学校应该加强与家长的沟通，了解学生的家庭教育环境和需求。这可以通过定期的家长会、家访、在线沟通等方式实现。

2. 开展家庭教育指导

学校可以开展家庭教育指导活动，帮助家长了解教育改革的方向和内容，提高家庭教育质量。这可以通过开设讲座、提供咨询等方式实现。

3. 整合家庭教育资源

学校应该积极整合家庭教育资源，将其纳入教学改革中，例如，可以利用家长的专业背景或特长开展相关课程或活动，丰富学校的教学内容。

4. 建立共育机制

学校与家庭应该建立起一种共育机制，共同促进学生的全面发展。这可以通过开展联合活动、建立信息共享平台等方式实现。

综上所述，家庭教育环境对教学改革产生了深远的影响。为了应对这种影响，我们需要加强家校合作，优化家庭教育环境，促进教学改革的顺利进行。只有这样，我们才能真正实现教育的目标——培养全面发展、具有社会责任感和创新精神的新一代。

三、家庭教育方法在课程改革中的应用

随着教育的不断发展和进步，课程改革成为教育领域的重要议题。在课程改革的过程中，家庭教育方法的应用逐渐受到了广泛的关注。家庭教育方法，作为教育的重要组成部分，对于课程改革的深入推进具有积极的影响。下文将探讨家庭教育方法在课程改革中的应用，分析其作用和意义，并提出相应的建议。

（一）家庭教育方法的概念及其重要性

家庭教育方法是指家长在家庭中对孩子进行教育所采用的方法和手段。这些方法不仅关系到孩子的成长和发展，也直接影响到学校教育的效果。良好的家庭教育方法能够培养孩子的自主学习能力、创新思维能力和社会责任感，为他们未来的学习和生活奠定坚实的基础。因此，将家庭教育方法引入课程改革

中，对于提高教育质量、促进学生全面发展具有重要意义。

（二）家庭教育方法在课程改革中的应用

1. 培养孩子的自主学习能力

课程改革强调学生的主体性和自主性，而家庭教育方法中的自主学习理念与之相契合。家长可以通过制订学习计划、提供学习资源、鼓励孩子独立思考等方式，培养孩子的自主学习能力。这样，孩子在学校中就能更好地适应自主学习的教学模式，提高学习效果。

2. 增强孩子的创新思维

创新思维是现代社会对人才的重要要求之一。家庭教育方法中的启发式教育、项目式学习等，都有助于激发孩子的创新思维。家长可以引导孩子发现问题、解决问题，鼓励他们尝试不同的方法和思路，从而培养他们的创新能力和创造力。这种创新思维的培养，也将为学校课程改革中的创新教育提供有力的支持。

3. 培养孩子的社会责任感

社会责任感是现代公民必备的品质之一。家庭教育方法注重培养孩子的家庭责任感和社会责任感，通过参与家庭活动、社区服务等，让孩子了解社会、关注社会、服务社会。这种社会责任感的培养，将有助于孩子在学校中更好地参与社会实践活动，提高他们的社会适应能力。

（三）家庭教育方法在课程改革中的实施策略

1. 加强家校合作

学校和家庭是孩子成长的两个重要场所，家校合作是实施家庭教育方法的关键。学校应该加强与家长的沟通和合作，了解孩子的家庭教育背景和需求，为家长提供指导和支持。同时，家长也应该积极参与学校的课程改革活动，共同推动孩子的全面发展。

2. 教师培训

教师是课程改革的重要实施者，他们的素质和能力直接影响着课程改革的效果。因此，学校应该对教师进行家庭教育方法的培训，提高他们的专业素养和教育教学能力。这样，教师就能更好地将家庭教育方法融入课程改革中，提高教育教学的质量和效果。

3. 建立评价体系

评价是课程改革的重要环节之一，也是检验家庭教育方法应用效果的重要手段。学校应该建立起一套科学、全面的评价体系，对家庭教育方法在课程改革中的应用进行定期评估和总结。这样，就能及时发现问题、改进方法，不断提高家庭教育方法在课程改革中的应用效果。

家庭教育方法在课程改革中的应用具有重要的意义和价值。通过培养学生的自主学习能力、创新思维能力和社会责任感等方面的能力，家庭教育方法为课程改革提供了有力的支持和补充。然而，家庭教育方法在课程改革中的应用还面临着一些挑战和问题，如家校合作不够紧密、教师素质参差不齐等。因此，我们需要进一步加强研究和实践，探索更加有效的家庭教育方法，为课程改革的深入推进提供更有力的支持。

展望未来，随着社会的不断发展和教育的不断进步，家庭教育方法在课程改革中的应用将更加广泛和深入。我们期待着更多的家长、教师和学校能够积极参与到这一过程中来，共同推动教育的创新和发展。

第二节　家校合作的意义与实践策略

一、家校合作的意义与价值

家校合作是教育领域一个不可或缺的话题。随着教育理念的不断更新和进步，越来越多的人意识到家庭和学校对于孩子的成长和发展都具有重要的影响。家校合作，即家庭与学校之间的紧密配合和协作，对于孩子的教育具有深远的意义和价值。下文将从多个方面探讨家校合作的意义与价值。

（一）家校合作的意义

1. 促进孩子的全面发展

家校合作有助于孩子在学校和家庭两个环境中得到全面、均衡的发展。家庭是孩子成长的摇篮，学校则是孩子接受系统教育的场所。家庭和学校各自具有独特的教育资源和优势，通过合作，可以相互补充，共同促进孩子的全面发展。例如，在家庭教育中，家长可以注重培养孩子的情感、态度和价值观，而在学校教育中，教师则可以注重培养孩子的知识、技能和思维能力。

2. 增强教育的连贯性和一致性

家校合作有助于增强教育的连贯性和一致性。家庭和学校是孩子成长过程中的两个重要环境，如果这两个环境之间的教育存在矛盾和冲突，会给孩子带来困扰和困惑。通过家校合作，家庭和学校可以共同制订教育计划，明确教育目标和方法，确保孩子在两个环境中接受到的教育是一致的、连贯的。这有助于孩子更好地适应学习和生活，减少不必要的困扰和困惑。

3. 提高教育的针对性和实效性

家校合作有助于提高教育的针对性和实效性。家庭和学校可以共同关注孩子的兴趣、特长和需求，制订个性化的教育方案，提高教育的针对性。同时，通过家校合作，家庭和学校可以及时沟通和反馈孩子的学习情况和发展动态，及时发现问题并采取相应的措施进行干预，从而提高教育的实效性。

（二）家校合作的价值

1. 促进家庭与学校的相互了解和信任

家校合作有助于促进家庭与学校之间的相互了解和信任。通过合作，家庭和学校可以更加深入地了解对方的教育理念、教育方法和教育期望，从而建立起更加紧密的合作关系。同时，通过合作，家庭和学校也可以相互信任，共同为孩子的成长和发展提供支持和帮助。这种相互了解和信任有助于建立良好的家校关系，为孩子的教育创造更加和谐的环境。

2. 有利于教育资源的整合和优化

家校合作有利于教育资源的整合和优化。家庭和学校各自拥有不同的教育资源，包括人力、物力、财力等。合作可以将这些资源进行有效的整合和优化，提高教育资源的利用效率。例如，学校可以利用家庭中的文化资源、社区资源等丰富教学内容和形式；家庭则可以利用学校的教育资源、教师资源等提高家庭教育的质量和效果。这种资源整合和优化有助于实现教育资源的最大化利用，为孩子的成长提供更加丰富的教育资源和机会。

3. 推动教育改革和创新

家校合作有助于推动教育改革和创新。家庭和学校是教育改革的两股重要力量，通过合作，家庭和学校可以共同探索新的教育理念、教育方法和教育模式，推动教育的改革和创新。例如，在家庭教育中，家长可以尝试新的教育方法和技术，如在线教育、个性化教育等；在学校教育中，教师也可以尝试新的教学模式和评价方式，如项目式学习、综合评价等。这种合作和创新有助于推动教育的不断发展和进步，为孩子提供更加优质的教育服务。

家校合作对于孩子的教育具有深远的意义和价值。通过促进孩子的全面发展、增强教育的连贯性和一致性、提高教育的针对性和实效性等方面，家校合作有助于为孩子的成长提供更加全面、均衡、个性化的教育支持。同时，家校合作也有助于促进家庭与学校的相互了解和信任，整合和优化教育资源，推动教育改革和创新，为教育的不断发展和进步提供有力的支持。

展望未来，随着教育理念的不断更新和进步，家校合作将越来越受到重视。我们期待更多的家庭和学校能够积极参与到家校合作中来，共同为孩子的成长和发展提供更加优质的教育服务。同时，我们也期待教育部门和社会各界能够给予家校合作更多的关注和支持，为家校合作的发展提供更加广阔的空间和机遇。

二、家校合作的实践策略与案例分析

在当前教育环境下，高中生物课程教学不再仅仅局限于学校内部，而是需要家庭与学校之间的紧密合作，共同促进学生的全面发展。家校合作不仅有助于增强学生的学习动力，还能提高教学效果，促进学生综合素质的提升。下文将探讨高中生物教学中家校合作的实践策略，并通过案例分析来具体展示其效果。

（一）实践策略

1. 明确合作目标

家校合作的首要任务是明确共同的教育目标。在高中生物教学中，这一目标应聚焦于提升学生的生物科学素养、实验能力和探究精神。家庭和学校应共同制订学习计划，确保学生在家中也能延续对生物学的兴趣和探索。

2. 加强沟通与交流

有效的沟通是家校合作的基础。教师可以通过家长会、微信群、电话等方式，及时向家长传达教学进度、学生的学习情况和需要家长配合的事项。家长也应积极反馈学生在家的学习动态，与学校共同解决问题，确保教育的连贯性。

3. 开展家庭实验活动

生物学是一门实验性很强的学科。家校合作可以鼓励学生在家中开展简单的生物实验，如植物种植观察、微生物培养等。这不仅能增强学生的实践能力，还能加深他们对生物知识的理解。

4. 共同制订学习计划

家长和学校可以共同制订学习计划，确保学生在家中也能保持对生物学的持续学习。这一计划应包括每日的学习时间、学习内容和方法等，以确保学习的有效性和系统性。

5. 鼓励家长参与学校活动

家长是孩子的第一任“教师”，他们的参与和支持对孩子的成长至关重要。学校可以邀请家长参与生物教学活动，如课堂观摩、实验指导等，让家长更加了解孩子在学校的学习情况，同时也能增强家长对生物学科的认识和兴趣。

（二）案例分析

1. 案例一：家庭种植实验

在某高中生物课程教学中，教师鼓励学生在家中开展种植实验，观察植物的生长过程。学生需要记录植物的生长情况，分析不同条件下植物的生长差异。这一活动得到了家长的大力支持，他们积极参与其中，与孩子一起进行实验。通过实验，学生不仅深入理解了生物学的知识，还培养了观察力和实验能力。同时，家长也在这个过程中增进了与孩子的沟通和交流，促进了家庭教育的深入。

2. 案例二：家长参与课堂

在一次高中生物课堂中，教师邀请了一位从事生物科学研究的家长为学生进行了一场生动的讲座。这位家长结合自己的工作经验，为学生介绍了生物学的最新研究进展和应用前景。在讲座结束后，学生和家长还进行了互动交流，学生们纷纷表示受益匪浅。这次活动不仅丰富了教学内容，还增强了学生对生物学的兴趣和热情。同时，家长也感受到了学校对家庭教育的重视和支持，更加积极地参与到孩子的教育中来。

3. 案例三：家校共育探究项目

在某高中生物课程教学中，教师和学生共同开展了一个探究项目，旨在研究当地生态环境的保护问题。在项目开展过程中，教师鼓励家长参与其中，与孩子一起进行实地调查、数据分析和成果展示。通过这一项目，学生不仅深入了解了生态环境保护的重要性，还培养了合作精神和创新能力。同时，家长也在这个过程中更加了解了孩子的学习情况和成长需求，为家庭教育提供了有力的支持。

通过以上案例分析可以看出，家校合作在高中生物教学中具有显著的优势和效果。通过明确合作目标、加强沟通与交流、开展家庭实验活动、共同制订学习计划以及鼓励家长参与学校活动等实践策略，可以有效促进高中生物教学的质量和效果提升。

展望未来，随着教育理念的不断更新和进步，家校合作在高中生物教学中的作用将更加凸显。我们期待更多的家庭和学校能够积极参与到家校合作中来，共同为学生的全面发展提供更加优质的教育服务。同时，我们也期待教育部门和社会各界能够给予家校合作更多的关注和支持，为家校合作的发展提供更加广阔的空间和机遇。

三、家校合作的挑战与解决途径

高中生物课程教学在培养学生的科学素养、实验技能和探究能力方面起着重要作用。在这个过程中，家校合作显得尤为重要。然而，实际操作中，高中生物课程教学中的家校合作面临诸多挑战。下文将详细分析这些挑战，并提出相应的解决途径，以期推动家校合作在高中生物课程教学中的深入发展。

（一）面临的挑战

1. 家长认知差异

不同家长对生物学科的重视程度和理解程度存在较大差异。一些家长可能认为生物学与日常生活关系不大，因此，对孩子在生物学习上的支持和关注不足。这种认知差异可能导致家校合作难以有效展开。

2. 家庭背景影响

家庭背景是影响家校合作的重要因素。部分家庭经济条件有限，无法为孩子提供足够的生物学习资源和实验条件。此外，家长的文化程度和职业背景也可能影响他们对孩子生物学习的支持和指导能力。

3. 沟通渠道不畅

家校之间缺乏有效的沟通渠道是阻碍合作顺利进行的重要因素。学校和家庭之间的沟通不足可能导致双方对学生的学习情况和需求了解不足，从而影响合作效果。

4. 家长参与度不高

部分家长可能因工作繁忙或其他原因，对孩子的生物学习参与度不高。他们可能缺乏与学校和教师的沟通，也无法为孩子提供必要的支持和指导。

（二）解决途径

1. 提升家长认知

为了增强家长对生物学科的重视和理解，学校可以通过家长会、讲座等形式向家长普及生物学知识，强调生物学科在孩子全面发展中的重要作用。同时，教师也可以通过与家长的沟通，引导家长关注孩子的生物学习，提高他们对生物学科的认知度。

2. 建立多元化沟通渠道

学校和家庭之间应建立多元化的沟通渠道，如微信群、QQ 群、电话等，确保双方能够及时、有效地沟通。通过这些渠道，教师可以向家长传达教学进度、学生的学习情况和需要家长配合的事项；家长也可以向教师反馈学生在家的学习动态，共同解决问题。此外，学校还可以定期举办家长会，为家长提供与教师和其他家长交流的机会，共同探讨孩子的教育问题。

3. 提供家庭学习支持

针对家庭经济条件有限的情况，学校可以采取措施为学生提供家庭学习支持。例如，学校可以设立生物学习资源中心，为学生提供免费的生物学习资料和实验器材。同时，教师也可以利用自己的专业知识和资源，为学生和家长提供生物学习的指导和帮助。

4. 提高家长参与度

为了提高家长的参与度，学校可以采取多种措施。首先，教师可以邀请家长参与学校的生物教学活动，如课堂观摩、实验指导等，让家长更加了解孩子在学校的学习情况。其次，学校可以开展家长教育培训活动，提高家长的教育理念和指导能力。最后，学校还可以设立家长志愿者团队，鼓励家长参与学校的教学管理和活动策划等工作。

5. 制订合作计划与目标

家校双方应共同制订合作计划与目标，明确各自的责任和期望。这有助于确保双方在教育孩子的过程中保持一致性，提高合作效果。合作计划可以包括孩子的学习计划、家庭实验活动、家长参与学校活动的具体安排等。通过明确的合作计划与目标，家校双方可以更好地协同工作，共同促进孩子的生物学习。

6. 关注个体差异与需求

每个孩子的学习需求和兴趣点都是不同的。家校合作中应关注这些个体差异与需求，为每个孩子提供个性化的学习支持。例如，对于对生物学有浓厚兴趣的孩子，家长可以鼓励他们参加生物竞赛或相关社团活动；对于学习基础薄弱的孩子，教师可以提供额外的辅导和支持。通过关注个体差异与需求，家校合作可以更加精准地满足孩子的学习需求，促进他们的全面发展。

综上所述，高中生物课程教学中家校合作面临诸多挑战，但通过提升家长认知、建立多元化沟通渠道、提供家庭学习支持、提高家长参与度、制订合作计划与目标，以及关注个体差异与需求等解决途径，我们可以有效应对这些挑战，推动家校合作在高中生物教学中的深入发展。这不仅有助于提高高中生物课程教学质量和效果，还能促进学生的全面发展和综合素质提升。

第三节 社会资源对教学改革的支持与推动

一、社会资源在课程改革中的作用与重要性

随着社会的快速发展和科技的进步，教育资源不再局限于传统的教材和课堂，而是向更广阔的社会资源延伸。高中生物课程作为培养学生科学素养和实验技能的重要学科，其改革过程中社会资源的引入显得尤为关键。下文将从多个方面探讨社会资源在高中生物课程改革中的作用与重要性。

（一）拓展教学内容，增强教学的生动性

社会资源，包括科学研究成果、生物技术应用案例、生态保护实践等，为高中生物课程提供了丰富的教学素材。这些资源不仅具有时代性，而且能够生动地展示生物学的实际应用和社会价值。通过引入社会资源，教师可以将抽象的生物学理论与现实生活相结合，增强教学的生动性和趣味性，激发学生的学习兴趣和探究欲望。

（二）促进学生实践能力的提升

社会资源往往与实际问题相关联，涉及生物学的多个领域。通过参与社会实践活动，学生可以亲身感受到生物学的魅力，锻炼自己的实践能力和解决问题的能力。例如，学生可以参与生物实验基地的实践活动，了解生物技术的最新进展和应用；参与生态保护项目，了解生物多样性保护的重要性和方法。这些实践活动不仅能够加深学生对生物学知识的理解，还能够培养他们的创新精神和实践能力。

（三）培养学生的社会责任感和使命感

社会资源中蕴含着丰富的社会问题和挑战，如生态环境保护、生物多样性保护、食品安全等。通过引入这些资源，教师可以引导学生关注社会问题，培养他们的社会责任感和使命感。例如，通过介绍生态环境保护的案例，教师可以引导学生思考人类活动对自然环境的影响，以及作为个体应该如何为保护环境贡献自己的力量。这种教育方式不仅有助于学生的个人成长，也对社会的可

持续发展具有积极的推动作用。

（四）推动教师教学方法的创新

社会资源的引入对教师的教学方法提出了更高的要求。教师需要不断更新自己的知识储备，关注生物学领域的最新动态，将社会资源与教学内容相结合，创新教学方法和手段。例如，教师可以利用网络资源开展在线教学、远程实验等活动，为学生提供更加灵活多样的学习方式。这种教学方法的创新不仅能够提高教学效果，还能够促进教师的专业成长和发展。

（五）促进学校与社会的紧密联系

社会资源的引入使学校与社会之间的联系更加紧密。学校可以通过与科研机构、企业等合作，共同开发教学资源，为学生提供更加丰富的实践机会。同时，学校还可以邀请专家学者来校开展讲座、研讨会等活动，为学生提供与专业人士交流的机会，拓宽他们的视野和知识面。这种紧密的联系不仅有助于学校的发展和提升，也能够为社会培养更多优秀的人才。

（六）提高学生的综合素质

社会资源涉及多个领域和方面，教师通过引入这些资源，可以培养学生的跨学科思维和综合素质，例如，在介绍生物技术应用案例时，可以引导学生思考这些技术对社会、经济、文化等方面的影响，培养他们的综合分析能力。同时，社会资源还可以为学生提供更多的实践机会和平台，如参加科学竞赛、参与社会调查等，这些活动不仅能够锻炼学生的实践能力，还能够提高他们的团队协作能力和创新能力。

综上所述，社会资源在高中生物课程改革中发挥着重要作用，具有不可替代的重要性。通过引入社会资源，教师可以拓展教学内容、促进学生实践能力的提升、培养学生的社会责任感和使命感、推动教师教学方法的创新、促进学校与社会的紧密联系以及提高学生的综合素质。因此，在未来的高中生物课程改革中，应继续加强社会资源的引入和利用，为学生提供更加优质的教育资源和实践机会，促进他们的全面发展和社会适应能力的提升。

二、利用社会资源推动教学改革的策略与实践案例

在信息化、全球化的时代背景下，社会资源的丰富性为高中生物教学改革

提供了前所未有的机遇。充分利用这些资源不仅可以激发学生的学习兴趣，提高他们的实践能力和创新精神，还能促进高中生物课程教学的现代化和高效化。下文将探讨如何利用社会资源推动高中生物教学改革的策略，并结合实践案例进行分析。

（一）策略构建

（1）建立校内外合作机制：学校应积极与科研机构、生物技术企业等建立合作关系，共同开发教学资源，为学生提供实践机会。这种合作机制可以确保教学内容的时效性和实用性，同时为学生提供更广阔的视野。

（2）整合网络资源：随着网络技术的发展，大量的生物教学资源可以在线获取。教师应整合这些资源，如在线课程、虚拟实验室、科学数据库等，为学生提供多样化的学习方式。

（3）开展社会实践活动：组织学生参与生态保护、生物调查等社会实践活动，让他们在实践中体验生物学的魅力，培养他们的社会责任感和使命感。

（4）鼓励教师创新：学校应鼓励教师不断更新教学方法和手段，充分利用社会资源进行创新教学。例如，教师可以利用网络资源开展翻转式课堂、混合式教学等新型教学模式。

（二）实践案例

（1）校企合作开发课程：某高中生物课程与当地一家生物技术企业合作，共同开发了一门关于生物技术的实践课程。该课程以企业的实际项目为背景，让学生在实践中了解生物技术的应用和发展。通过这种方式，学生不仅学到了理论知识，还培养了实践能力和团队协作精神。

（2）利用网络资源开展在线教学：在疫情期间，某高中生物教师利用网络平台开展了在线教学。他整合了多个在线课程和资源，通过视频、动画等形式向学生传授知识。同时，他还利用网络平台与学生进行互动，解答疑惑，确保教学质量。这种教学方式不仅保证了学生的学习进度，还提高了教学效率和学生的自主学习能力。

（3）社会实践活动助力生态保护：某高中生物课程组织了一次关于生态保护的社会实践活动。学生们分组进行生物多样性调查、环境监测等活动，并撰写了实践报告。通过这次活动，学生们不仅了解了生态保护的重要性，还培养了他们的实践能力和社会责任感。同时，这些实践成果也为学校的生态教育工作提供了有力支持。

（4）教师创新教学方法：一位高中生物教师为了激发学生的学习兴趣，创新性地采用了“问题导向”的教学方法。他结合社会资源中的热点问题，如基因编辑、生物多样性保护等，设计了一系列问题让学生探究。他通过引导学生自主寻找答案、展开讨论，不仅加深了学生对知识的理解，还培养了他们的批判性思维和创新能力。

（三）总结与启示

以上案例表明，利用社会资源推动高中生物教学改革具有显著的优势和效果。通过校企合作、网络资源整合、社会实践以及教师创新等多种策略，我们可以为学生提供更加丰富、多样、实用的教学内容和学习方式。这不仅有助于提高学生的综合素质和实践能力，还能促进高中生物课程教学的现代化和高效化。

然而，在实际操作中，我们也需要注意一些问题：首先，要确保社会资源的真实性和可靠性，避免引入错误信息；其次，要根据学生的实际情况和需求选择合适的教学策略和资源；最后，要关注教学评价的反馈，及时调整教学策略，确保教学效果的持续优化。

展望未来，随着科技的不断进步和社会资源的日益丰富，我们相信高中生物教学改革将迎来更加广阔的空间和机遇。我们应继续探索和创新，充分利用社会资源，为高中生物教学注入新的活力和动力。

三、社会资源支持的教学改革效果评估与反思

随着教育改革的不断深化，社会资源在高中生物教学中的应用日益广泛。这些资源不仅为教学提供了丰富的素材和工具，还为学生提供了更多的实践机会和学习方式。然而，社会资源的应用是否真正达到了预期的效果？下文将对社会资源支持的高中生物教学改革进行效果评估，并在此基础上进行反思，以期为未来的教学改革提供借鉴和参考。

（一）效果评估

（1）学生学习成果的提升：社会资源的应用使得教学内容更加生动、形象，有助于激发学生的学习兴趣和积极性。同时，这些资源也为学生提供了更多的实践机会，使他们在实践中加深对知识的理解和掌握。因此，从学生的学习成果来看，社会资源的应用确实起到了积极的推动作用。

（2）教师教学方法的创新：社会资源的引入促使教师不断更新教学方法和手段，以适应新的教学需求。例如，教师利用网络资源开展在线教学、翻转课堂等新型教学模式，不仅提高了教学效率，还培养了学生的自主学习能力和创新精神。因此，从教师教学方法的创新来看，社会资源的应用也取得了显著的效果。

（3）学校与社会的联系更加紧密：通过与社会资源的结合，学校与社会的联系更加紧密，这有助于学校了解社会的需求和变化，及时调整教学策略和方向。同时，这种联系也为学生提供了更多的实践机会和职业发展路径。因此，从学校与社会的联系来看，社会资源的应用也起到了积极的促进作用。

（二）反思

（1）资源的选择和利用需更加精准：虽然社会资源丰富多样，但并不是所有的资源都适合高中生物课程教学。因此，教师在选择和利用这些资源时，需要更加精准和有针对性。例如，教师应根据教学内容和目标选择适当的资源类型和数量，避免过多或过少地引入资源导致教学效果不佳。

（2）注重资源的时效性和实用性：社会资源是不断更新和发展的，因此，在应用这些资源进行教学时，需要注重其时效性和实用性。例如，应及时更新网络资源中的信息和数据，确保教学内容的真实性和可靠性；同时，还应根据学生的实际需求和学习特点选择适当的资源类型和数量，确保教学的实用性和有效性。

（3）加强师资培训和技能提升：社会资源的引入和应用需要教师具备一定的技能和能力。因此，学校应加强对教师的培训和技能提升工作，帮助他们更好地掌握和应用这些资源进行教学。例如，学校可以组织定期的培训和交流活动，让教师分享教学经验和方法，提高教师的教学水平和创新能力。

（4）注重教学评价的反馈和调整：在应用社会资源进行教学时，学校需要注重教学评价的反馈和调整工作。学校通过收集和分析学生的反馈意见和学习成果等数据信息，及时发现问题和不足并进行改进和调整，还应根据社会的发展和变化不断调整教学策略和方向，确保教学的时效性和针对性。

参考文献

[1]牛丽娟. 基于 STEAM 的高中生物创客教育课程设计与实践探究[D]. 大连：辽宁师范大学, 2023.

[2]奚嘉辰. 社会热点中的生物学问题：课程开发与实践研究[D]. 上海：上海师范大学, 2023.

[3]刘敏. 高中生物 STEM 课程设计、案例开发和教学实践[D]. 重庆：西南大学, 2022.

[4]何菊梅, 何小彪. 基于 STEM 教育理念的高中生物学课程设计和实践研究[J]. 考试周刊, 2021, (99): 130-132.

[5]郑建武. STEAM 与 PBL 融合在高中生物活动课程设计与教学中的应用[D]. 武汉：华中师范大学, 2019.

[6]张静. 高中生物教学微课程的设计与应用探究[J]. 中小学电教(下半月), 2018, (09): 24.

[7]张葳, 曹思源, 胡兴昌，等. 核心素养视域下的高中生物微课程设计研究[J]. 中小学数字化教学, 2018, (02): 7-9.

[8]王文彬. 高中生物课程 RPG 类教学游戏“快乐农场主”的设计与开发[D]. 保定：河北大学, 2013.

[9]张玉婷. 高中生物选修模块网络课程设计的实践研究[D]. 长春：东北师范大学, 2013.

[10]宋霞. 新课程下高中生物课程资源开发与利用的研究[D]. 曲阜：曲阜师范大学, 2012.

[11]金莉. 普通高中生物课程渗透职业生涯教育初探[D]. 长春：东北师范大学, 2011.

[12]吴佳. 逆向教学设计理论下的生物探究式教学设计案例研究[D]. 长

春：东北师范大学, 2011.

[13]王艺璇. 上海与新加坡高中生物课程标准比较研究[D]. 上海：华东师范大学, 2009.

[14]姚胜. 皖南农村地区高中生物课程资源的开发与应用初步研究[D]. 上海：上海师范大学, 2009.

[15]黄爱玲. 高中生物遗传部分课程内容设计及对教学的启示[D]. 长春：东北师范大学, 2007.

[16]何国华. 高中生物课程资源的开发与利用的实践研究[D]. 南昌：江西师范大学, 2007.